YUN HUANJING XIA

ZHIZAO RENWU YOUHUA
ZHIXING GUOCHENG GUANLI

云环境下
制造任务优化
执行过程管理

王天日　著

知识产权出版社
全国百佳图书出版单位

图书在版编目（CIP）数据

云环境下制造任务优化执行过程管理/王天日著 . —北京：知识产权出版社，2016. 10
ISBN 978-7-5130-4534-6

Ⅰ.①云… Ⅱ.①王… Ⅲ.①计算机网络—应用—制造工业—工业企业管理—研

究 Ⅳ.①F407. 4-39

中国版本图书馆 CIP 数据核字（2016）第 257029 号

内容提要

本书提出在云制造模式下，现代制造企业从制造任务的角度出发探索制造任务优化执行过程中相关理论与方法，主要在云制造环境下，针对异构、动态、多样的制造任务研究其语义建模方法体系，研究云制造任务优化执行关键技术（制造任务语义建模、制造服务搜索与匹配、多任务执行服务链构建、执行过程状态跟踪与评价），目的是为行业企业搭建云制造任务优化执行应用平台，以缓减各企业面临的人才、资金、技术、设备短缺和不足的局面，发挥各自的核心竞争力，实现制造企业资源协同共享，进而提升制造企业协同的能力和提高区域内组织群体的整体竞争力。

责任编辑：安耀东　　　　　　　　　　　　责任出版：孙婷婷

云环境下制造任务优化执行过程管理

YUNHUANJING XIA ZHIZAO RENWU YOUHUA ZHIXING GUOCHENG GUANLI

王天日　著

出版发行：知识产权出版社 有限责任公司	网　　址：http：//www.ipph.cn
电　　话：010-82004826	http：//www.laichushu.com
社　　址：北京市海淀区气象路 50 号院	邮　　编：100081
责编电话：010-82000860 转 8534	责编邮箱：an569@ qq. com
发行电话：010-82000860 转 8101	发行传真：010-82000893
印　　刷：北京中献拓方科技发展有限公司	经　　销：各大网上书店、新华书店及相关专业书店
开　　本：720mm×960mm　1/16	印　　张：16
版　　次：2016 年 10 月第 1 版	印　　次：2016 年 10 月第 1 次印刷
字　　数：211 千字	定　　价：50. 00 元

ISBN 978-7-5130-4534-6

前　言

随着我国经济进入新常态，制造企业的经营环境发生了重大变化。我国制造业发展原有的比较优势正逐步削弱，以往主要靠要素投入和规模扩张的发展方式难以为继，我国制造业已经进入转型升级的重要阶段。同时，以云计算、物联网、大数据、移动互联网等为标志的新一代信息技术的发展，为制造业的转型升级提供了技术支撑。云制造技术的提出，迎合我国制造业转型发展的需要，它是一种面向服务、高效低耗和基于知识的网络化智能制造新模式，是"互联网+制造"的具体实现范式。

本书围绕"云环境下制造任务优化执行过程管理"这一主题展开，全书共分9章。

第1章主要介绍了制造模式的演变，阐述了云制造的内涵、运行原理、体系结构、特征和发展状况。

第2章着重介绍了云制造任务优化执行的框架和相关主题的研究现状。

第3章重点介绍了云制造任务的分类及信息模型，并结合本体技术讨论了云制造任务语义模型的构建。

第4章着重讨论了制造服务匹配实现框架，搭建了制造服务双向语义匹配模型，介绍了面向制造任务和制造服务的正反双向语义匹配方法。

第5章主要介绍了云制造任务执行资源服务链的构建，重点讨论了面向多用户任务的资源服务链构建问题。

第 6 章主要介绍了云制造任务执行过程监控方法和监控技术。

第 7 章主要讨论了云制造任务执行过程性能评估模型，着重介绍了几种不同的性能评价方法。

第 8 章以建材装备企业为例，介绍了云环境下建材装备企业制造任务执行管理系统的应用案例。

第 9 章进行了全文总结，指出了研究中的不足和后续的研究重点。

本书相关研究内容得到了国家自然科学基金项目（71171154）、山西省回国留学人员科研资助项目（2015-031）、山西省高校科技创新研究项目（2016132）和山西省高校哲学社会科学研究项目（2016224）的支持，在此表示感谢。

本书对参考和引用的学术成果做了注明，若有遗漏，在此表示歉意，同时对有关的国内外学者敬表谢忱。

限于作者的水平，同时云制造作为一种新型的制造模式，其相关理论、方法和技术还在不断发展和完善当中，书中可能会存在一些不完善之处和纰漏，恳请专家与读者批评指正。

著　者

2016 年 7 月

目　录

第1章 绪论

1.1 制造模式的演变

近几十年来,在市场应用需求的牵引下,在先进制造技术与迅猛发展的信息技术持续深入融合的推动下,制造业的制造与生产运作模式发生了深刻的变化,呈现出网络化、智能化、服务化、绿色化的发展趋势。

1.1.1 我国制造业所处环境

改革开放以来,我国制造业发展迅速,正极大地带动着我国的经济发展。当前,我国已经成为名副其实的全球制造业大国和世界工厂。2013 年,我国制造业产出占世界比重达到 20.8%[1],2015 年武汉大学发布的研究报告显示,我国的制造业产量占世界的近 25%,超过德国成为世界制造业产出最大的国家[2]。但是,与美国、德国、日本等制造强国比较,中国制造业"大而不强"的问题仍十分突出,主要表现为自主创新能力不足、产品质量水平不高、制造业生产模式落后、制造资源利用率低下、对环境破坏严重。

随着我国经济进入新常态,制造企业的经营环境也在发生着重大变化[3]。国际金融危机后,发达国家实施再工业化战略,力图重振制造业,抢占高端制造市场并不断扩大竞争优势。例如，美国、德国、英国、日本等国先后发布了《美国先进制造业国家战略计划》《德国工业 4.0 战略》《英国工业 2050 战略》《日本智能制造技术计划》等。同时，新兴国家也纷纷把发展制造业上升为国家战略，积极吸引劳动密集型产业转移，在中低端领域承接产业和资本转移，对我国产生竞争压力。例如，印度于 2014 年 9 月制定了"印度制造"战略，出台一系列吸引外资的重大政策，意图利用该国的人口数量和成本优势，吸引外资在印度投资建厂，打造新一代的"世界工厂"[4,5]。我国制造业正面临着前后夹击、双向挤压的严峻形势。与此同时，我国制造业发展所需要的资源能源、生态环境、要素成本等原有的比较优势正逐步削弱，因此以往主要靠要素投入和规模扩张的发展方式难以为继，我国制造业已经进入转型升级的重要阶段[6,7]。

美国倡导的"工业互联网"是将人、数据和机器连接起来，形成开放而全球化的工业网络，实现数字世界与机器世界的深度融合[8]。德国提出的"工业 4.0"旨在通过实体物理世界与虚拟网络世界的融合，实现产品全生命周期、全制造流程的数字化和基于信息通信技术的模块集成，为用户提供一种高度灵活、个性化、数字化的产品与服务新生产模式[9]。我国所发布的《中国制造 2025》规划，其目的是立足我国国情，立足现实，力争通过"三步走"实现制造强国的战略目标[10]。三者之间有着异曲同工之妙，旨在通过信息技术和先进制造业结合，带动本国整个新一轮制造业发展。

纵观世界各国制造业的发展，呈现以下发展趋势。

（1）智能制造成为新型生产方式。

2014 年，智能化成为全球新一轮科技浪潮与制造业产业化相结合的最亮眼的纽带，全球制造业巨头企业纷纷发力智能产品，促使移动互联网、云计算、大数据、物联网等在制造业领域加速创新应用，使得材料、设备、产品和用户之间可以在线连接与实时交互，推动制造业生产方式向智能制造方向发展。面对全球化的发展与市场环境的日益复杂，欧洲的国家及美国等国开始积极探索研究新型制造模式，以适应现在制造业发展的需要。

（2）"互联网+"催生新模式。

随着互联网在各行各业应用的不断深化，电子商务的快速发展，制造业的发展逐步趋向虚拟化。在此背景下，众包、众创、众筹、威客、个性化定制、线上到线下（O2O）等新业态、新模式层出不穷，实现虚拟企业以及员工制造资源和能力的整合，最优化各种资源的配置，最终以较低的成本实现较短的产品开发与生产周期，提升企业参与国际市场的竞争力。

（3）生产小型化、专业化成为产业组织新特征。

当今时代，个性化、多样化消费渐成主流，传统的规模化量产模式无法适应灵活、敏捷、柔性的市场需求。得益于互联网、开源软件、开源硬件以及3D打印等新技术的应用，众多"创客"脱颖而出，小微企业创新创业活动如雨后春笋般涌现，只有运营总部而没有生产车间的网络企业或虚拟企业开始出现，生产小型化、专业化成为产业组织新特征。这种小而专的组织能够促进新科技和新需求更快地对接，能够快速应对复杂的外部环境，有利于企业在瞬息万变的市场环境中抢抓机遇。

（4）制造业呈现服务化的趋势。

面对竞争激烈和个性化的市场需求，当今制造业出现了制造服务化的趋势，即制造企业由仅仅提供产品与附加服务向"产品+服务包"转变。服务型制造是为了实现制造价值链中各利益相关主体的价值增值，通过产品和服务的有机融合、客户全程参与、企业提供生产性服务和服务性生产，实现分散化制造资源的全面整合和各自核心竞争力的高度协同，达到高效创新的一种新型制造模式[11]。在服务型制造中，制造商的角色由产品提供者向服务提供者转变。服务型制造对提高企业效益、顾客价值及资源利用率和社会效益具有重要意义。

（5）绿色化。

当今世界，绿色化、低碳化已逐步成为 21 世纪制造业发展的必经之路。然而在我国，落后的观念、产业结构、制造技术以及生产、运输、维护、销毁等诸多环节的粗放管理导致制造业对环境造成较严重的破坏。绿色化制造的目标和宗旨是使所研究开发的产品从设计、生产、包装、运输、销售、使用、维护直到报废处理的整个产品生命周期中，将产品对环境的污染降到最低，对资源的利用效率达到最大[12]。绿色制造、低碳制造和循环经济是人类社会可持续发展的基础，是制造业未来发展的战略方向。

面对我国制造业所面临的国际环境，我国制造业必须探索、培育新型、持续发展的制造模式与手段，强化企业自身的核心竞争力，提升企业间创新与协同能力、加快经济发展方式转变，使我国制造企业从"生产型制造"向"生产加服务型制造"转变，从价值链的低端向价值链的高端转变，实现高效、优质、低耗、绿色的制造，以实现由相对粗放的高速增长向趋缓但却更为健康的方向发展。

1.1.2　相关支持技术

（1）互联网技术。

互联网最早来源于美国国防部高级研究计划局（Defense Advanced Research Projects Agency，DARPA）的前身 ARPA 建立的 ARPAnet。互联网是由许多子网互联而成的一个逻辑网，每个子网中连接着若干台主机，使用 TCP/IP 协议让不同的主机彼此通信。互联网上有丰富的信息资源，企业或个人可以通过互联网方便地寻求各种信息。互联网的出现，极大地推动了经济全球化的发展浪潮，为网络化制造模式的出现提供了技术支撑。

（2）网格技术。

网格计算（grid computing）作为一种分布式计算（distributed computing），

是伴随着互联网而迅速发展起来的，专门针对复杂科学计算的新型计算模式。这种计算模式是利用互联网把分散在不同地理位置的计算机组织成一台"虚拟的超级计算机"，其中每一台参与计算的计算机就是一个"节点"，而整个计算是由成千上万个"节点"组成的"一张网格"。网格计算的优势有两个：一个是数据处理能力超强；另一个是能充分利用网上的闲置处理能力。在网格计算环境下，通过任何一台计算机都可以提供无限的计算能力，实现全球范围的计算资源、存储资源、数据资源、信息资源、知识资源、专家资源、设备资源等的全面共享[13,14]。这种环境将能够使各企业解决以前难以处理的问题，最有效地使用其系统，满足客户要求并降低其计算机资源的拥有和管理总成本。网格计算为制造网格系统中信息的存取和资源共享提供了重要的使能技术。

（3）云计算技术。

云计算是将大量的计算资源（包括存储能力、计算能力等）集中起来组成资源池进行统一管理，并产生协同效应，实现大规模、低成本的超级计算模式[15,16]。云计算是网格计算、分布式计算、并行计算、效用计算等计算机技术和网络技术发展融合的产物，是一种新计算模式。它把 IT 资源、数据、应用作为服务，用户无须建立具有很高计算能力和存储容量的基础设施，只要通过网络即可从"云端"获取所需的服务（基础架构即服务 IaaS、平台即服务 PaaS、软件即服务 SaaS）。

云计算技术包括编程模型，数据管理，资源虚拟化/服务化，云平台构建、管理、运行和标准及安全等技术。

（4）物联网技术。

物联网（Internet of Things，IoT）是在互联网的基础上，将其用户端延伸和扩展到任何物品与物品之间，进行信息交换和通信的一种网络。具体而言，物联网是通过识别、感知的技术与设备（如二维码识读设备、RFID

装置、红外感应器、全球定位系统和激光扫描器等），按约定的协议，把任何物品与互联网相连接，进行信息交换和通信，以实现智能化识别、定位、跟踪、监控和管理的一种"人物互联、物物互联、人人互联"的高效能、智能化网络[17,18]。物联网技术包括感知层、传输层、应用层等关键技术。

（5）大数据技术。

大数据技术是大数据理论、工具、系统与应用技术的总称，大数据的特点可以总结为 4 个 V，即 volume（数据容量大）、variety（数据类型繁多）、velocity（处理速度快）、value（商业价值高）。大数据技术包括大数据的描述、存取、挖掘、管理、处理等理论、工具、系统与应用等技术。

以上介绍的云计算技术、物联网技术以及大数据技术为云制造模式的出现和发展提供了重要的使能技术。

1.1.3 先进制造模式的演变

随着科学技术的进步和经济发展的全球化，现代制造企业所处的环境与过去相比不可同日而语，为了应对挑战，在传统制造模式的基础上，学术界和企业界提出了许多新的生产模式与制造技术。例如，计算机集成制造（computer integrated manufacturing，CIM）[19,20]，敏捷制造（agile manufacturing，AM）[21,22]，网络化制造（networked manufacturing，NM）[23]，制造网格（manufacturing grid，mGrid）[24]，云制造（cloud manufacturing，CMfg）[25,26]等，其演变过程如图 1-1 所示。

为了应对快速变化的市场和客户需求，企业自身更加专注于核心业务，将非核心业务外包给其他协作企业，企业通过有效的合作充分发挥自身的核心竞争力，来实现利润和附加值的最大化以减少投资、降低运营成本和风险，提高自身的柔性和抗风险能力。

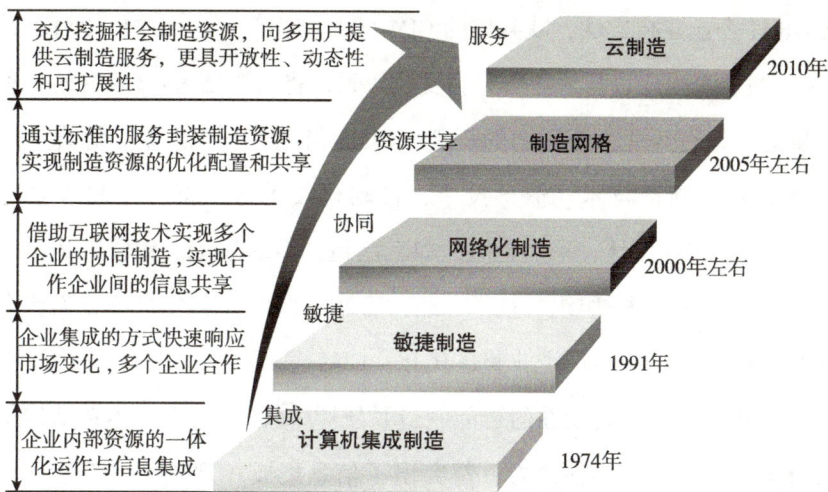

图 1-1 先进制造模式的演变

在先进制造模式的推广下，尤其是网络化制造模式的洗礼下，企业组织生产活动的生产模式也发生了相应的变化，由传统面向库存的大批量生产到面向订单的小批量生产以及满足客户个性化需求的大规模定制生产模式。先进的制造模式和与之相适应的生产管理模式为企业应对个性化的市场需求提供了支持。

（1）计算机集成制造。

CIM 是美国约瑟夫·哈林顿（Joseph Harrington）博士于 1973 年在其《计算机集成制造》一书中提出的，该理念的提出是基于两个核心观点，一是系统观点，另一个是信息观点，其核心强调企业生产活动各个环节中数据或信息的集成。按照这一哲理和技术构成的具体系统实现便是计算机集成制造系统（computer integrated manufacturing systems，CIMS）。围绕哈林顿提出的 CIM，世界各工业国对 CIM 的定义进行了不断的研究和探索，并相继提出各种 CIMS 体系结构，如联邦德国经济加工委员会的 CIM 概念模型，美国 CASA/SME 的 CIM 轮图，法国波尔多大学 GRAI/LAP 实验室提出的

CIM-GRAI 企业建模方法，欧共体的 CIM-OSA 结构等[27]。我国"863"计划 CIMS 主题专家组通过长期的研究和实践探索，将其概括为：CIMS 是一种组织、管理与运行企业生产活动的哲理；CIMS 借助计算机系统，综合应用现代管理技术、制造技术、信息技术、自动化技术等，将产品制造全过程（市场分析、工程设计、采购仓储、加工制造、组装装配、销售配送、售后服务等）中有关的人/组织、技术、经营管理三要素与其信息流、物流有机地集成并优化运行，实现企业整体优化；CIMS 是适合于多品种、中小批量生产的总体高效率、高柔性的智能制造系统[28]。各种定义和体系结构侧重点存在差异，但就其共性来看，都突出了信息集成在现代制造系统中的重要地位，强调信息的集成、共享和及时处理。

（2）敏捷制造。

针对美国制造业的衰退和来自以日本为代表的世界发达国家与地区的激烈挑战，美国国会于 1991 年提出了重振美国制造业雄风的目标。美国里海大学 Iacoca 研究所教授就此问题展开调查、研究并提出了敏捷制造的概念[29]。敏捷制造是一种新的制造模式，它使企业在不断变化的竞争环境中生存和发展，及时对客户需求进行处理以快速地响应市场。敏捷制造通过企业间的联合将高素质的员工、动态灵活的虚拟组织或动态联盟、先进的柔性生产技术以及先进的经营管理模式进行全面集成，实现企业内部和分布在全球异地的合作企业间的制造资源的集中管理和优化利用。

敏捷制造代表了 CIM 发展的最新阶段。它主要针对特定的市场机遇选择合作伙伴，组建企业动态联盟，以先进的柔性制造技术为基础，充分应用联盟企业内所具有的各种资源，通过对联盟企业间的业务信息进行整合，以快速响应客户需求，从而赢得市场。

（3）网络化制造模式。

在应对经济全球化的挑战中，计算机网络技术的发展与互联网的普及应用造就了网络化制造模式的出现。国内外的相关学者对此展开了深入的研究并对网络化制造给出了多种定义，其中清华大学范玉顺教授等将网络化制造定义为：企业为应对制造全球化，以快速响应客户需求为目标的一种市场驱动的先进制造模式。网络化制造的核心是通过构建基于网络（互联网、企业内联网和企外联业网）的生产系统以突破空间地域对企业业务范围和活动方式的约束，实现覆盖产品整个生命周期生产活动（如产品设计、制造、采购、仓储、配送、销售等）间的信息共享和协同[30]。与网络化制造相关的国外提法主要有 networked manufacturing，e-manufacturing，e-factory等。其中 e-manufacturing 可以看成网络化制造概念的延伸和扩展，而网络化制造可以看成 e-manufacturing 的一种主要的实现技术和系统。文献［31］对 e-manufacturing 的定义为："电子化制造是一个转换系统，通过基于 Web 和无线电子信息技术实现制造操作与企业内功能对象无缝集成以获得高效协同。"

由于网络化制造能够较好地满足企业开展市场竞争的核心需求，十几年来国内外许多专家、学者在网络化制造模式与系统开发方面进行大量的探索实践工作，取得了丰硕的成果。概括起来该模式实现了协作企业间的数据共享，采用集中控制的管理机制实现对资源和服务的独占式共享。然而不同企业在业务运营模式、资源共享机制、标准规范等方面的差异以及平台柔性与开放性的不足等，导致网络化制造模式在实践应用中的瓶颈，同时这也为网络化制造技术在理论上的深入研究提供了实践需求。

（4）制造网格。

随着市场竞争的日趋激烈和网络化制造的不断发展与完善以及网格技术的出现，在这种背景下，制造网格的概念被提出力求满足支持制造企业协同的网络化制造系统的实际需求。制造网格提出的出发点是支持面向服务的跨组织协同制造过程，通过服务化封装制造资源来匹配、组合、调度制造服务，进而实现制造任务的动态执行。

制造网格以现有的制造业信息化技术和手段为基础，以各种制造资源为节点，以网格平台中间件为桥梁，由分布、异构制造资源动态组成虚拟组织，充分利用网格技术开放的体系框架、通用的标准和规范、统一的开发平台和工具，致力于为制造业建立一种通用的、开放的、标准的和规范的网络化制造模式[32]。制造网格的目标是以标准服务化封装的方式实现网格内制造资源的共享，以制造服务的自组织实现制造过程动态重组和协同制造，改善制造过程的柔性，最终降低企业的制造成本、提高资源利用率、缩短产品上市时间。

（5）云制造。

云制造概念的提出与我国的国情密不可分，我国 30 多年粗放式的经济发展模式导致了严重的环境污染和生态破坏，为了实现可持续发展，国家在"十二五"规划中提出发展低碳经济和转变经济增长方式。另外，我国作为制造大国拥有丰富的制造资源，但是制造总体水平却处于国际产业分工价值链的低端，创造和创新能力比较弱。在此背景下，云制造的概念被提出，其目的在于盘活社会制造资源存量，通过优化配置实现制造企业间制造资源的高度协同和共享[33,34]。

云制造与制造网格的区别体现在 3 个方面。①体系结构。制造网格是以网格技术为实现基础，通过中间件屏蔽分布式制造资源的异构实现制造资源的聚合以完成特定的制造任务；而云制造是以云计算、物联网技术为使能技术，用镜像执行和虚拟化技术处理资源异构实现不同粒度的云服务智能组合来完成制造任务，更加柔性和开放。②服务模式。制造网格强调的是聚合分布的制造资源，体现的是"分散资源集中使用"的思想，其服务模式主要是"多对一"的形式，即协作的企业临时组成一个虚拟组织，统一调度配置聚合的资源来完成一个制造任务[35-37]；而云制造在此基础之上体现了"集中资源分散服务"的思想，其服务模式表现为分散资源通过统一的整合、匹配和组合为多个用户或多个制造任务提供服务，其并没有强调虚拟组织的服务形态，而是在统一的云制造服务平台上实现制造资源的大协同与大共享。③商业运营空间。制造网格缺乏商业运行模式，只停留在理论研究阶段，很难商业化推广；而云制造模式则不同，它是基于云计算的，云计算从诞生开始就是针对企业商业应用，目前，云计算在技术方面也已经基本成熟，同时已有的云计算商业模式可以为云制造模式的商业运营提供技术和模式借鉴。

通过分析以上几种典型制造模式，我们不难发现，云制造模式是现有制造模式的深化和发展，它为制造业从生产型制造走向服务型制造提供了整体框架和关键使能技术，其演变过程表现出现代制造业总体在向网络化、智能化、服务化、绿色化的方向发展。

1.2　云制造技术

1.2.1　云制造的内涵

云制造是一种基于网络的、面向服务的智慧化制造新模式和手段，它融合发展了现有信息化制造（信息化设计、生产、实验、仿真、管理、集成）技术与云计算、物联网、服务计算、智能科学、高效能计算等新兴信息技术，将各类制造资源和制造能力虚拟化、服务化，构成制造资源和制造能力的云服务池，并进行统一的、集中的优化管理和经营，从而用户只要通过云端就能随时随地按需获取制造资源和能力服务，进而智慧地完成其制造全生命周期的各类活动[33,34,38]。

云制造是随着现代化工业和信息产业的不断发展应运而生的，其是在"制造即服务"理念的基础上，借鉴了云计算思想发展起来的一种新的制造模式。云制造服务（以下简称云服务）是服务化的制造资源和制造能力，通过采用虚拟化、物联网等技术，将分散的云端制造资源和制造能力基于知识进行虚拟封装，并智能地接入云制造服务平台中，从而通过网络将高度虚拟化的云端资源以服务的形式为云服务用户提供制造全生命周期应用。与传统网络化制造中的资源服务相比，云服务具有互操作性、自组织、自适应等特点，大量的云服务按照一定的规则聚合起来，形成一个大的云服务资源池，从而能为云服务用户提供透明的、开放的、按需使用的云服务。

在面对不同用户制造任务执行的全生命周期中，云制造的服务内容可以分为云制造资源服务及云制造能力服务两类。云制造资源服务包括：硬制造资源服务，如制造生产加工硬设备（如机床、3D 打印机、机器人、加工中心）、计算及仿真设备、检测测试设备等；软制造资源服务，如制造过程中的各种模型、数据、软件、信息、知识等。云制造能力服务是基于云制造资源所体现的各种不同的能力，包括论证能力为服务、设计能力为服务、仿真能力为服务、生产加工能力为服务、试验能力为服务、经营管理能力为服务、运营能力为服务、维修能力为服务、集成能力为服务等。

云制造的应用模式从制造任务执行的角度可以分为 4 种典型的模式：①支持单用户主体完成某阶段制造任务；②支持多用户主体协同完成某阶段制造任务（如多学科协同设计）；③支持多用户主体协同完成跨阶段制造任务（如跨阶段的生产加工任务）；④支持多用户主体按需获得各种制造能力。从云制造实施主体角度，可以分为 3 种类型，即企业云、行业云和混合云。企业云也称为私有云，它基于企业内或集团内部网络构建，主要强调企业内或集团内制造资源和制造能力整合与服务，优化企业或气团资源和能力使用率，减少重复资源和能力的重复减少，降低成本，提高竞争力。行业云也称公有云，它基于"公用网"（如互联网、物联网）构建，主要强调企业间制造资源和制造能力整合，提高整个社会制造资源和制造能力的使用率，实现制造资源和能力交易；一般以第三方企业为主，构建相应的公有云制造服务平台；所有企业均可向平台提供本企业多余或闲置的制造资源和能力，来获取利润；所有企业可以按需购买和使用平台提供的资源和能力服务。混合云主要指在现有公有云和私有云平台基础上，实现区域间/行业间公有云的集成、公有云与私有云的集成、私有云与私有云的集成以及云平台与现有信息系统的集成。

1.2.2　云制造的运行原理

云制造的运行包括 1 个核心支撑（知识/智慧），2 个过程（接入、接出）和 3 种用户角色（制造资源提供者、制造云运营者、制造资源使用者）[6,39]。云制造的运行原理如图 1-2 所示。

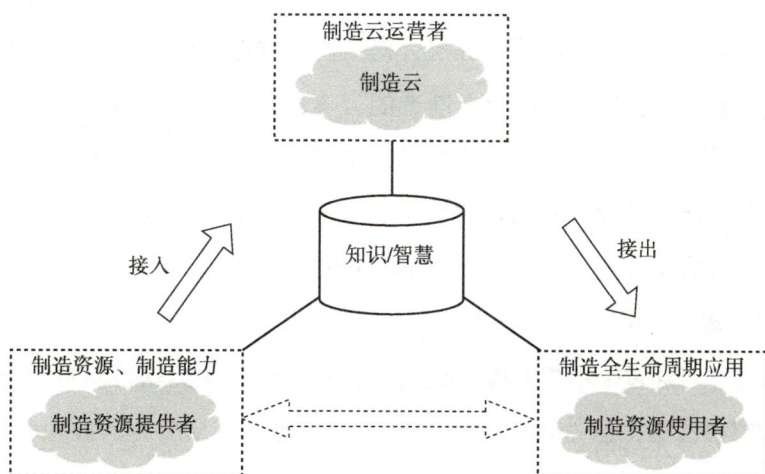

图 1-2　云制造的运行原理

由图 1-2 可知，云制造系统中的用户角色主要有 3 种，即制造资源提供者、制造云运营者、制造资源使用者。制造资源使用者通过对产品全生命周期过程中的制造资源和制造能力进行感知、虚拟化接入，以服务的形式提供给第三方运营平台（制造云运营者）；制造云运营者主要实现对云服务的高效管理和运营等，可根据制造资源使用者的应用请求，动态、灵活地为制造资源使用者提供服务；制造资源使用者能够在制造云运营平台的支持下，动态按需地使用各类应用服务（接出），并能实现多用户主体的协同交互。在制造云运行过程中，知识/智慧起着核心支撑作用，知识/智慧不仅能够为制造资源和制造能力的虚拟化接入与服务化提供支持，还能为实现基于云服务的高效管理和智能查找等功能提供支持。

1.2.3　云制造的体系结构

云制造体系结构共分为 5 层，分别为物理资源层、虚拟化层、核心中间件层、应用层、用户层，如图 1-3 所示[40]。

（1）物理资源层。

物理资源层是云制造的最底层，提供产品制造全生命周期过程中所涉及的各类资源，包括制造资源、制造能力等，并进行了详细的分类，从而为不同资源所采取不同的虚拟化技术提供基础。物理资源层包含完全自治的自治域资源以及通过有偿租赁获得的租赁域资源，租赁域资源用于弥补自有资源在资源类型、制造能力等方面的不足。

（2）虚拟化层。

虚拟化层通过采用相关虚拟化技术，将分散的各类软硬制造资源、制造能力映射为虚拟制造资源和能力模板，实现资源及能力的虚拟化封装，聚集在虚拟资源及能力池中，并虚拟接入云制造平台。云制造虚拟化层包括资源描述、虚拟资源镜像封装、虚拟资源部署配置、虚拟资源封装、虚拟资源部署、访问控制配置、虚拟资源激活与虚拟资源释放等过程。

用户层	云消费者		云消费者		云消费者		网络服务 网络服务	协议、标准协议、标准
应用层	MAaaS 运行环境 开发环境	应用开发	应用上线	应用监控	应用隔离	应用维护		
		MSaaS MRaaS	尺度控制	租户隔离	可视化	虚拟系统管理		
			粒度控制	资源整合	数据管理	资源虚拟化		
核心中间件层	资源管理	集中控制	资源调度	地址管理	负载管理	镜像管理		
		资源部署	弹性管理	注册注销	访问粒度管理	目录管理		
	开发环境	系统监控	可靠性管理	性能评价	系统优化	系统环境维护		
	任务管理	多用户管理	任务分解	任务调度	任务监控	任务迁移		
		工作流管理	报价管理	计费管理	信誉管理	访问尺度管理		
	安全管理	用户管理	身份认证	许可证管理	访问控制授权	安全协议		
	服务管理	QoS管理	SLA管理	资源预留	需求语义	服务通知		
虚拟化层	资源模块	资源模块元数据	EDD映射	资源描述	虚拟资源镜像封装			
	虚拟资源部署配置	虚拟资源封装	虚拟资源实例化	虚拟资源部署	访问控制配置			
	生命周期管理	虚拟资源激活	虚拟资源释放	物理资源监控	资源通信			
物理资源层	租赁域资源			自治域资源				

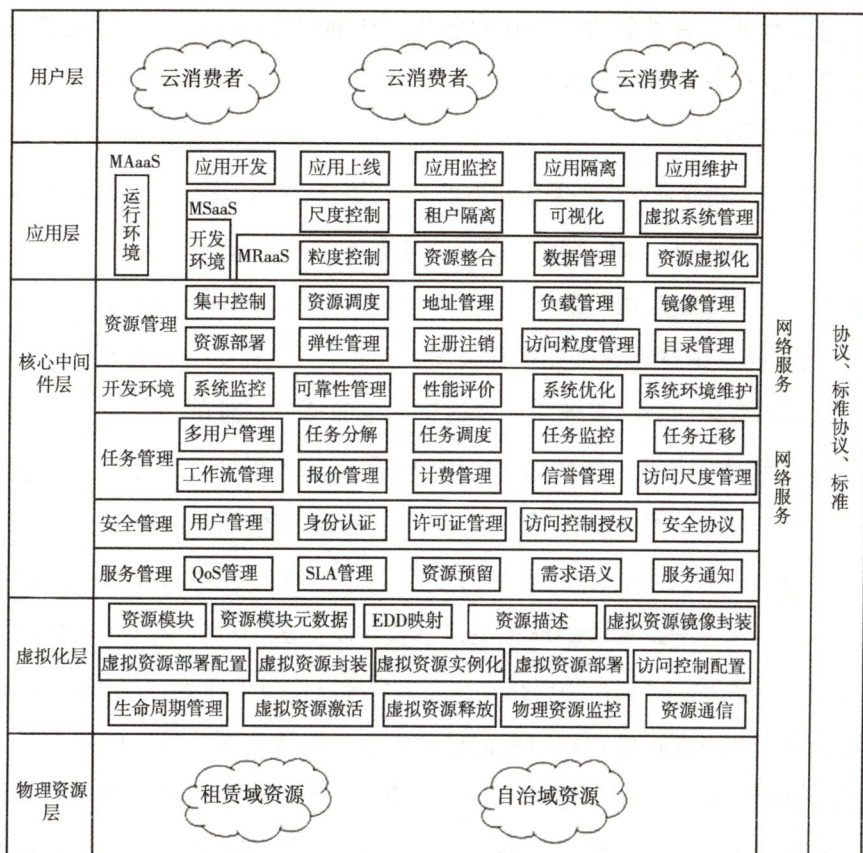

图 1-3 云制造体系结构图

（3）核心中间件层。

核心中间件层是制造云平台的核心服务层，为云服务池、云服务生命周期管理提供相应的支持，主要包括 3 个部分：通过对虚拟资源及能力的服务化封装并发布到平台形成制造云服务；进而针对不同类型的云服务选择相应的部署方式，并实现云服务的智能、高效的管理，如智能匹配、动态组合、容错管理等；最后，为用户按需地使用产品制造全生命周期服务提供支持，如调度管理、变更管理、计费管理等。该层主要包括资源管理、开发环境、任务管理、安全管理、服务管理 5 大功能中间件，涉及资源部署、镜像管理、弹性管理、多用户管理、访问尺度管理、访问粒度管理、计费管理、可靠性管理等环节。

（4）应用层。

应用层支持企业面向各类应用需求，提供制造资源即服务（manufacturing resource as a service，MRaaS）、制造场景即服务（manufacturing scene as a service，MSaaS）、制造应用即服务（manufacturing application as a service，MAaaS）3种应用层次。在 MRaaS 应用中，资源服务提供者交付给资源服务需求者的是最底层的资源，资源服务需求者通过标准的接口，对单一资源或聚合资源进行多粒度的访问。在 MSaaS 应用中，资源服务提供者交付给资源服务需求者的是可配置的虚拟制造环境，资源服务需求者可以根据自身的需求，选择、复用、配置可重构制造资源，并利用资源服务提供者提供的开发及设计工具，构建满足需求的虚拟制造系统，涉及多个重构单元相互协同的尺度管理与控制、多租户隔离技术、虚拟系统设计与管理等。在 MAaaS 中，资源服务提供者交付给资源服务需求者的是面向特定制造活动的定制制造系统，将完成一个应用（任务）的所有应用环境（共享资源组合、时间关系、约束关系、工作流等）整合在一起提供给资源服务需求者，如电子产品制造应用系统、产品可靠性分析应用系统等，涉及制造应用的开发、上线、监控、租户隔离等技术。

（5）用户层。

云制造中的用户层为用户提供统一的和安全的用户界面，使用户可以在不同地点、不同的客户端环境下，以一致的配置条件和访问权限访问云制造系统提供的各种服务。

1.2.4　云制造的特征

与已有的信息化制造技术相比，在数字化（共性特征）的基础上，云制造更为突出的典型技术特征可以概括为 5 点，即制造资源和能力的物联化、虚拟化、服务化、协同化、智能化，其综合地体现为"智慧化制造技术特征"[25,38]。

（1）面向服务和需求的制造。云制造充分体现了制造即服务的思想，一改产品制造长期以来面向设备、面向资源、面向订单、面向生产等形态，在云制造服务平台中，按照云制造服务请求者不同的任务需求，并且快速组织云服务资源提供方按需生产、调度、租赁、使用，实现了真正面向服务、面向需求。

（2）不确定性制造。云制造中，云服务对制造需求的满足不存在唯一最佳解，而是到目前为止用现有技术和方法能得到的满意解或非劣解，这即是云制造的不确定性制造能力，包括云制造任务的描述、任务与云服务的映射匹配、云服务选取与绑定、云服务组合选取、制造结果评价等环节中的不确定性。

（3）制造云服务协同化。云制造使制造资源和能力通过标准化、规范化、虚拟化、服务化及分布高效能计算等信息技术，形成彼此间可灵活、互联、互操作的"制造资源/能力即服务"模块。通过协同化技术，这些云服务模块能够动态地实现全系统、全生命周期、全方位的互联、互通、协同，以满足用户需求。

（4）支持多用户的制造。云制造不仅体现"分散资源集中使用"的思想，还能够有效实现"集中资源分散服务"的思想，即将分散在不同地理位置的制造资源通过大型服务器集中起来，形成物理上的服务中心，进而为分布在不同地理位置的多用户提供服务调用、资源租赁等。

（5）全生命周期智慧制造。云制造服务可支持制造产品全生命周期各个阶段，不同制造阶段之间通过知识进行有效衔接。同时，云制造全生命周期过程中都离不开知识的应用，基于知识对各阶段的云服务进行调度，从而实现高度一体化的全生命周期智慧制造。

（6）绿色低碳制造。云制造的目标之一是围绕时间、质量、成本、服务、环境、柔性、知识等目标，实现制造资源、能力、知识的全面共享和协同，提高制造资源利用率，实现资源增效。实现了云制造，实际上就是在一定程度上实现了绿色低碳制造。

1.2.5 云制造的发展

云制造是一种基于知识、面向服务、高效低耗的网络化智能制造模式，于 2010 年初由中华人民共和国科学技术部（以下简称"科技部"）提出，其宗旨在于充分利用现有制造资源提供良好的制造服务，并降低产业能耗，为制造业的转型升级提供了一种新的方法。同年科技部发布了国家高技术研究发展计划（"863"计划）先进制造技术领域"云制造服务平台关键技术"主题项目[41]，在此项目计划的推动下，国内各大科研机构对云制造的相关理念、体系框架、关键技术等方面开始着手研究。一些地方和企业也开始推动云制造技术的研究和应用。如 2011 年 6 月"北京市云制造工程技术研究中心"成立，广东佛山启动建设云制造公共服务平台，两年之后，国家科技部又发布了"十二五"制造业信息化科技工程规划文件[42]，将云制造技术、制造服务全生命周期管理技术、制造物联关键支撑技术以及相关的服务平台确立为制造业信息化关键技术攻关重点任务。其目的旨在攻克网络环境下制造资源和制造能力共享与协同的核心关键技术，构建支持各主体按需使用的云制造服务平台，推动制造服务模式创新，促进我国生产型企业向服务型企业转型。2014 年，武汉市公布了"武汉市黄鹤白云计划示范项目（2014）"名单，e-works 中小企业云制造服务平台被列入武汉市"黄鹤白云"计划。长春市启动了"智慧长春"计划，提出了以云制造为核心，推进两化深度融合的"两化融合"工程。2015 年 5 月云制造被正式写入国务院发布的《中国制造2025》，并于2015年7月列入国务院关于积极推进"互联网+"行动的指导意见。另外，云制造技术与平台对地方工业经济的推动与提振作用越来越受到关注，由中国航天科工集团第二研究院研制的"天智网"云平台已被贵州省纳入"工业云"主体平台，助推当地工业实现转型升级[43]。伴随着工信部"中国制造2025"相关文件的正式发布，部分省市已经将云制造作为当地制造业发展战略的重要组成部分。

与此同时，云制造的理念也引起国际学术界的关注，国外发达国家也开展了一些相关的研究工作，如欧盟第七框架于2010年8月启动了制造云项目（ManuCloud，Project-ID：260142)[44]，总投资500多万欧元，目的是在软件即服务的应用支持下，为用户提供可配置的制造资源和制造能力服务等。2013年欧盟第七框架又启动了CAPP-4-SMEs项目[45]，目的是为中小企业产品开发过程提供工艺规划、仿真、评估等相关服务。来自瑞典、英国、希腊、德国和西班牙的11个单位（4所大学、1家多国制造公司和6个中小企业）共同承担。在该项目中正式采纳"云制造"（cloud manufacturing）的提法，并将云制造作为实现模块化可配置过程规划的集成解决方案，使用户可以从云中获取现收现付式的服务。2014年，美国白宫公布了一项新的数字制造与设计创新机构的资助计划[46]，并预计耗资3.2亿美元。该计划拟从轻型现代金属制造着手，创建连接个人、公司、机器和工厂的网络，实现实时合作和在线数据分析。其思想与云制造类似，都是希望实现资源的共享、高效整合，实现制造质量、效率的提升。

云制造作为一种新兴的制造模式，为制造业信息化提供了一种崭新的理念和模式，其发展空间和未来的应用领域是非常广阔的。但与此同时，发展"云制造"是一项战略性的系统工程，它的发展将是一个长期的、阶段性、可持续的渐进过程，在下一步工作中需要进一步突出中国云制造研究与实施的特点和优势，进一步拓展技术研究与应用推广。

1.3　课题研究背景与内容

1.3.1　研究背景

　　基于1.1节的分析，面对我国制造业所处的环境及制造业的发展趋势，激烈的市场竞争给制造企业，特别是中小制造企业带来了巨大的压力。中小制造企业由于缺乏资金、高水平技术与管理员工、先进的生产技术等，必须与其他制造企业进行合作以提高各自的竞争力，它们共担风险、共享收益以期捕捉市场机会；通过协同运作，现代制造企业能够弥补各自不足，应对所面临的挑战，这样各企业将更加柔性、更加快速地响应客户需求和市场变化。制造企业间的合作与协同是应对客户行为随机性和需求模式动态性的市场环境具有竞争力的策略。

　　同时，信息技术与网络技术的迅猛发展，特别是云计算、物联网等新型技术的发展，为企业实施基于云制造模式的协同运作提供了技术上的可能性。基于1.2节对云制造技术的概述，云制造是面向不同区域和行业，在云计算、物联网等先进技术的支持下，实现对产品制造整个全生命周期的相关资源的整合和服务化封装，提供规范化的制造服务以满足不同制造需求的新模式。因此，云制造技术为提升制造企业的协同运作提供了一种新的手段，为制造任务的优化执行提供了新的模式。

1.3.2　研究内容

　　鉴于此，本书提出在云制造模式下，现代制造企业从制造任务的角度出发探索制造任务优化执行过程中的相关理论与方法，主要在云制造环境下，针对异构、动态、多样的制造任务研究其语义建模方法体系，研究云制造任务优化执行关键技术（云制造任务语义建模、云制造服务搜索与匹配、多任务执行服务链构建、执行过程状态跟踪与评价），目的是为行业企业搭建云制造任务优化执行应用平台，以缓解各企业面临的人才、资金、技术、设备短缺和不足的局面，发挥各自的核心竞争力，实现制造企业资源协同共享，进而提升制造企业协同的能力和提高区域内组织群体的整体竞争力。对以下几个关键问题进行研究：

①云制造任务执行的运作模型和框架；

②基于本体的云制造任务通用本体构建；

③云制造任务子本体匹配方法；

④云制造任务服务匹配方法；

⑤云制造任务优化执行服务链构建方法；

⑥基于博弈的多用户任务资源服务优选模型；

⑦云制造任务执行进度跟踪方法；

⑧云制造任务执行服务状态监控；

⑨云制造任务执行过程综合评价模型和方法；

⑩建材装备企业云制造任务执行系统应用。

本书组织结构如图1-4所示。

本书具体章节安排如下。

第1章：绪论。对先进制造模式进行梳理，分析其演变过程，并讨论我国制造所处的环境和云制造技术，以此作为本书的研究背景。由此确定了本书主要内容。

第2章：云制造任务优化执行框架。该章首先分析了云制造任务的典型特征和任务类型，并提出了针对中小企业云制造任务优化执行的运作模型和框架，进而探索云环境下制造任务优化执行相关领域的国内外研究现状，为后续章节的内容提供基础。

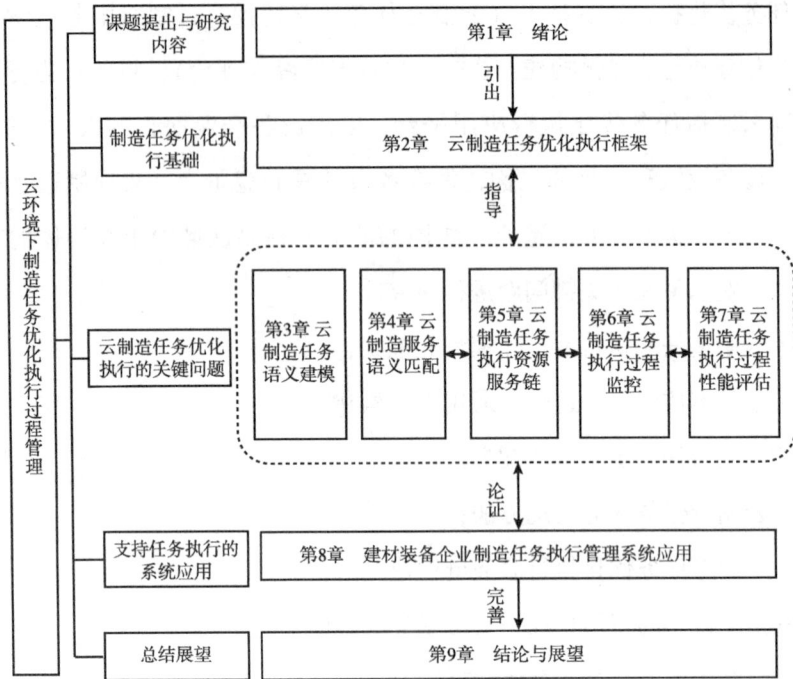

图1-4　本书内容的组织结构

第3章：云制造任务语义建模。该章针对云制造模式下制造任务异构性的特点，在分析云制造任务信息模型的基础上，提出云制造任务语义建模框架，重点研究了基于本体自学习模型的云制造任务通用本体的构建方法和基于语义特征值的制造任务子本体匹配过程及其语义描述模型。

第4章：云制造服务语义匹配。在云制造环境下，面对不同的云制造任务请求，利用各类服务匹配算法，从云制造服务平台中找到满足用户的云服务。该章首先分析基于本体的制造资源的描述，进而构建制造服务匹配实现框架，搭建了制造服务双向语义匹配模型，重点研究了面向制造任务和制造服务的正反双向语义匹配方法。

第5章：云制造任务执行资源服务链。鉴于制造任务执行前的计划需求，该章提出云制造模式下任务执行资源服务链构建框架，重点研究了两个方面，一方面是针对云制造模式的开放性和多用户特征，提出多用户任务资源服务优选模型，并应用演化博弈论的方法构建了两用户资源服务竞争的博弈模型，进而从任务执行的延期与否分 4 种类型分析各自的演化稳定策略及其动态复制方程的演化相图；另一方面是将优选的资源服务按照制造任务的时序逻辑结构将其合成为可执行的资源服务链。

第 6 章：云制造任务执行过程监控。鉴于云制造模式下对实时性的要求，该章提出云制造任务执行过程状态监控框架，重点分析任务执行实时数据预处理和任务执行状态数据融合，以满足不同企业用户对不同任务信息的业务需求。

第 7 章：云制造任务执行过程性能评估。针对云制造任务执行过程中评估需求，该章提出云制造任务执行过程评估模型，分析任务执行前、执行中和执行后各阶段所涉及的评估指标、基于时序逻辑结构的性能组合方法和各指标的模糊化处理方法。在此基础上，提出直觉模糊 OWA-TOPSIS 评估方法，并将其应用于云制造任务执行过程的性能评估中。

第 8 章：建材装备企业制造任务执行管理系统应用。在理论研究基础上，该章提出了建材装备企业制造任务执行管理系统的设计目标，设计并开发了应用管理系统，重点分析了制造任务分布与任务优化执行的开发过程，并从项目工程任务管理、制造任务执行计划、制造资源配置、任务执行过程跟踪、制造执行过程评估 4 个方面展示了系统的应用。

第 9 章：结论与研究展望。对全书研究工作进行总结，并提出进一步课题研究的方向。

参考文献

[1] 工信部解读中国制造 2025 之二:已成世界制造业第一大国[EB/OL]. (2015-05-19)
[2016-05-12]. http://news. xinhuanet. com/fortune/2015-05/19/c_127818497.htm.

[2] 中国制造业产量全球第 1 整体竞争力仅第 13[EB/OL]. (2015-04-24)[2016-05-
12]. http://money. 163.com/15/0424/13/ANVJT7V000252G50. html.

[3] 黄群慧. "新常态"、工业化后期与工业增长新动力[J]. 中国工业经济,2014(10):
5-19.

[4] 苗圩. 把握趋势 抓住机遇 促进我国制造业由大变强[J]. 中国工业评论,2015(7):
8-20.

[5] 周佳军,姚锡凡. 先进制造技术与新工业革命[J]. 计算机集成制造系统,2015,21(8):
1963-1978.

[6] 李伯虎,张霖,柴旭东. 云制造概论[J]. 中兴通讯技术,2010,16(4):5-8.

[7] 孙佳. 中国制造业:现状、存在的问题与升级的紧迫性[J]. 吉林省经济管理干部学院
学报,2011,25(6):10-14.

[8] EVANS P C, ANNUNZIATA M. Industrial Internet:pushing the boundaries of minds and
machines[EB/OL]. (2012-04-28)[2016-05-12]. http://www. ge. com/docs/
chapters/Industrial_Internet. pdf,2012.

[9] KAGERMANN H, HBLBIG J, HELLINGER A, et al. Recommendations for implementing the
strategic initiative industrie 4.0:securing the future of german manufacturing industry[R].
Final Report of the Industrie 4.0 Working Group,2013.

[10] 国务院关于印发《中国制造 2025》的通知[EB/OL]. (2015-05-19)[2016-05-12].
http://www. gov. cn/zhengce/content/2015-05/19/content_9784.htm.

[11] 孙林岩,李刚,江志斌,等. 21 世纪的先进制造模式——服务型制造[J]. 中国机械工
程,2007,18(19):2307-2312.

[12] 霍春辉. 云制造与敏捷型组织 开启工业 4.0 时代的新未来[M]. 北京:人民邮电出

版社,2016:13-14.

[13] 都志辉,陈渝,刘鹏. 网格计算[M]. 北京:清华大学出版社,2002.

[14] FOSTER I,KESSELMAN C. The grid:blueprint for a future Computing Infrastructure[M].
New York:Morgan Kaufmann Publishers,1999.

[15] Amazon elastic compute cloud (Amazon EC2)[EB/OL].(2009-05-20)[2016-05-12].
http://aws. amazon. com/ec2/.

[16] WANG L Z,TAO J,KUNZE M. Scientific cloud computing:early definition and experience
[C]. 10th IEEE International Conference on High Performance Computing and Communi-
cations (2008 IEEE Computer Society),2008,825-830.

[17] 沈苏彬,范曲立,宗平,等. 物联网的体系架构与相关技术研究[J]. 南京邮电大学学
报:自然科学版,2009,29(6):1-11.

[18] 潘林,赵会群,孙晶. 基于网格技术的物联网 Savant 中间件的实现技术[J]. 计算机应
用研究,2007,14(6):292-294.

[19] RÁNKY P G. Computer integrated manufacturing [M]. New Jersey:Prentice Hall Press,1986.

[20] GROOVER M P. Automation,production systems,and computer-integrated manufacturing
[M]. New Jersey:Prentice Hall Press,2007.

[21] GUNASEKARAN A. Agile manufacturing:a framework for research and development[J].
International journal of production economics,1999,62(1-2):87-105.

[22] YUSUF Y Y,SARHADI M,GUNASEKARAN A. Agile manufacturing:the drivers,concepts
and attributes[J]. International journal of production economics,1999,62(1-2):33-43.

[23] LI Q,ZHOU J,PENG Q R,et al. Business processes oriented heterogeneous systems inte-
gration platform for networked enterprises [J]. Computers in industry, 2010, 61 (2):
127-144.

[24] TAO F,ZHANG L,NEE A Y C. A review of the application of grid technology in manufac-
turing[J]. International journal of production research,2011,49(13):4119-4155.

[25] 陶飞,张霖,郭华,等. 云制造特征及云服务组合关键问题研究[J]. 计算机集成制造
系统,2011,17 (3):477-486.

[26] 崔荣会,李艾艾. 云制造落地[J]. 中国制造业信息化,2010(6):18-21.

[27] 李美芳. CIMS 及其发展趋势[J]. 现代制造工程,2005(9):113-115.

[28] 李伯虎,戴国忠. CIMS 应用示范工程 10 年回顾与展望[J]. 计算机集成制造系统, 1998(3):3-9.

[29] 李蓓智. 敏捷制造中的若干使能技术及其应用的研究[D]. 上海:东华大学,2005.

[30] 范玉顺,刘飞,祁国宁. 网络化制造系统及其应用实践[M]. 北京:机械工业出版社,2003.

[31] LEE J. E-manufacturing—fundamental,tools,and transformation[J]. Robotics and computer-integrated manufacturing,2003,19(6):501-507.

[32] 刘士军. 制造网格[M]. 北京:电子工业出版社,2009.

[33] 李伯虎,张霖,王时龙,等. 云制造——面向服务的网络化制造新模式[J]. 计算机集成制造系统,2010,16(1):1-7.

[34] 李伯虎. 再论云制造[J]. 计算机集成制造系统,2011,17(3):449-457.

[35] XUN X. From cloud computing to cloud manufacturing[J]. Robotics and computer-integrated manufacturing,2012,28(1):75-86.

[36] 李伯虎. 云制造——制造领域中的云计算[J]. 中国制造业信息化,2011(10):24-26.

[37] 王正成,黄洋. 面向服务链构建的云制造资源集成共享技术研究[J]. 中国机械工程,2012,23(11):1324-1331.

[38] 李伯虎,张霖,任磊,等. 云制造典型特征、关键技术与应用[J]. 计算机集成制造系统,2012,18(7):1345-1356.

[39] 张霖,罗永亮,陶飞,等. 制造云构建关键技术研究[J]. 计算机集成制造系统,2010(11):2510-2520.

[40] 李春泉,尚玉玲,胡春杨. 云制造的体系结构及其关键技术研究[J]. 组合机床与自动化加工技术,2011(7):104-107,112.

[41] 国家高技术研究发展计划("863"计划)先进制造技术领域"云制造服务平台关键技术"主题项目申请指南[EB/OL]. (2014-11-04)[2016-05-12]. http://www. 863. gov. cn/news/1010/20/1010203734.htm.

[42] 关于印发"十二五"制造业信息化科技工程规划的通知(国科发高〔2012〕312 号)[EB/OL].(2012-05-01)[2016-05-12]. http://www. most. gov. cn/tztg/201205/t20120511_94337.htm

[43] 中国航天科工集团公司. 航天科工云制造平台"天智网"用户突破 2 万[EB/OL].(2015-05-01)[2016-05-12]. http://www. sasac. gov. cn/n1180/n1226/n2410/n314244/16180509.html.

[44] On-the-cloud environment implementing agile management methods for enabling the set-up,monitoring and follow-up of business innovation processes in industrial SMEs,EC. 2011 [EB/OL].(2014-11-01)[2016-05-12]. http://cordis. europa. eu/projects/rcn/100324_en. html.

[45] CAPP-4-SMEs[EB/OL].(2015-05-01)[2016-05-12]. http://www. capp-4-smes. eu/.

[46] President Obama Announces Two New Public-Private Manufacturing Innovation Institute-sand Launches the First of Four New Manufacturing Innovation Institute Competitions[EB/OL].(2014-02-05)[2016-05-12]. https://obamawhitehouse. archives. gov/the-press-office/2014/02/25/president-obama-announces-two-new-public-private-manufacturing-in-novatio.

第2章　云制造任务优化执行框架

针对现代企业面临的挑战，本章主要研究现代企业在云制造模式下制造任务执行的特点，建立了云制造任务优化执行的运作模型，并从资源服务层、任务执行核心层、任务语义建模层、制造服务交易层、任务信息发布层5个方面阐述制造任务优化执行过程的整体框架，最后针对云制造任务优化执行相关内容的研究现状进行分析。

2.1　云制造任务

2.1.1　云制造任务概述

随着计算机与网络通信技术在制造业的深入应用，现代集成制造系统、敏捷制造、网络化制造等先进制造模式和技术的不断发展，制造任务的规划、管理、执行和控制方式以及制造任务自身的关联约束和要求等都处于不断变化之中，而所有这些变化都影响着制造任务执行的整个过程。与传统制造模式下的制造任务相比，现代企业云制造任务执行过程向服务化的方向转变。然而现有企业制造任务往往表现为产品结构复杂、可配置性差、任务变更频繁等特点，因此为了实现云制造模式下协同制造企业间任务的优化执行，本书针对现代企业在云制造模式下的运作方式，提出云制造任务的概念。

云制造任务是指在云制造模式下，对满足一定服务质量要求的某种资源服务的制造需求（如产品设计、加工制造、物流配送、维修、计算仿真、方案设计等），而这种需求应该封装了不同企业和不同任务的异构性，以一种服务的形式来展现。现代企业云制造任务除了所固有的特点外（产品结构复杂、可配置性差、任务变更频繁等），也呈现出一些新的特点，如异构封装性、多样性、动态性、关联性、服务需求性、实时性，具体分述如下。

（1）异构封装性。企业间的异构性导致传统制造系统中制造任务的异构性。这主要体现在制造任务的描述方法上，包括结构异构和语义异构。结构异构表现为用不同数据结构和类层次来表达制造任务的结构参数。语义异构表现为用不同的术语来表达同一个任务，如基于文字表达的，基于图表表示的，基于 XML 的等。而云制造任务则是对制造任务的异构性描述实现语义封装，以一种统一的描述方式支持任务的执行。

（2）多样性。云制造模式的开放性决定了不同企业可以动态地加入和撤出，这样就决定了云制造任务执行系统要满足各种各样的制造任务请求。具体来说，制造任务的多样性体现在：①从制造任务内容上看，有产品开发方面的、技术设计方面的、制造加工方面的、物流配送方面的、市场开发方面的、融资方面的、软件支持系统方面的等；②从制造任务的来源看，有制造企业的、供应商的、第三方物流公司的、协同制造商的、配送中心的、分销商的等。

（3）动态性。一般来说，市场的动荡和客户需求的变化导致了制造任务的动态性。具体表现为，制造任务要求的变更，细化可以分为制造任务的增加、功能要求的变更、技术参数的变更、服务性能的变更、制造任务的取消。这就要求云制造任务执行系统拥有应对制造任务变更的处理机制。

（4）关联性。在云制造运作模式下，制造任务的执行过程往往涉及多个服务主体，因此在制造任务执行之前需要进行任务分解，结果制造任务被分解为多个信息关联的子任务。因此，在云制造任务执行过程中要充分考虑任务间的关联性，如在云制造任务服务匹配的过程中，子任务间的关联性将会影响其执行调度，尤其是当发生制造异常时，需要云制造执行平台协同处理多个关联任务间的优化执行。这导致云制造任务执行过程的复杂性，同时也要求制造过程信息、资源、服务的高度协同。

（5）服务需求性。对制造服务的需求是云制造任务的典型特征。在云制造任务执行系统中，制造资源通过智能感知和虚拟化技术被封装为资源服务。云制造任务的执行过程涉及制造任务与资源服务的搜索与匹配、任务执行服务链的构建。这充分体现了制造任务对服务的需求，因此，为了能够更好地体现云制造任务的服务需求性，其描述模型应该凸显服务需求信息，如特征信息、服务质量信息等。

（6）实时性。在云制造任务执行过程中，要充分体现制造过程的实时性，这主要体现在两个方面：①云制造任务进度的实时跟踪，这为任务管理者调度和控制任务的优化执行提供了信息基础，尤其当出现任务变更等异常情况，为企业不同的管理者智能决策提供了数据支持；②云制造任务执行过程中资源服务实时监控，主要是对各服务主体制造资源状态的实时感知和监控，尤其关注潜在的制造异常发生时的状态预警。

2.1.2 云制造任务分类

现代企业的制造任务一般以生产订单、工程项目、业务合同等形式存在，它驱动企业的生产运营过程和业务活动。在云制造模式下，以制造任务为中心的建材装备企业运作模式发生了变化，也就是制造任务的执行过程发生了变化，制造任务的执行以资源服务的方式来满足。因此制造任务表现为对制造资源服务的需求。按照对制造服务需求的类别不同，云制造任务可以分为对硬资源服务的需求（如生产加工任务、物流配送任务等）和对软资源服务的需求（如技术咨询任务、方案设计任务等）。

云制造任务的执行过程可以描述为，用户提交的制造任务经过描述成为云制造任务，经过分解规划、服务搜索匹配、任务执行、监控与跟踪、评价等过程完成任务需求。也就是说，在具体的操作过程中，云制造任务通常被分解，与不同粒度（产品级、零部件级或者工序级）的制造服务相匹配，并将其分配到不同的制造资源上去实现的过程。同时，由于相互协同的制造企业是自主的、动态的、地理上分布的，任务需求也存在较大差异，为了提高云制造任务协同执行的效果和服务满意度，以及任务执行系统的可扩展性，本书按照制造任务的属性、制造服务类型及需求服务方式，将制造企业云制造任务分为九大类。据此提出了如表 2-1 所示的云制造任务分类体系。

表 2-1　云制造任务分类

云制造任务类别	描述与举例
产品设计任务（design task）	任务的完成依赖于智力资源与计算资源的参与，如产品外形设计、工艺设计、概念设计、详细设计等
制造加工任务（manufacturing & processing task）	依赖车、铣、钻、刨、铸造、焊接、特种加工等技术来完成任务的需求，如曲轴热处理加工、回转窑体焊接、钢板冲压等
装配任务（assembly task）	依赖产品结构，应用手工或机械手完成零部件的组合，如部件装配、设备安装等
维修任务（maintenance task）	主要对加工制造设备、计算设备等进行故障维修的生产活动，如质检工具校准、设备故障维修等
测试任务（test task）	进行测试操作以决定工件或设备是否异常的生产活动，如产品质量检测、生产线测试等
物流仓储任务（logistic & inventory task）	产品生产加工过程中物料和工件实现存储、搬运、运输的生产活动，如库存盘点任务、冲压件运输任务等

云制造任务类别	描述与举例
方案咨询任务（consulting task）	主要指业务咨询、方案规划实施等提升企业竞争力的业务活动，如厂房设计方案、项目管理系统解决方案等
仿真计算任务（simulation & computation task）	主要是应用计算机软件资源来完成方案规划、优化设计等的业务活动，如物流方案仿真、产品设计仿真等
其他任务（other task）	如员工培训、资产审核等不包括在以上类别的生产活动

制造业中的各类生产业务活动都可以经过抽象描述成为云制造任务，对于每一种类型的任务，其任务本身的目标需求和特征模式都不尽相同。因此，对于建材装备云制造任务来说，任务的多样性和复杂性，使得对其描述变得十分复杂。

2.2 云制造任务优化执行框架

2.2.1 云制造任务执行的特征

云制造模式是在用户需求驱动下通过匹配组合云制造服务，以完成用户制造任务需求的一种网络化制造新模式。云制造技术将现有先进的制造技术同云计算、物联网、知识服务、大数据等技术融合，将各类制造资源虚拟化和服务化，实现各类制造资源的智能化管理，为制造全生命周期提供按需使用的、安全可靠的制造服务。其核心思想是在云制造平台的支持下通过制造服务智能匹配、发现与推荐来协同完成制造任务，在整个过程中实现制造任务的优化执行，从而提高协作企业间的协同制造能力。

云制造模式是现有先进制造模式的深化和发展，与其相比，在异构、分布、动态等典型特征的基础上，云制造模式在制造任务执行过程中更加强调协同性、实时性、服务性、开放性、知识性和安全性。

（1）制造服务过程的协同性。

协同是网络化制造模式的典型特征。云制造模式的协同体现在两个方面：一是大范围内制造资源以集中管理高度协同的运作方式满足多制造任务的服务请求，具体表现为在云制造平台内在协同化技术的支持下制造资源和能力以标准、规范的服务形式实现全生命周期、全方位的制造资源协同共享。在整个过程中，资源服务请求者可能并不清楚服务提供者的具体信息，然而它却可以协同调度不同的资源服务来完成制造任务，云制造的协同性已经超越了为完成特定任务而临时组建的虚拟组织协同的广度和深度。二是协同的层次不仅局限在终端产品交易过程，更加体现在工序级制造服务、单个制造资源所提供的资源级制造服务和不同制造服务通过组合形成业务级制造服务的共享和流通过程中。在制造任务的执行过程中，不同粒度的资源服务通过智能组合，形成彼此间可互联、互操作的协同服务链满足任务的需求，体现了业务协同运作中的有机融合与无缝集成。

（2）任务执行过程的实时性。

云制造模式体现了分布集成化的发展方向，即在制造任务执行的全生命周期活动中实现资源、人/组织、运营技术的集成。云制造融合了物联网、虚拟化等信息技术实现制造资源和能力的智能接入和感知，尤其是要关注硬制造资源和制造能力的智能感知。在此基础之上，用户可以实时监控制造任务和云制造资源服务的状态，当出现任务执行异常时，可以实时反馈任务执行信息和资源服务状态信息，及时处理异常，从而保证制造任务的有效执行以实时满足用户需求。

（3）制造资源服务化。

云制造模式通过服务化封装分布式制造资源同时向多用户提供持久的

资源服务，通过物联感知和 Web 服务技术实现资源和能力服务化封装，形成面向需求的不同粒度的服务，如计算仿真服务、物流配送服务等。资源服务请求者根据自身的需求在云制造平台的支持下匹配或组合调用已有的资源服务，在任务执行的整个过程中以服务的方式来满足不同的业务需求，如制造过程任务进度和资源状态跟踪。

（4）制造系统的开放性。

鉴于云制造模式提出的初衷是充分利用社会存量制造资源来实现制造协同，因此云制造平台是面向不同行业、不同企业、不同用户、不同产品、不同制造过程的，具有高度的开放性。各种不同的制造资源或制造能力在物联网和虚拟技术的支持下都可以自由地接入平台，通过智能化组合提供不同粒度的持久服务以满足各种各样的任务需求。与现有的制造模式相比，更加丰富了资源服务的多样性。

（5）任务执行过程的知识性。

云制造模式是一种面向服务的制造新模式，在云制造系统本身的运作和满足制造任务的整个服务过程中都体现了知识的重用。例如，基于知识的制造资源和能力的接入、资源服务的动态优化组合和资源配置、基于知识重用的制造任务语义建模、基于知识的制造任务粒度化分解、面向多制造任务的服务搜索、匹配、组合、不同制造任务的动态执行、基于知识的制造过程异常处理以及基于知识的业务运作过程智能决策等。因此在知识的支持下，云制造系统能够提供更好、更优质的制造服务。

（6）制造系统的安全性。

鉴于云制造系统的开放性、多用户等特性，云制造系统的安全技术是实现云制造模式走向商业化运作的前提和基础。因此与其他先进制造模式相比，云制造系统更加强调安全性，主要体现在：①云服务提供商与用户的信息安全、可信评价与认证；②云制造系统的可靠性、稳定性、服务性能和容错能力；③网络安全及多用户可信隔离技术。

2.2.2 云制造任务执行运作模型

云制造的理念在于实现社会制造资源的协同共享，针对不同的应用需求和安全性考虑，云制造服务平台可以分为 4 种：公共服务平台、私有服务平台、群体服务平台以及混合服务平台[1-3]。公共服务平台是封装社会制造资源主要向不同企业提供资源服务，服务平台由第三方专业公司来运营和维护，其开放程度较高，同时对安全性要求也比较高；私有服务平台主要是针对相同行业的企业协同网整合各自的制造资源和能力，并向企业协同网内各企业提供云服务，服务平台的营运主体是企业协同网自身，集团企业是典型的应用实例；群体服务平台主要是针对特定的业务目标，来整合一群有相同使命的企业资源；混合服务平台是以上集中服务平台组合，其服务范围相对更加广泛，同时业务模式相对比较复杂。

结合建材装备制造企业的特点，本书以私有服务平台为载体整合企业协同网内部的制造资源以提升企业间的协同能力和创新能力，通过对制造企业的任务的执行过程进行分析，提出云制造模式下多制造任务执行运作模型，如图 2-1 所示。

该模型明确了制造资源/制造能力的提供者、制造任务服务请求者以及云制造任务执行平台运行方，因此企业协同网内的每个业务主体都可能是服务的提供者和消费者。现代企业制造任务执行运作过程可概括如下。

（1）动态加入协同网的建材装备企业整合内部资源、凝聚核心制造能力，实现制造资源的物联感知和虚拟化，并以服务的形态发布在云制造任务执行平台上。

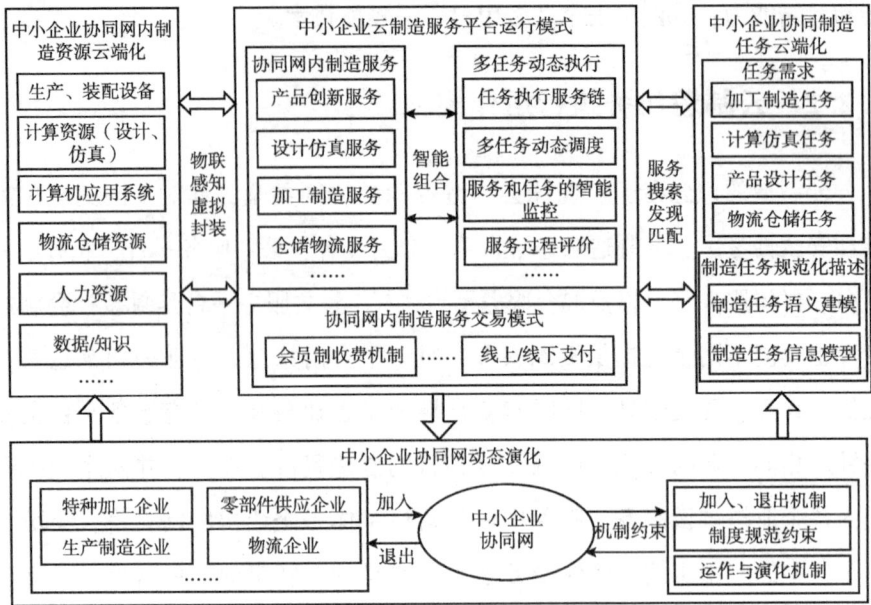

图 2-1　云制造模式下多任务执行运作模型

（2）协同网内的企业根据自身的经营水平和生产能力，提交不同的制造任务需求，并在云制造任务执行平台的支持下实现不同制造任务统一的、规范化的语义描述。

（3）云制造任务执行平台在服务的约束下根据制造任务的需求，进行合理分解并搜索与之相匹配的制造资源服务，形成待选服务集，在此基础之上，依据任务执行的时序和逻辑关系实现资源服务的智能组合，构建最优化的制造任务执行服务链。

（4）云制造任务执行平台实时跟踪和监控各制造任务的执行情况，并实时反馈任务执行过程的异常情况，实现各任务的动态协同调度和异常情况的实时处理。

（5）协同网的任务请求者对任务的执行情况和资源服务进行评估，完成本次服务交易。

2.2.3　云制造任务优化执行框架

云制造模式下制造任务的优化执行是以任务需求为驱动的云制造服务平台的具体应用。依据云制造服务系统典型的 5 层体系结构（物理资源层、虚拟化层、核心中间件层、应用层和用户层)[4-5] 和建材装备企业制造任务执行的运作模型和特点，构建云制造模式下建材装备企业制造任务优化执行框架，如图 2-2 所示。该任务执行系统框架主要分为 5 个层次：资源服务层、任务执行核心层、任务语义建模层、制造服务交易层和任务信息发布层。该执行框架有两个作用：①展示出制造任务执行系统的构成，描述各个部分的功能、目的和特点；②描述制造任务执行过程中各个组成部分之间的关系，如何将各个部分有机地结合在一起，从而保证制造任务有效地执行和完成。下面对框架结构的功能分别进行阐述。

（1）资源服务层。

资源服务层是云制造任务优化执行框架的基础，该层通过物联网智能感知技术、虚拟化技术等将建材装备企业协同网内的各种制造资源和制造能力统一注册与认证，封装为不同粗细粒度、标准和规范的资源服务，以满足协同网内不同建材装备企业制造任务需求的匹配和调用。同时该层也提供资源服务管理的工具（如信任等级评估）和服务运行支撑的基础环境（如云服务器、数据库、知识库和安全可靠的网络）。

（2）任务执行核心层。

制造任务执行核心层是该框架的核心层，它主要负责处理制造任务在执行过程中全生命周期的管理，包括制造任务的分解与规划、制造任务的优化执行服务链构建、制造任务执行过程的任务信息与服务状态的实时监控、资源服务异常与任务执行异常实时预警、制造任务执行过程评估。具体来说，任务执行服务链构建包括两种类型：①在服务资源不存在竞争的情况下，任务对资源的请求便是一种单用户任务服务请求问题；②在服务资源存在竞争的情况下，任务对资源的请求便是一种多用户任务服务请求问题。另外，在任务执行过程实时监控任务进度和资源服务状态，当超过预警阈值时，实时发出预警信息，进而触发相应的应对措施。

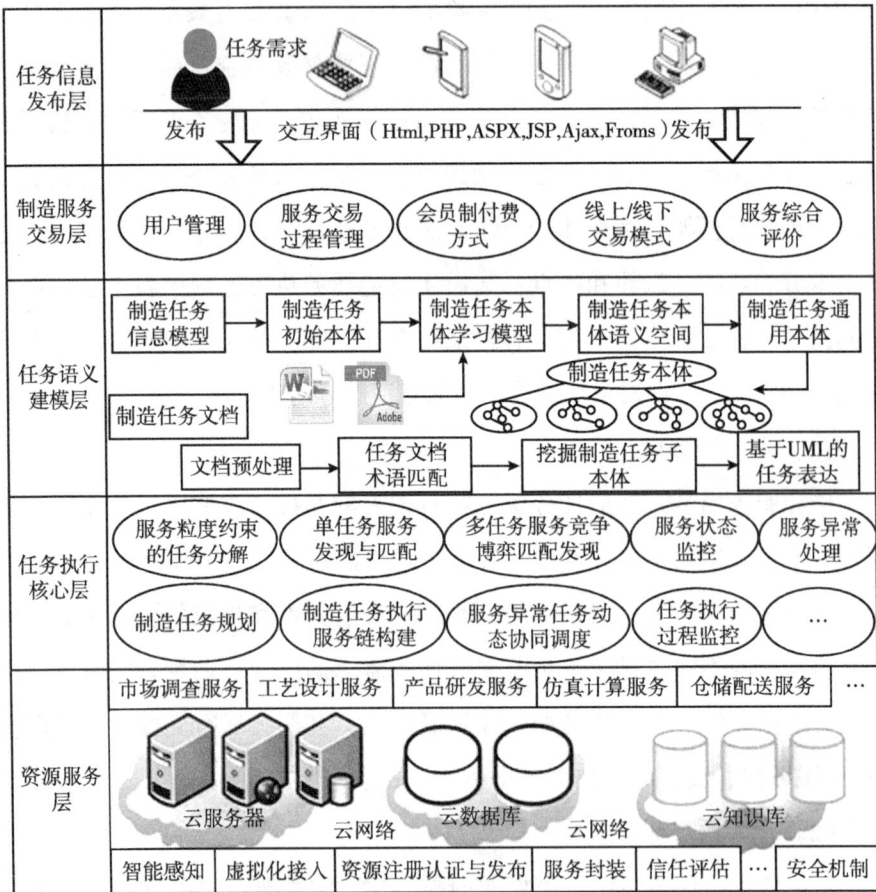

图2-2　云制造任务优化执行框架

（3）任务语义建模层。

任务语义建模层是任务执行核心层与制造服务交易层间关键信息转化层，为制造任务的服务匹配提供语义支撑。在服务交易的每一次过程中，都会生成一个与任务服务需求对应的制造任务子本体，该子本体描述了该任务的关键概念和语义关系，实现了任务在交易与执行过程中信息的一致性。另外，在该层中拥有一个通用任务本体，在文档预处理技术的支持下该本体通过本体学习模型收集了比较完整的建材装备制造任务的语义信息，包括任务描述的概念、属性、关系和操作，同时在每一次任务子本体匹配过程中向制造任务语义空间添加相关的概念和关系以完善建材装备企业制作任务语义描述信息。

（4）制造服务交易层。

制造服务交易层为建材装备企业协同网内各企业任务需求提供搜索与匹配，实现服务消费用户管理，并管理制造任务需求与资源服务的交易过程，在不同交易模式和付费方式下实现云服务的交易，监控与跟踪交易过程的异常情况和处理机制，并对制造任务执行过程的服务作出综合评价，包括服务质量评估、主体评估和交易评估等。

（5）任务信息发布层。

任务信息发布层是协同网内企业主体发布制造任务需求的接口层。该层为用户提供了统一的任务需求输入界面，通常情况下有两类用户执行该操作：①任务服务需求主体企业用户；②系统运营企业用户。对于第一种用户，该层提供了任务需求信息审核和生效机制，而对于第二种用户的操作，我们认为是一种线下服务交易的模式，也就是说其任务需求在法律意义上已经确立。

2.2.4 云制造任务执行关键技术

（1）制造任务与制造资源的分类及建模方法。

由于不同类型的制造任务和制造资源具有不同的功能属性，具有分布性、异构性、动态性等特点，因此无法对所有的制造任务和制造资源采用统一的描述模型进行描述，必须要建立合理的分类模型。制造任务和资源分类就是为了有效地屏蔽制造任务和制造资源的异构性，便于在云制造环境下实现面向制造任务需求的制造云服务的查全率和查准率，为后续数字制造资源的优化、配置、调度和评估提供基础。

同时，为了实现云制造任务与制造服务的数字化描述，在对其进行分类的基础上，还需要对云制造任务与制造服务进行建模，以便对每一类制造任务和资源进行统一的组织和管理。

（2）制造任务与资源服务匹配方法。

云环境下制造企业任务执行过程的优化管理涉及制造任务需求的提取和发布、制造任务的分解、制造资源服务的匹配与优选、制造任务及资源的调度等。鉴于云制造系统平台的开放性，随着其应用的深入，平台中所提供的服务数量也将呈爆炸式增长。面对异构的、海量的云服务，如何快速、准确地搜索到用户所需的服务是实现制造任务和制造资源的匹配的关键，也是实现云制造任务优化执行过程管理的基础。

（3）制造任务执行过程监控方法。

对数字制造资源的匹配过程侧重于静态的制造任务和制造资源的协作过程，而制造任务的执行过程是一个多变的、动态变化的过程，涉及参与协作的多个制造主体间制造任务的分配和执行，存在制造设备状态的故障、制造任务的延期、制造任务优先级的变更以及制造资源的不足等问题。因此，在制造任务执行的过程中需要进行有效的制造资源执行过程状态监控。数字制造资源执行过程监控涉及制造资源状态的数据采集技术、制造任务执行质量监控、制造任务的调度与冲突消解、制造资源信息集成等关键技术问题。

（4）制造任务执行过程性能评估。

制造任务执行过程的评估按照评估角度的不同，可以划分为面向制造任务的制造过程评估以及面向制造服务的执行性能评估，通过制造服务的评估为制造企业后续制造服务的优选决策提供基础。制造服务的配置效率不仅反映了制造企业运用制造资源的能力，而且还一定程度上体现了制造企业的整体运营状况和管理水平。

2.3　云制造任务执行研究现状

2.3.1　云制造技术研究现状

目前，云制造的理念和技术已经引起学术界和产业界的关注。在国内和国际上云制造的相关理论、技术和方法均是研究热点。国内的相关单位已经启动了云制造的研究与服务，如北京航空航天大学复杂产品先进制造系统教育部工程研究中心率先对云制造相关的背景、概念、理念、系统、核心关键技术、制造资源和制造能力描述、制造云构建及制造云服务组合等方面进行了研究[6-9]；并初步研发了一个云仿真原型平台，展示了相关的仿真应用[10]；李伟平等[11]分析了云制造的三层体系架构（资源层、支撑层、服务层），并讨论了制造资源描述等关键问题。任磊等[12]研究了云制造中资源虚拟化方法，提出了一种五层云制造资源虚拟化框架，并分析了虚拟化支持下的云制造关键技术。战德臣等[13]提出制造服务成熟度模型，给出制造服务成熟度模型的概念，分析了不同制造服务成熟度的关键特征，描述了制造服务化水平持续增长的路径。尹超等[14]针对中小企业云制造服务平台的特点，构建了中小企业云制造服务平台框架，分析了其中主要的核心理论及技术、标准和规范、体系架构、共性引擎和共性管理工具、服务和运行模式、应用体系架构等共性技术方面的研究思路和研究内容，为中小企业进一步深入地开展云制造服务平台的研究、开发、实施和应用奠定了基础。Cheng 等[15]对资源服务交易进行研究，提出在两种不同决策下的云制造资源服务交易综合效益模型，并证明各利益主体间效益均衡的存在性。甘佳等[16]针对云制造服务交易过程中的信任评估问题应用模糊数学理论对信任评估和预测展开研究，分析了信任评估模型，主要包括直接信任和推荐信任的度量以及各自的衰减函数与更新机制，并概括了云制造服务信任评估算法，通过仿真实例说明了提出方法可以有效地捕获用户的评价行为，进而有助于改进资源服务优选的效率。罗永亮等[17]给出了云制造模式下制造能力的概念与分类，构建了制造能力多维信息模型，并给出了针对该模型的制造能力描述框架，为最终实现制造能力形式化描述提供了支持。李瑞芳等[18]探讨了制造装备物联的异构融合体系及装备资源融合接入方法和装置；从信息融合、描述与检索以及资源服务发布 3 个方面研究了装备资源面向云制造服务平台的接入适配技术。最后，以实现典型制造装备资源感知与接入适配为例，阐述其原型系统、感知与物联实现技术，以及面向云制造服务平台的接入适配方法。刘强等[19]根据云制造资源使用方式和访问控制需求，设计了一种云制造服务平台访问控制模型。王学文等[20]将云制造模式引入煤炭行业装备制造，提出了一个面向煤炭行业装备制造业的云制造服务平台。Yang 等[21]以大型装备行业为对象，引入云制造的思想，提出一种面向大型装备行业的云制造运行模式，并设计了一种多级协同机制来解决云制造中的协同问题。

随着国内学者在国际期刊上发表云制造的相关研究，云制造理念和技术逐步吸引了欧盟、新西兰、美国等国家、地区的研究兴趣。新西兰奥克兰大学的 Xun Xu 在其 *From Cloud Computing to Cloud Manufacturing*[22]一文中介绍了云计算对工业领域产生的变化，云制造的基本思想、体系结构、技术构成等，同时分析了部分云制造原型系统；该团队还设计了一个名为 ICMS（cloud-based manufacturing system）的云制造原型系统[23]。美国佐治亚理工学院的 Dazhong Wu 等[24]分析了云制造的策略、典型技术、商业应用情况并给出了研究建议，并且该团队提出了一种类似于基于云的设计和制造模式[25-26]，从产品生命周期的角度看，该模式主要面向产品设计和加工环节，可以纳入云制造系统之中。Helo 等[27]提出应用云制造的思想改进传统制造执行系统的缺点，以适应分布式制造的需求。Morariu 等[28]探讨了云环境下车间资源的虚拟化方法，并应用 CoBASA 参考体系设计了一个车间管理多 Agent 系统。Škulj[29]提出了云制造的分布式网络体系结构，描述了其运作过程，该结构使制造云的扩展更加柔性。

总的来说，云制造的相关研究处于起步和发展阶段，目前主要集中于云制造模式的内涵、实现云制造的框架、关键使能技术以及制造云的管理方面的探讨，而在不同行业的具体应用中所涉及的关键技术、方法、标准规范等内容有待深入探讨。

2.3.2　制造任务与制造资源建模研究现状

随着各种先进制造模式的不断提出，越来越多的学者认识到，制造任务的建模和数字化描述是实现任务优化执行过程中信息控制与处理的基础。因此，国内外学者从不同的角度，对面向各种先进制造模式的制造任务建模及其描述方法进行了研究。He 等[30]认为制造网格任务模型及其语义描述是制造服务保证的基础，针对制造任务的模糊性、不完整性、不一致性，应用本体技术构建了基本类及制造网格任务服务能力需求模型，并介绍了制造网格任务的语义描述方法。Chunga 等[31]针对采用机械手装配过程中的不确定性，提出一种扩展 Petri 网方法描述装配任务的信息模型，该模型方便了状态变化条件和成本的计算。安波等[32]通过给定的扩散任务相关准则，研究了扩散任务相关性模型，考虑了物料转移关系、协调配合关系、加工工序关系、功能关系，以及无关系、弱、较弱、中、较强、强 6 种关系强度，并建立了扩散任务相关性矩阵。曾鹏飞等[33]建立任务结构的约束映射和基于可扩展着色 Petri 网的任务过程建模方法。姚倡锋等[34]针对网络化环境下的复杂零件协同制造，提出了基于逻辑制造单元（LMU）和逻辑加工路线（LMP）的协同制造任务和制造子任务表征；分析了 LMU 信息模型包括零件基本信息、零件加工方法信息、特殊设备和特殊工装信息、加工指标要求信息；建立了 LMU 的信息结构，从零件基本信息和零件加工信息两个方面进行 LMU 元语定义，在此基础之上研究了逻辑加工路线信息模型的形式化表示及其有向图表示。张杰等[35]应用 IDEF0 和 IDEF3 描述了制造任务本身信息和任务之间的逻辑和时序关系，并建立了 IDEF0、IDEF3 和 UML之间的图元映射规则，将 IDEF0、IDEF3 模型转化为 UML 模型。何汉武等[36]针对制造协作网的需求，考虑了制造任务三方面的信息：基本信息、加工设备需求信息和零件特征描述信息，采用特征映射技术实现了制造任务的信息描述。Wurdel[37]提出了一种协同任务建模语言（collaborative task modeling language，CTML），定义了它的语法和设计原理，进而分析了协同任务描述模型的语义。Wang 等[38]比较分析了 Petri 网、IDEF、UML 信息建模的优缺点，并应用 DSM 设计结构矩阵的方法表达产品开发任务的相互依赖关系，重点分析了 9 种协同依赖关系。

对制造资源/能力/服务的建模，国内外学者进行了不同程度的研究。概括起来一般都包含两个关键步骤：①建模需求分析，挖掘资源服务内在逻辑关系；②基于特征量抽取的形式化描述，进而应用不同的描述语言进行表达，如 XML、UML、EXPRESS 等。王正成等[39]在网络化制造资源需求分析的基础上将制造资源形式化描述为一个六元组 ManuRes ＝｛ResourceID，BaseInfo，BindInfo，ResRelSet，AssessInfo，StatusInfo｝，并应用 XML 语言进行描述。该研究为制造能力/服务的进一步建模提供了参考。随后，该作者团队从数据层、语义层和逻辑层分别采用可扩展标记语言 XML、Web 服务本体描述语言 OWL-S 和统一建模语言 UML 来建立相应的可扩展描述模板，由此建立云制造资源与任务建模参考标准，以提供其语义表达能力[40]。Luo 等[41]从制造能力构成要素维、制造能力关联关系维、制造能力综合评估维构建了制造能力多维信息模型，并给出了针对该模型的制造能力描述框架，为最终实现制造能力形式化描述提供了支持。Wang 等[23]对云制造系统的制造资源进行特征量提取，应用 STEP 产品模型数据交换标准建立数据共享模型，进而实现制造服务模板化封装，并应用 STEP 图形化的描述语言 EX-PRESS-G 进行描述。然而该数据建模方法在处理多源异构信息上并不理想，缺乏良好的语义描述能力。为此，相关学者利用本体建模技术对制造资源概念、资源属性、概念间关系及属性和关系的约束中增加相关语义信息，如 Have、Part_ of、Kind_ of、Instance_ of 等，使得制造资源能在复杂的网络化环境下快速发现与应用。Lu 等[42]提出云制造共享本体模型，该模型对产品的全生命周期、服务描述和支持电子业务的相关重要信息进行分析，以达到云制造环境中服务提供整个过程中语义的互操作，然而该方法主要从云制造系统的角度出发，对制造任务需求的描述相对缺乏。李孝斌等[43]提出并构建了一种基于语义服务建模本体的机床装备资源描述框架，实现了云制造环境下机床装备资源语义描述，其中基于元数据的机床装备资源本体表示可有效地支持语义服务建模本体概念模型顶层的实现，从而解决机床装备资源的描述一致性与信息共享的问题，该语义模型主要围绕资源自身的属性进行抽象，为机床装备资源所能提供的加工服务信息抽象提供了基础。

虽然目前不同学者从不同的应用需求对制造任务和制造资源建模的研究取得了一定的成果，但在云制造模式下来分析，现有的制造任务描述模型主要针对某一具体的应用，缺乏适用于开放式云制造环境下多用户制造任务全面信息建模框架的顶层设计；而对制造资源的描述目前较多的研究侧重于对制造资源本身的建模分析。同时，所建立的本体语义模型更多强调制造资源的协同共享，并非从任务驱动的角度来分析，不足以支持制造任务数据在云企业间的交互与共享。

2.3.3 面向服务的制造任务执行研究现状

为了有效地解决传统生产管理系统对车间订单执行过程管理的不足，并且能够从车间生产现场实时地采集数据，提高订单执行的监控能力，美国 AMR 公司在 20 世纪 90 年代初提出了制造执行系统 MES 的概念[44,45]。目前针对 MES 的研究已展开大量的研究和实践应用，并在相关"863"计划主题项目的支持下取得了丰硕的研究成果和经济效益，在此不做过多的讨论。

在经济全球化的浪潮下，现代企业更加注重协同合作，在此背景下，传统单个车间 MES 的管理不能够满足多企业间业务合作对车间信息的需求，为此，在扩展传统 MES 功能的基础上，同时以 Web 服务等相关技术为支撑，不同学者提出了有关协同任务制造执行的模型和系统。王琦峰等[46,47]提出基于语义服务的网络化协同制造执行平台的概念。Zhang 等[48]针对面向 Web 服务的跨企业协同制造过程中信息过量问题，应用个性化服务推荐技术研究了协作企业间制造服务的发现模型和方法，该模型主要包括 3 个方面，分别是离线制造服务建模、离线服务相似性计算和在线服务推荐；重点研究了制造服务相似性计算方法，涉及 4 个方面：用户和制造服务间的偏好相似性、用户和制造服务间的标注相似性、用户和制造服务间的排序相似性以及用户和制造服务间的组合相似性。吉锋等[49]针对网络制造环境中制造资源的共享与优化配置问题提出了面向复杂零件的协同制造链的概念，论述了协同制造链的生成与演化过程，并提出了一种基于蚂蚁算法的组合优化求解策略。王景峰等[50,51]针对面向服务的协同制造过程，给出了协同制造服务链的概念，并分析基于产品结构的制造资源服务链的生成方法，研究了基于复杂网络模型理论的协同制造服务网建模方法。

在云制造环境下，制造任务的执行涉及制造任务的匹配与优选、执行服务链的构建、监控和评价等过程。制造任务资源服务匹配搜索是实现云制造模式下制造任务优化执行的关键技术之一，任务资源服务匹配是指用户以某种方式在不同类型的服务中找出符合要求的服务。传统的服务匹配方法主要应用基于关键字的服务匹配机制[52,53]，然而为了改善低的查全率和查准率，研究者们将语义 Web 技术引入服务匹配问题中，并研究不同的基于语义的服务匹配机制和匹配方法等[54]。裘江南等[55]针对目前基于语义的服务匹配系统中的匹配方法存在对同一等级概念区别不清的问题，采用 Web Services 和语义 Web 技术，提出了一个基于 UDDI 和 OWL-S 的服务匹配模型，即对传统服务匹配模型的 UDDI 中引入语义化服务描述和基于数值计算的语义匹配功能，并综合利用基于几何距离和基于信息容量两种语义相似度算法的优点，设计了一种综合语义匹配算法。Jian 等[56]针对产品开发过程，提出一个基于智能 Agent 的知识搜索方法，将被动的搜索和检索转变为主动的知识推荐过程，智能 Agent 与搜索技术的结合改进了信息检索效率。陶飞等[57]针对制造网格中的资源服务匹配与搜索需求，将资源服务描述信息进一步细分为文字本体概念、句子、数值、实体类概念 4 类，分别设计相应的相似度匹配算法，并将资源服务匹配搜索分为基本匹配、输入输出匹配、QoS 匹配、综合匹配 4 个步骤来实现。Wang 等[58]研究了制造网格环境下模具行业制造资源和服务统一的元描述模型，在此基础上提出了基于服务特征树的服务需求匹配算法，并展示了模具制造网格服务匹配仿真的原型系统。

针对服务组合问题的研究，主要集中在分布式计算和 Web Service 等面向服务计算（service-oriented computing，SoC）的相关研究领域。服务组合是当今面向服务应用研究领域的热点和难点，国内外学者对该问题进行了大量的研究，尝试了多种途径来解决服务组合问题。主要研究包括：支持服务组合的描述语言和工具，如 Web 服务业务流程执行语言、Web 服务本体描述语言、Web 服务编排接口、Web 服务编排描述语言；服务组合方法，如基于业务流程驱动的服务组合[59]、基于人工智能和规划的服务组合[60]、基于图论的服务组合[61]、基于 QoS 的服务组合[62]和基于智能体的服务组合[63]等；服务组合框架；组合服务的验证方法等[64]。但由于制造资源具有多样性、复杂性、规模性等特点，限制了 SoC 中围绕计算资源实施的既有服务组合方法在制造云服务组合中的直接应用。近年来，随着 SoC 理论的不断拓展和延伸，其与特定服务领域的结合日益受到关注，特别是基于 QoS 的服务组合方法同制造网格等面向服务的网络化制造模式相融合，构成了基于 QoS 的制造服务组合及优选方法体系[65]。Tao 等[66]在分析当前对资源服务非功能 QoS 属性评估中没有考虑用户感受和经验、时间衰退、QoS 属性重要性评估的语义差异性等不足后，结合直觉模糊集相关理论知识及运算法则，研究基于直觉模糊集的资源服务 QoS 评估方法和资源服务优选实现算法。但制造网格系统中的服务组合，重在体现"分散资源集中使用"的思想，侧重于面向单一用户的复杂任务的服务组合；而制造云服务组合则是"分散资源集中使用"与"集中资源分散服务"的结合，不仅能集中资源处理复杂任务，更能有效地为分布在不同地理位置的多用户提供服务调用和资源租赁服务，因而，它还要求实现面向多用户任务服务组合的合理有效规划。

针对制造服务的优化配置已有相当的学者对其进行研究，相关的研究有服务组合优化[66,67]、服务调度[68]、供需匹配[69]、服务发现[70]、服务推荐等[71]，然而这些研究尚未形成统一的研究框架，也没有明确的区别与定义，且大部分研究集中解决某一时刻制造服务静态匹配的决策问题。从任务需求的数量可以将其分为单任务和多任务服务请求模式，主要是通过制造服务的组合优化构建最优的执行路径来实现关联子任务的制造服务优化配置。针对单任务制造服务的优化配置，在考虑不同的影响因素下研究制造服务组合基本构成模型及其 QoS 计算方法的基础上，通过建立诸如时间、成本、质量、能耗等多个不同的优化目标，分别设计混沌控制优化算法[72]、并行优化算法[73]、蜜蜂算法[74]、粒子群算法[75]、群领导算法[76]、蚁群算法[77]等优化算法进行求解。针对多任务或混合任务的制造服务优化配置，刘卫宁等[78]首次建立了基于 QoS 的多任务云服务组合模型，提出了基于矩阵实数编码的改进遗传算法进行求解。在此基础之上，在服务优选过程中设计了服务再分组和多任务再分组等优选策略来实现面向多任务全局的最优化配置[79,80]。为了应对由制造服务实施过程中不确定因素产生的不可预期变化，苏凯凯等[81]考虑了云制造服务组合的柔性因素，包括应对制造任务变化的能力、应对制造资源变化的能力和服务评价，基于此应用双层规划的方法建立了制造服务优化配置模型，并采用改进的进化多目标优化算法进行求解。赵金辉等[82]从双向互选的角度提出了基于 QoS 的云服务双向匹配模型解决制造服务的优化配置。易树平等[83]提出一种制造任务分解的聚类优化算法来解决云制造服务平台中制造任务分解与资源配置环节脱节的问题。目前，对于制造任务的制造资源服务优选问题，主要研究了约束条件为可维护性、信任度和功能相似度的基于 QoS 的多目标（执行时间最短、价格最低、可靠性最高）优选，而忽略了云制造模式开放性的特点，即多用户任务对同一资源竞争下资源服务的优化配置，因此，需要进一步扩展现有的研究方法以完善相关理论。

2.3.4　制造任务跟踪方法研究现状

在网络化制造领域中，针对制造任务状态信息的跟踪、反馈与调整问题，国内外学者对此进行了大量研究，也取得了不少成果。徐大敏等[84]通过分析协作企业间的网络结构，建立了质量跟踪控制模型，以解决动态企业环境下的复杂质量跟踪控制问题。高文俊[85]为了实现零部件的质量信息跟踪，提出将零部件的质量信息按照产品 BOM 结构进行存储，以构建一种基于质量 BOM 的信息跟踪方法。孙惠斌等[86]提出应用实例化模板来封装制造信息，通过整合各现场数据，以满足虚拟企业制造执行过程中对进度跟踪、成本跟踪和质量跟踪的需求。Wan 和 Chen[87]在精益制造理念的支持下，开发了基于 Web 技术的看板系统以实现制造现场中电子看板的概念从而达到工件的实时跟踪。隋天中等[88]针对车间生产数据跟踪问题，开发了面向制造业车间生产过程跟踪监控系统。Cheng 等[89]研究了在一个被命名为中心卫星工厂系统的特别供应链中，为联盟成员提出了一种自动化的外包商选择方法并构建订单跟踪系统，该系统的目标就是协助中心工厂为某一特定的客户订单寻找合适的外包商，它采用移动 Agent 在中心工厂和潜在的外包商之间传达订单和加工能力信息。Huang 等[90]应用无线制造技术（RFID、无线传感器、无线网络等）实时收集制造车间的生产数据，实现在制品库存的柔性管理。Chen 等[91]为跟踪和控制动态的制造流程，提出了一个基于 RFID 和 Agent 的制造控制和协调框架。尹超等[92]通过移动短信息服务的信息实时传输和交互等方法和关键技术，实现了对摩托车零部件制造企业供货状况的实时跟综。Damianos 等[93]使用移动 Agent 技术开发了基于互联网的跨企业物流服务跟踪系统。Zhang 等[94]应用 RFID 技术构建了制造信息实时跟踪框架，搭建了员工、加工设备、物料等制造资源数据的实时获取环境，建立了实时数据的处理模型，解决了车间 WIP 数据与生产成本的跟踪。Guo 和 Wang[95]基于 RFID 使能技术建立了销售订单跟踪系统框架，提出了销售订单跟踪的数据处理算法。鄢萍等[96]针对定制型企业生产进度提取和订单跟踪困难的问题，建立了一种基于复杂网络的制造系统网络模型——制造过程信息传播关系网，该网络由任务分派网、任务完成反馈网、纯粹信息传递网应用相应的演化算法，推导出基于网络节点的生产进度的提取方法。姜建华[97]应用软件工程领域的 SaaS 模式以及 Web 服务技术，在虚拟企业环境下，研究了基于 Web 方式的订单任务跟踪方法。Snatkin 等[98]针对中小企业构建了实时计划监控框架和系统模块及参数的选定方法，用以实现企业短期以及中长期计划的数据统计与决策分析。Wang[99]提出了面向网络与服务的分层架构监控体系，用于监控云制造闭环网络中的任务制造过程，该模型利用共享网络实现基于 Web 的分布式过程计划控制。

总体来说，目前制造任务信息跟踪方法的研究成果主要集中在单个企业或者成员数固定、伙伴关系稳定的联盟企业提出的制造信息跟踪解决方案或相应的生产信息跟踪原型系统。然而，在云制造环境下，鉴于制造任务的多样性、分布性、异构性、动态性等特征，已有的研究成果只能作为进一步深化研究的基础。

2.3.5　制造任务执行过程评估研究现状

制造任务执行过程的评估就是对每一个制造服务执行性能进行评估，并累积每个制造服务的评估结果，从而实现云制造任务执行过程的评估。目前，国内外对制造过程性能评估主要单纯地集中在对制造服务效用评估方法和评估模型的研究。常见的评估方法有：①层次分析法 AHP（analytic hierarchy process）；②数据包络分析法 DEA（data envelopment analysis）；③模糊 TOPSIS 方法（technique for order performance by similarity to ideal solution）；④基于 OWA（ordered weighted averaging）性能评估；⑤基于智能算法的评估方法等以及它们之间的结合评估方法[100-104]。孙忠良等[105]利用数据包络分析法 DEA 对网络化制造企业联盟进行制造资源成本收益分析，确立了自营及外包下的成本收益模型和资源评估策略。针对制造服务综合性能评估中忽略了能耗重要性等问题，向峰等[106]提出了基于物联网的制造服务能耗综合评估框架和制造服务能耗计算模型，建立了制造服务负载、空载、附加能耗条件下的各类能源消耗计算矩阵，给出了制造服务综合能耗计算方法。周冰等[107]从 QoS 评估的角度评价云服务执行的历史时效性，并通过主成分分析方法评估资源各指标的潜在联系和波动性。甘佳等[108]从云制造资源服务的可信度评估出发，提出了模糊信任度的量化模型，并给出了推荐信任度的动态更新算法。李浩等[109]构建了基于熵权法和理想点法集成的综合评估模型来降低制造资源评估过程中的异构性和复杂性，以此来解决动态联盟制造资源评估问题。孙惠斌等[110]对针对服务产品系统的资源评估，采用复杂网络理论从多视角描述产品服务系统，并通过成本、可靠度、稳定性等多方面评估资源的服务性能。Yu 等[111]结合选举法与模糊TOPSIS 方法对多个制造工厂的执行性能进行评估，该方法有较好的实用性。刘远等[112]利用 Petri 网模型对不确定信息下的制造系统资源性能进行评估，研究系统的稳态概率。Reinhardt 等[113]考虑生产过程中的制造资源使用效率和环境影响来评估制造资源在生产任务链执行过程中效率问题，并采用多标准决策分析（multiple-criteria decision analysis，MCDA）确定制造资源在效率分析中的权重。Eswaramurthi 等[114]从全面生产维护（total productive maintenance，TPM）的角度，结合敏捷性、资源转换率、可制造能力等量化描述制造资源的效率。Guo 等[115]针对动态不确定条件下的柔性制造资源服务评估问题进行了研究，并提出了柔性量化描述方法。Cheng 等[116]提出了基于消费者、资源提供者、资源需求者三方风险共担策略下制造资源效用评估方法。Rashid 等[117]针对可持续制造过程中的制造资源，通过考虑能量的消耗、制造资源的附加值和环保实现基于资源保守策略制造资源评估。

总体来看，这些评估方法效果不错，但在根本上只能满足某种单一的任务执行性能评估需求，在多用户任务执行的情况下，如何将制造服务的效用评估转化为任务执行性能的评估是一个关键的研究点，这对于满足不同任务执行性能评估需求有着重要的研究意义。

2.4　本章小结

本章主要针对现代企业面临的挑战，结合云制造模式的特征和内涵，提出云制造模式下制造任务优化执行的模型和框架，并分析制造任务执行相关领域的研究现状，为后续章节关键问题（制造任务语义建模、匹配搜索、资源服务链构建、任务执行过程监控和评价）的研究奠定基础。

参考文献

[1] TAO F,ZHANG L,VENKATESH V C,et al. Cloud manufacturing:a computing and service-oriented manufacturing model[J]. Journal of engineering manufacture,2011,225（10）:1969-1976.

[2] 李伯虎,张霖,王时龙,等. 云制造——面向服务的网络化制造新模式[J]. 计算机集成制造系统,2010,16（1）:1-7.

[3] 李伯虎. 再论云制造[J]. 计算机集成制造系统,2011,17（3）:449-457.

[4] 李春泉,尚玉玲,胡春杨. 云制造的体系结构及其关键技术研究[J]. 组合机床与自动化加工技术,2011,（7）:104-107,112.

[5] 范文慧,肖田元. 基于联邦模式的云制造集成体系架构[J]. 计算机集成制造系统,2011,17（3）:469-476.

[6] 陶飞,张霖,郭华,等. 云制造特征及云服务组合关键问题研究[J]. 计算机集成制造系统,2011,17（3）:477-486.

[7] 李伯虎,张霖,王时龙,等. 云制造——面向服务的网络化制造新模式[J]. 计算机集成制造系统,2010,16（1）:1-7.

[8] 李伯虎,张霖,任磊,等. 云制造典型特征、关键技术与应用[J]. 计算机集成制造系统,

2012,18(7):1345-1356.

[9] 张霖,罗永亮,陶飞,等. 制造云构建关键技术研究[J]. 计算机集成制造系统. 2010,16(11):2510-2520.

[10] 李伯虎,柴旭东,侯宝存,等. 一种基于云计算理念的网络化建模与仿真平台——"云仿真平台"[J]. 系统仿真学报,2009,21(17):5292-5299.

[11] 李伟平,林慧苹,莫同,等. 云制造中的关键技术分析[J]. 制造业自动化,2011,33(1):7-10.

[12] 任磊,张霖,张雅彬,等. 云制造资源虚拟化研究[J]. 计算机集成制造系统,2011,17(3):511-518.

[13] 战德臣,程臻,赵曦滨,等. 制造服务及其成熟度模型[J]. 计算机集成制造系统,2012,18(7):1584-1594.

[14] 尹超,黄必清,刘飞. 中小企业云制造服务平台共性关键技术体系[J]. 计算机集成制造系统,2011,17(3):495-503.

[15] CHENG Y,TAO F,ZHANG L,et al. Study on the utility model and equilibrium of resource service transaction in cloud manufacturing[C]. Macao:IEEE Computer Society,2010:2298-2302.

[16] 甘佳,段桂江. 云制造服务信任评估技术[J]. 计算机集成制造系统,2012,18(7):1527-1535.

[17] 罗永亮,张霖,陶飞,等. 云制造模式下制造能力建模关键技术[J]. 计算机集成制造系统,2012,18(7):1357-1367.

[18] 李瑞芳,刘泉,徐文君. 云制造装备资源感知与接入适配技术研究[J]. 计算机集成制造系统,2012,18(7):1547-1553.

[19] 刘强,王磊,陈新度,等. 云制造服务平台的资源使用及访问控制[J]. 计算机集成制造系统,2013,19(6):1414-1422.

[20] 王学文,杨兆建,丁华,等. 煤矿装备云制造资源服务平台研究与应用[J]. 煤炭学报,2013,38(10):1888-1893.

[21] YANG X,SHI G,ZHANG Z. Collaboration of large equipment complete service under

cloud manufacturing mode[J]. International journal of production research,2014,52(2):326-336.

[22] XU X. From cloud computing to cloud manufacturing [J]. Robotics and computer-integrated Manufacturing,2012,28(1):75-86.

[23] WANG X V,XU X W. An interoperable solution for Cloud manufacturing[J]. Robotics and computer-integrated manufacturing,2013,29(4):232-247.

[24] WU D,GREER M J,ROSEN D W,et al. Cloud manufacturing:strategic vision and state-of-the-art[J]. Journal of manufacturing systems,2013,32(4):564-579.

[25] WU D,LANE Thames J,ROSEN D W,et al. Enhancing the product realization process with cloud-based design and manufacturing systems[J]. Journal of computing and information science in engineering,2013,13(4).

[26] WU D,ROSEN DW,WANG L,et al. Cloud-based design and manufacturing:A new paradigm in digital manufacturing and design innovation[J]. Computer-aided design,2015(59):1-14.

[27] HELO P,SUORSA M,HAOA Y,et al. Toward a cloud-based manufacturing execution system for distributed manufacturing[J]. Computers in industry,2014,65(4):646-656.

[28] MORARIU O,MORARIU C,BORANGIU T. Shop-floor resource virtualization layer with private cloud support[J]. Journal of intelligent manufacturing,2016,27(2):447-462.

[29] ŠKULJ G,VRABIČ R,BUTALA P,et al. Decentralised network architecture for cloud manufacturing[J]. International journal of computer integrated manufacturing,2015,1-14.

[30] HE Y,ZHANG Q,HU D C. Research on ontology-based task modeling in manufacturing grid[J]. Applied mechanics and materials,2011,63-64:537-540.

[31] CHUNGA S Y,LEEA D Y. An augmented Petri net for modelling and control of assembly tasks with uncertainties[J]. International journal of computer integrated manufacturing,2005,18(2-3):170-178.

[32] 安波,廖文和,郭宇,等. 扩散制造任务建模及分解方法[J]. 南京航空航天大学学报,2010,42(6):731-734.

[33] 曾鹏飞,郝永平,邵伟平,等. 基于 PDM 协同设计任务建模与调度方法研究[J]. 现代制造工程,2007(9):29-32.

[34] 姚倡锋,张定华,卜昆,等. 复杂零件协同制造任务信息模型及建模方法[J]. 计算机集成制造系统,2009,15(1):47-52.

[35] 张杰,宋虹兴,傅勉,等. IDEF 与 UML 相结合的作战任务建模方法[J]. 指挥控制与仿真,2010,32(3):18-21.

[36] 何汉武,熊有伦,郑德涛,等. 面向虚拟企业的制造任务描述及制造链构造方法研究[J]. 中国机械工程,2001,12(4):455-459.

[37] WURDEL M,SINNING D,FORBRIG P,et al. CTML:domain and task modeling for collaborative environments [J]. Journal of universal computer science, 2008, 14 (19): 3188-3201.

[38] WANG T R,GUO S S,SARKER B R,et al. Process planning for collaborative product development with CD-DSM in optoelectronic enterprises[J]. Advanced engineering informatics,2012,26(2):280-291.

[39] 王正成. 网络化制造资源形式化建模及实现[J]. 浙江理工大学学报,2009,26(5):705-710.

[40] 王正成,黄洋. 面向服务链构建的云制造资源集成共享技术研究[J]. 中国机械工程2012,23(11):1324-1331.

[41] LUO YL,ZHANG L,TAO F,et al. A modeling and description method of multidimensional information for manufacturing capability in cloud manufacturing system[J]. International journal of advanced manufacturing technology,2013,69(5-8):961-975.

[42] LU Y,XU X,XU J. Development of a hybrid manufacturing cloud[J]. Journal of manufacturing systems,2014,33(4):551-566.

[43] 李孝斌,尹超,尹胜. 云制造环境下机床装备资源特性分析与语义描述方法[J]. 计算机集成制造系统,2014,20(9):2164-2171.

[44] MESA International. MES explained:the benefit of MES:a report from the field[R]. Pittsburgh:Manufacturing Execution Systems Assoc. ,1997.

[45] MESA International. MES functionalities & MRP to MES data flow possibilities[R]. Pittsburgh: Manufacturing Execution Systems Assoc. ,1997.

[46] WANG Q. Service-driven networked collaborative manufacturing execution platform for extended enterprises[J]. Applied mechanics and materials,2009,16-19:88-92.

[47] 王琦峰,刘飞. 基于语义服务的网络化协同制造执行平台[J]. 计算机集成制造系统,2011,17(5):961-970.

[48] ZHANG W Y,ZHANG S,CHEN Y G,et al. Combining social network and collaborative filtering for personalised manufacturing service recommendation[J]. International journal of production research,2013,1-18.

[49] 吉锋,何卫平,王东成,等. 网络制造环境下面向复杂零件的协同制造链研究[J]. 计算机集成制造系统,2006,12(1):71-77.

[50] 王景峰,王刚,问晓先,等. 面向服务架构下协同制造服务链构建研究[J]. 电子科技大学学报,2009,38(2):282-287.

[51] 王景峰,王刚,吕民,等. 基于产品结构的制造服务链构建研究[J]. 计算机集成制造系统,2009,15(6):1222-1236.

[52] SYCARA K,WIDOFF S,KLUSCH M,et al. Larks:dynamic matchmaking among heterogeneous software agents in cyberspace[J]. Autonomous agents and multi-agent systems,2002,5(2):173-203.

[53] KLEIN M. Toward high-precision service retrieval[J]. IEEE internet computing,2004,8(1):30-36.

[54] 陆建江,张亚非,等. 语义网原理与技术[M]. 北京:科学出版社,2007.

[55] 裘江南,仲秋雁,崔彦. 服务匹配模型中综合语义匹配方法研究[J]. 大连理工大学学报,2007,47(6):914-919.

[56] JIAN G,GAO J. A multi-agent based knowledge search framework to support the product development process[J]. International journal of computer integrated manufacturing,2010,23(3):237-247.

[57] TAO F, HU Y, ZHAO D, et al. Study on resource service match and search in

manufacturing grid system[J]. International journal of advanced manufacturing technology, 2008,43(3-4):379-399.

[58] WANG Z Z,QU T,CHEN Q X,et al. Resource model and service match algorithm for mould manufacturing grid[J]. International journal of computer integeted manufacturing, 2012,25(11):1011-1028.

[59] BENATALLAH B,SHENGQ Z,DUMAS M. The self-serv environment for Web services composition[J]. IEEE internet computing,2003,7(1):40-48.

[60] SIRIN E,PARSIA B,WU D,et al. HTN planning for Web service composition using SHOP2[J]. Journal of web semantics,2004,1(4):377-396.

[61] RAO J,KUNGAS P,MATSKIN M. Composition of semantic Web services using linear logic theorem proving[J]. Information systems,2004,13(6):340-360.

[62] ARDAGNA D,PERNICI B. Dynamic Web service composition with QoS constraints[J]. International journal of business process integration on and management, 2006, 1 (4): 233-243.

[63] MAR Z,MOSTEFAOUI S K,YAHYAOUI H. Towards an agent based and context oriented approach for web services composition[J]. IEEE transactions on knowledge and data engineering,2005,7(5):686-697.

[64] 邓水光,黄龙涛,尹建伟. Web 服务组合技术框架及其研究进展[J]. 计算机集成制造系统,2011,17(2):404-412.

[65] TAO F,HU Y F,ZHOU Z D,et al. Application and modeling of resource service trust-QoS evaluation in manufacturing grid system[J]. International journal of production research, 2009,47(6):1521-1550.

[66] TAO F,ZHAO D M,ZHANG L,et al. Resource service optimal-selection based on intuitionistic fuzzy set and non-functionality QoS in manufacturing grid system[J]. Knowledge and information systems,2010,25(1):185-208.

[67] 马文龙,王铮,赵燕伟. 基于改进蚁群算法的制造云服务组合优化[J]. 计算机集成制造系统,2016,21(1):113-121.

［68］ HUANG B Q,LI C H,TAO F. A chaos control optimal algorithm for QoS-based service composition selection in cloud manufacturing system［J］. Enterprise information systems, 2014,8(4):445-463.

［69］ CHENG Y,TAO F,LIU Y L,et al. Energy-aware resource service scheduling based on utility evaluation in cloud manufacturing system［J］. Journal of engineering manufacture, 2013,227(12):1901-1915.

［70］ 程颖,陶飞,张霖,等. 面向服务的制造系统中制造服务供需匹配研究综述与展望［J］. 计算机集成制造系统,2015,21(7):1930-1940.

［71］ ZHANG Y,XI D,LI R,et al. Task-driven manufacturing cloud service proactive discovery and optimal configuration method［J］. International journal of advanced manufacturing technology,2015(2).

［72］ FAN Y,HUANG K,TAN W,et al. Domain-aware reputable service recommendation in heterogeneous manufacturing service ecosystem［J］. International journal of computer integrated manufacturing,2015,28(11):1178-1195.

［73］ TAO F,LAILI Y J,XU L D,et al. FC-PACO-RM:a parallel method for service composition optimal-selection in cloud manufacturing system［J］. IEEE transactions on industrial informatics,2013,9(4):2023-2033.

［74］ XU W,TIAN S,LIU Q,et al. An improved discrete bees algorithm for correlation-aware service aggregation optimization in cloud manufacturing［J］. International journal of advanced manufacturing technology,2015(2).

［75］ WANG S L,GUO L,KANG L,et al. Research on selection strategy of machining equipment in cloud manufacturing［J］. International journal of advanced manufacturing technology, 2014,71(9-12):1549-1563.

［76］ XIANG F,HU Y,YU Y,et al. QoS and energy consumption aware service composition and optimal-selection based on Pareto group leader algorithm in cloud manufacturing system ［J］. Central european journal of operations research,2014,22(4):663-685.

［77］ LARTIGAU J,XU X,NIE L,et al. Cloud manufacturing service composition based on QoS with geo-perspective transportation using an improved Artificial Bee Colony optimisation algorithm[J]. International journal of production research,2015,53(14):4380-4404.

[78] 刘卫宁,刘波,孙棣华. 面向多任务的制造云服务组合研究[J]. 计算机集成制造系统,2013,19(1):199-209.

[79] LIU W,LIU B,SUN D,et al. Study on multi-task oriented services composition and optimisation with the Multi-Composition for Each Task pattern in cloud manufacturing systems [J]. International journal of computer integrated manufacturing,2013,26(8):786-805.

[80] 刘波,张自力. 面向云制造系统复杂任务请求的服务组合优化框架[J]. 中国机械工程,2015,26(8):1048-1057.

[81] 苏凯凯,徐文胜,李建勇. 云制造环境下基于双层规划的资源优化配置方法[J]. 计算机集成制造系统,2015,21(7):1941-1952.

[82] 赵金辉,王学慧. 基于服务质量的云制造服务双向匹配模型[J]. 计算机集成制造系统,2016,22(1):104-112.

[83] 易树平,谭明智,郭宗林,等. 云制造服务平台中的制造任务分解模式优化[J]. 计算机集成制造系统,2015,21(8):2201-2212.

[84] 徐大敏,赵丽萍,要义勇. 基于企业间质量跟踪控制模型的质量信息跟踪研究[J]. 计算机集成制造系统,2009,15(6):1107-1114.

[85] 高文俊. 面向军工产品制造过程的质量跟踪与管理技术[D]. 哈尔滨:哈尔滨工业大学,2006.

[86] 孙惠斌,江平宇. 基于模板的虚拟企业制造信息跟踪方法研究[J]. 西安交通大学学报,2006,40(1):36-39.

[87] WAN H D,CHEN F F. A web-based Kanban system for job dispatching,tracking,and performance monitoring[J]. International journal of advanced manufacturing technology,2007,38(9-10):995-1005.

[88] 隋天中,崔虹雯. CIMS 环境下车间级生产过程的信息跟踪监控系统[J]. 东北大学学报:自然科学版,2005,26(12):1188-1191.

[89] CHENG C,WANG C. Outsourcer selection and order tracking in a supply chain by mobile

agents[J]. Computers & industrial engineering,200,55(2):406-422.

[90] HUANG G Q,ZHANG Y F,JIANG P Y. RFID-based wireless manufacturing for real-time management of job shop WIP inventories[J]. International journal of advanced manufacturing technology,2007,36(7-8):752-764.

[91] CHEN R S,TU M. Development of an agent-based system for manufacturing control and coordination with ontology and RFID technology[J]. Expert systems with applications, 2009,36(4):7581-7593.

[92] 尹超,储建涛,刘飞,等. 摩托车零部件制造企业网络化采购支持系统[J]. 重庆大学学报,2008,31(4):377-381.

[93] GAVALAS D,TSEKOURAS G E,ANAGNOSTOPOULOS C. A mobile agent platform for distributed network and systems management[J]. The journal of systems and software, 2009,82(2):355-371.

[94] ZHANG Y,JIANG P,HUANG G,et al. RFID-enabled real-time manufacturing information tracking infrastructure for extended enterprises[J]. Journal of intelligent manufacturing, 2012,23(6):2357-2366.

[95] GUO S S,WANG T R. YU X B. Agent-based system for sales order tracking with RFID technology[C]. Wuhan,China:The Mechanic Automation and Control Engineering,2010: 2996-3000.

[96] 鄢萍,王东强,等. 一种基于制造过程信息传播关系网的生产进度提取和跟踪方法[J]. 中国机械工程,2010,21(9):1046-1052.

[97] 姜建华. 虚拟企业环境下订单驱动的任务管理机制研究与实践[D]. 武汉:武汉理工大学,2011.

[98] SNATKIN A,KARJUST K,MAJAK J,et al. Real time production monitoring system in SME[J]. Estonian journal of engineering,2013,19(1):62-75.

[99] WANG L. Machine availability monitoring and machining process planning towards cloud manufacturing[J]. CIRP journal of manufacturing science and technology,2013,6(4): 263-273.

[100] BEHROUZI F,WONG,K Y. Lean performance evaluation of manufacturing systems:a dynamic and innovative approach[J]. Procedia computer science,2011,3(1):388-395.

[101] 张倩,齐德昱. 基于 Fuzzy TOPSIS 的资源服务优化选择算法[J]. 计算机应用研究, 2012,29(12):4522-4526.

[102] YANG F,WU D,LIANG L,et al. Supply chain DEA:production possibility set and performance evaluation model[J]. Annals of operations research,2011,185(1):195-211.

[103] YUE Z. An extended TOPSIS for determining weights of decision makers with interval numbers[J]. Knowledge-based systems,2011,24(1):146-153.

[104] ABDI M R,LABIB A W. Performance evaluation of reconfigurable manufacturing systems via holonic architecture and the analytic network process[J]. International journal of production research,2011,49(5):1319-1335.

[105] 孙忠良,吴文武,洪军,等. 基于数据包络分析的网络化制造联盟企业制造资源配置评价研究[J]. 计算机集成制造系统,2008,14(5):962-969.

[106] 向峰,胡业发,陶飞,等. 云制造资源服务能耗评估及应用[J]. 计算机集成制造系统,2012,18(9):2109-2116.

[107] 周冰,王美清,甘佳. 基于主成分分析的云制造服务 QoS 评估方法研究[J]. 制造业自动化,2013,14:8.

[108] 甘佳,段桂江. 云制造服务信任评估技术[J]. 计算机集成制造系统,2012,18(7):1527-1535.

[109] 谢庆生,李浩,罗国富. 基于应用服务提供商的动态联盟制造资源评估模型研究[J]. 计算机集成制造系统,2007(5):862-868.

[110] 孙惠斌,李冀,莫蓉. 基于复杂网络的产品服务系统评价[J]. 计算机集成制造系统,2013(9):2355-2363.

[111] YU V F,HU K J. An integrated fuzzy multi-criteria approach for the performance evaluation of multiple manufacturing plants[J]. Computers & industrial engineering,2010,58(2):269-277.

[112] 刘远,郝晶晶,方志耕. 不确定信息下制造系统性能评估的 Petri 网模型[J]. 计算机

集成制造系统,2014,20(5):1237.

[113] REIHARDT S, FISCHL M, REINHART G. Characterization and weighting scheme to assess the resource efficiency of manufacturing process chains[M]. Springer, 2012: 509-514.

[114] ESWARAMURTHI K G, MOHANRAM P V. Improvement of manufacturing performance measurement system and evaluation of overall resource effectiveness[J]. American journal of applied sciences,2013,10(2):131.

[115] GUO H, TAO F, ZHANG L, et al. Research on measurement method of resource service composition flexibility in service-oriented manufacturing system[J]. International journal of computer integrated manufacturing,2012,25(2):113-135.

[116] CHENG Y, TAO F, LIU Y, et al. Energy-aware resource service scheduling based on utility evaluation in cloud manufacturing system[J]. Journal of engineering manufacture, 2013(2).

[117] RASHID A, ASIF F M, KRAJNIK P, et al. Resource conservative manufacturing: an essential change in business and technology paradigm for sustainable manufacturing[J]. Journal of cleaner production,2013,57:166-177.

第3章　云制造任务语义建模

云制造任务语义建模与描述是实现云制造服务过程制造任务优化执行的基础，为后续的制造资源服务链的构建、任务进度跟踪与执行过程的状态监控和制造任务执行过程综合评估提供一致的语义信息和数据支持。本章采用本体技术实现云制造任务的语义建模；研究云制造任务的分类及信息模型；建立初始云制造任务本体（OCMT_ Ontology），以制造企业制造任务文本库为基础，应用文本处理技术，通过本体自学习模型建立并完善通用云制造任务本体（GCMT_ Ontology）。在此基础之上，通过匹配 GCMT_ Ontology，构建云制造任务子本体（CMTS_ Ontology）来实现云制造任务的语义描述。

3.1　概述

云制造模式的核心思想是通过制造资源的高效协同实现制造任务需求的优化服务。在云制造模式下，制造资源以服务的形态进行搜索匹配、优化组合以满足制造任务需求。因此，在制造任务优化执行过程中更加注重语义信息的挖掘和匹配，体现在制造任务从需求服务语义描述、匹配与优选、制造过程监控、任务状态跟踪到制造异常预警、执行过程综合评估等各个执行阶段，其信息描述不仅仅是简单的信息记录，更是潜在的语义信息和相关知识的描述，在企业实践中这些有关制造任务执行的相关信息一般都以非结构化文本文档的形式存储。因此云制造任务的语义建模主要解决两个方面的问题：①制造任务在执行的过程中保持一致的语义信息描述；②对制造执行过程积累的经验进行统一的描述以实现知识的重用。

在语义建模领域中，本体（ontology）是近年来研究的热点问题，在知识挖掘、异构系统集成等研究领域得到了广泛应用。本体是共享概念模型的明确的形式化规范说明，它体现了概念化、明确性、形式化和共享的特点[1-3]。本体源于哲学领域对世界本质的描述，已广泛应用于知识管理、人工智能、信息检索等领域。Gruber 最早将本体描述为"给出构成相关领域词汇的基本术语和关系，以及利用这些术语和关系构成的规定这些词汇外延的规则的定义"。这体现了共享概念模型的表示方法以及共享概念模型之间的关联，是一种形式化的规范说明，可划分成概念化、明确、形式化、共享4个层面。因此对于云制造任务语义建模问题，本体能够挖掘其中潜在的语义信息，清晰无歧义地描述制造任务相关概念以及概念间的关系，实现对制造任务的统一描述和理解，进而方便任务执行过程中知识的共享和重用。针对中小制造企业，构建通用云制造任务本体，将制造任务相关语义信息采用本体的方式进行表达是实现制造任务语义描述和相关知识重用的有效方法。

利用本体进行种建模的过程中，其形式化描述方法大致经历了从可扩展标记语言（extensible markup language，XML）、资源描述框架（resource description framework，RDF）、本体推理层（ontology inference layer，OIL）、DAML+OIL 到 Web 本体语言（ontology web language，OWL）的过程。作为基于 DAML+OIL 的语义描述语言，OWL 提供了拓展的语义网标记能力，更具动态性，能帮助计算机在对信息理解的基础上处理信息，其性能优于 XML 和 RDF 等。OWL 有 3 种描述的子语言，即 OWL-Lite、OWL-DL 和 OWL-Full，三者主要存在表达能力和复杂程度的区别。OWL-Full 在语义和语法上具有最强的表达能力，但目前缺乏有效的软件支持；OWL-Lite 最为简单，适用于一个简单类层次和约束相对简单的情况；OWL-DL 利用描述逻辑，实现自动推理功能，能保证计算的完整和有效，表达能力强。一个完整的 OWL 描述由个体（individual）、关联（property）和类（class）构成，组成一个实体（entity）。与面向对象的思想一致，将 class 进行实例化便形成 individual，对 Web 数字制造资源本体而言，individual 是 Web 数字制造资源的具体对象。properties 是 individuals 之间 object properties 和 data properties 两种关系，分别描述了 individual 与 individual 之间的关联、individual 与基本数据类型之间的关联。

在以本体为使能技术的语义建模领域，按照本体构建自动化程度不同，本体构建方法可分为 3 种：手工构建、半自动构建和自动构建。从相关文献与企业实践来看，手工构建本体目前仍是主流。例如，Hu 等[4] 应用手工的方法通过分析制造资源相关类、属性和关系构建了 MGrid_ Ontology 来实现制造资源服务的数字化描述。手工构建本体方法一般需要耗费大量的人力和成本，对于复杂的领域，难以全面地包含领域术语和知识。另外，知识不断更新，使得领域本体的更新比较困难。鉴于此，一些自动化本体构建模型和方法被提出。半自动化和自动化的本体构建方法涉及 3 个主要的阶段：领域知识语料库预处理、本体概念抽取和概念间关系的抽取[5-7]。半自动化的方法主要应用现有的知识和相关规则来加速本体构建过程。Lee 等[7] 应用从底自上的方法体系，提出从非结构化文档中基于句子片段（episode）的本体构造的方法，通过手工分析词性、术语–词汇、术语–概念的相似性，应用自组织映射聚类方法以抽取本体概念，并从句子片段中抽取属性–操作–关联来决定概念间的关系。

在本体自动化构建过程中，关键是实现本体概念和概念关系的自动化抽取。目前本体自动构建方法大都采用机器学习算法，代表性的成果如 Chen 等[8] 采用词频–逆向文件频率（term frequency-inverse document frequency，TF-IDF）获得领域关键词，并通过自适应谐振网络（adaptive resonance theory，

ART）对关键词进行聚类，实现本体概念的抽取；在此基础之上，用布尔操作挖掘概念间的层次关系。另外 Chen 等[9]又对上述 ART 聚类方法进行改进，提出基于投影自适应谐振网络（projective adaptive resonance theory，PART）和贝叶斯网络的领域本体自动构建算法，采用 PART 算法对领域内相关网页进行聚类，通过计算术语的熵值抽取每一术语簇中的概念，并通过贝叶斯网络的层次模型提取概念之间的层次关系。Chen 提出的两种本体自动构建方法，忽略概念间非层次关系的抽取。在本体学习过程中概念间非层次关系的抽取被认为是一个比较困难的问题[10]。针对概念间的非层次关系，Sánchez 和 Moreno[11]提出了一个自动和无人监督的方法通过标定语料库中动词挖掘领域本体概念的非层次关系，然而该方法可能出现语义上的歧义，如一词多义和同义词现象。Hou 等[5]应用基于图的算法实现领域本体的构建，其中应用基于图上随机游走算法的词汇加权算法和马尔科夫聚类算法消除词汇歧义，产生候选概念；应用改进的 gSpan 算法挖掘概念间的潜在关系。由于图操作算法计算的复杂性，当图的节点数量增加时，该方法的性能下降，因此该方法不适合于复杂本体的构建。Dahab 等[12]提出了通过分析文档中的语义模式来挖掘本体概念关系，并开发了本体构建系统 TextOntoEx，该系统支持领域关系和概念间非层次关系的抽取，如因果关系、成员关系、包含关系、操作关系、控制关系等。然而系统中已有的语义关系会影响本体概念关系的查全率。Shih 等[6]通过类比雪花结晶的过程来构建领域本体，通过计算术语共现相似、词法相似和语义相似来确定本体概念；通过概念挖掘确定层次关系，在此基础之上应用 SOM 算法来确定非层次关系，实验比较专家手工构建本体的性能优于该自动方法。

综合上述分析，现有的本体构建方法和模型主要集中在从零开始构建本体，然而本体构建的过程是一个复杂的过程，通过一次性的学习，并不能够构建一个完善的领域本体，鉴于现有的云制造任务信息描述和相关专家的领域知识，本书首先构建一个初始云制造任务本体（OCMT_ Ontology），并提出一种本体自学习模型来完善初始云制造任务本体，进而构建一个通用云制造任务本体（GCMT_ Ontology），在此基础之上实现云制造任务的语义建模。

3.2 云制造任务建模框架

3.2.1 云制造任务信息模型

根据制造任务的类别和基本特征，云制造任务信息模型展示的是制造任务的基本数据、子任务间的关系、服务能力需求、任务的实时状态等信息。在云制造模式下，鉴于制造资源智能感知和物联的特性，云制造任务执行过程表现为动态、实时和反馈。因此，云制造任务信息模型需要更加凸显其动态执行信息，而不仅仅局限在基本任务信息。基于此，云制造任务信息模型可以描述为一个五元组 CMfg_ Task =（Task_ StaticInfo，Subtask_ Set，Task_ Relconstrain，Task_ Servdemand，Task_ DynamicInfo），其各元素间的关系如图3-1所示，对云制造任务信息描述的各元素解释如下。

（1）Task_ StaticInfo，云制造任务的静态信息描述，主要描述任务的基本信息，如任务名称（Task_ Name）、任务类别（Task_ Type）、任务所有者（Task_ Owner）、批次（Task_ Batch）、数量（Task_ Number）、完成内容（Task_ Content）、特征信息（Task_ Feature），以及服务质量需求信息（Task_ QoSdemand）。任务特征信息主要描述其任务的结构、行为和功能信息。例如，待加工的水泥磨球体座，其特征信息包括形状特征（shape feature）、材料特征（material feature）和加工精度特征（precision feature）。云制造任务的服务质量需求信息包括交货时间、服务价格、服务等级、质量要求等信息。所有这些静态信息都可以从下发的制造任务文档中获得。

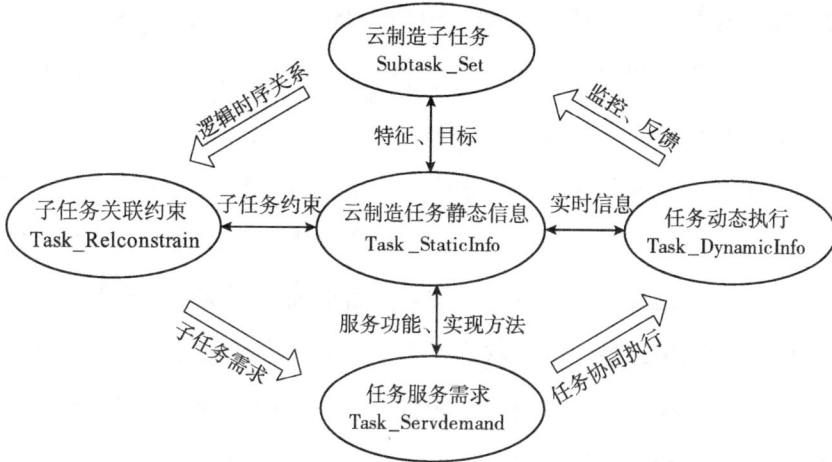

图 3-1 云制造任务信息模型示意图

（2）Subtask_ Set，制造子任务集合，将一个较大的云制造任务按照任务类型、特征信息、服务约束等分解为不同粒度的制造子任务，如某型号的水泥磨进料装置设计任务按照不同的条件和约束可以分解为概念设计任务、形状设计任务、工艺设计任务、仿真计算任务等。所有这些分解后的子任务都将会继承父任务的基本任务信息，包括特征属性和服务质量需求信息。不能再进行分解的最小粒度的子任务称为操作。鉴于任务执行过程的动态性和服务资源的可用性，任务分解的粒度和方法不尽相同，所以任务的分解方案不是唯一的。

（3）Task_ Relconstrain，制造子任务关联约束，主要描述任务执行过程中各子任务间的逻辑时序关联关系，如产品协同开发过程中的各活动的串联、并行、耦合等关系。这些关联约束关系决定了任务执行的逻辑路线，同时限定了服务资源的配置和调度时序关系。

（4）Task_ Servdemand，制造任务服务需求，主要描述对服务功能或任务完成方法的需求，与云制造任务执行系统中的制造资源服务功能相对应。它是与云制造服务相匹配的接口需求，如对一个水泥磨筒体的制造加工任务，选择焊接加工服务，则"焊接加工"就是对该任务的一种服务功能或实现方法。在与云制造服务搜索匹配的过程中要充分考虑服务质量需求的目标约束和子任务间的关联约束。对 Task_ Servdemand 最终履行的结果是一条优化满意可行的资源服务执行路线。

（5）Task_ DynamicInfo，制造任务动态执行信息，主要描述任务在执行过程中实时反馈的动态制造信息，包括资源服务的信息和制造任务的信息。资源服务的信息在智能感知与物联设备的监控下实时获取制造资源的动态信息，如加工设备的运行状态、负荷能力、仓储物流动态信息等；制造任务的信息主要是反映各协同子任务的执行过程中的任务进度信息，如任务变更信息、生产异常信息、质量信息、动态协同调度信息等。通过跟踪任务信息与监控服务信息，各企业主体能够实时了解制造过程的情况，可以预防制造异常的发生，为制造任务的协同执行提供决策依据。

云制造任务的建模和描述是实现制造任务优化执行（制造服务语义搜索、优化组合、制造过程监控、异常预警与综合评估等）的基础。在分析云制造任务的基本特征、类别和信息描述模型后，为了更好地描述其语义信息，需要满足以下建模需求。

（1）词法统一性和语义一致性，在制造过程整个周期中，对任务的信息描述要实现词法的统一性和语义的一致性，消除歧义、冗余、矛盾的信息，尤其是消除一词多义和同义词的现象。

（2）柔性与可扩展性，云制造任务的语义模型应该能够扩展和变化以适应任务的分解、组合、关联、变更等操作。

（3）模型表达多样性，云制造任务语义模型的描述应该能够适应不同的制造资源服务描述模型，即任务需求与制造服务在语义描述语言不一致时，通过语言间的转化操作，能够满足服务发现、匹配等操作。

（4）支持制造过程实时信息的表达，并能够应对制造过程不确定性信息的展示。

3.2.2 云制造任务语义建模框架

本节对云制造任务的语义建模框架进行描述，该框架主要包括 6 个部分：云制造任务初始本体、云制造任务语义特征空间、制造任务文档预处理、云制造任务通用本体、云制造任务语义描述模型及模型应用，其相互间的数据传输及控制关系如图 3-2 所示。

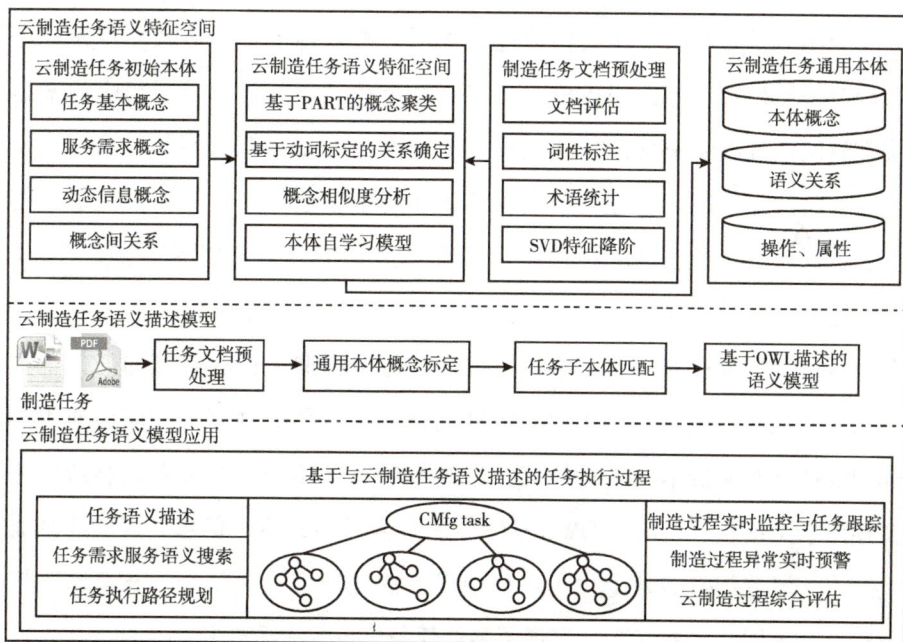

图 3-2 云制造任务语义建模框架

制造任务以后缀名为 .doc 或 .pdf 结尾的文档表达。制造任务文档预处理对制造企业制造任务文档进行整理形成覆盖比较全面的语料库，以提取文档信息，首先对文档进行词性标定，移除无意义的停用词，进而统计相关术语的频率信息，在此基础之上采用 SVD（singular value decomposition）奇异值分解的方法对术语-文档矩阵进行特征降阶。

云制造任务初始本体是依据其信息描述模型，由制造领域专家手动对其进行构建，该模型基本限定了制造企业云制造任务概念的覆盖范围。它是构建云制造任务通用本体的基础。语义特征是最小单位的语义结构，一般由主体、操作、客体三部分构成，云制造任务语义特征通过挖掘文本信息进行构建。

云制造任务通用本体是描述其语义描述模型的核心，它与其他几个框架构建紧密相连。云制造任务通用本体描述了任务概念和概念间的语义关系。云制造任务通用本体的构建过程采用一种自顶向下的方式，首先建立云制造任务初始本体，任务语料库文档经过预处理之后，采用相应的术语聚类算法挖掘本体概念，并将其间的动词术语抽象为概念间的关系，进而完成云制造任务语义特征空间的构建，在此基础之上，通过本体自学习模型和相关算法将最小单位的语义特征添加到云制造任务通用本体中。

鉴于云制造过程任务执行的不可复制性，同时为了方便实现云制造任务执行过程的管理与控制，本书将挖掘与每个制造文档相对应的任务子本体来表达其语义信息。基于此，在制造任务文档预处理之后，应用通用本体中的概念对文档术语进行标定，进而与通用本体进行匹配发现制造任务文档的语义信息，并应用 OWL 本体描述语言描述其语义信息。因此在企业实践中，制造任务的整个执行过程中以云制造任务语义模型为核心，支持着任务在不同阶段的交互，实现了制造任务信息的一致性和共享性。

3.3 云制造任务通用本体构建

3.3.1 云制造任务初始本体

在分析了云制造任务语义建模框架之后，首先对云制造任务本体的构建进行阐述，鉴于 Protégé 的本体编辑工具的易操作性和本体可视性等特性[13]，本书以 Protégé_ 3.4.8 为建模工具，结合制造企业云制造任务的信息模型，在可视化插件 OntoViz[14] 的支持下，构建了如图 3-3 所示的初始本体，其中矩形框表示本体概念，实线箭头表示概念间的层次关系，虚线箭头表示概念间的非层次关系。

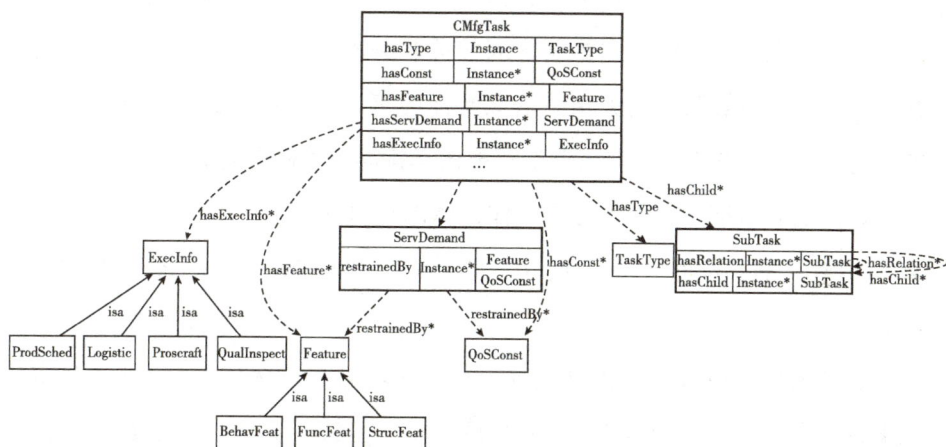

图 3-3　云制造任务初始本体模型

本书以中小制造企业为背景，通过分析其制造任务的信息内容，确定了以下几个关键的任务概念：云制造任务（CMfgTask），任务类型（TaskType），子任务（SubTask），QoS 约束（QoSConst），服务需求（ServDemand），执行信息（ExecInfo），生产计划（ProdSched），物流（Logistic），生产工艺（Proc-Craft），质量检测（QualInspect），任务特征（Feature），行为特征（BehavFeat），功能特征（FuncFeat）和结构特征（StrucFeat）。概念间的关系包括层次关系（isa），有类型（hasType），有约束（hasConst），有特征（has-Feature），有服务需求（hasServDemand），有执行信息（hasExecInfo），有子任务（hasChild），有关联（hasRelation）和被约束（restrainedBy）。

3.3.2　云制造任务语义特征空间

为了构建云制造任务通用本体，在云制造任务语义建模框架的指导下，首先建立云制造任务本体学习的语义特征空间。语义特征被认为是一个表征完整语义的最小单元[15]，包括主体、谓词和客体，其中的主体和客体基本上是由名称或名词短语构成，它对应于本体的概念，而谓词则是由动词或动词短语充当，对应于本体概念间的关联关系。那么云制造任务语义特征空间就是描述云制造任务相关语义特征的集合。在建立云制造任务语义特征空间之前，首先给出与云制造任务语义特征相关概念的形式化定义。

定义 3.1　云制造任务通用本体，GCMT_ Ontology = $<C, R>$，其中 C 为 GCMT_ Ontology 的概念集合，C 不为空，R 为 GCMT_ Ontology 的概念关系集合。

定义 3.2　本体图，给定本体 $O = <C, R>$，C 为本体概念，R 为本体概念关系，则与该本体 O 对应一个本体图 $G = <V, E>$，其中 $V = C$，$E = R$，并且 G 中没有孤岛，即 G 是连通图。

定义 3.3　语义特征，是表述语义关系的最小单元，根据术语与概念的聚合关系，语义特征可以分为术语语义特征 tsf = $<t_1, rt, t_2>$和概念语义特征 csf = $<c_1, rc, c_2>$，其中 t_1，t_2为术语，rt 为术语 t_1，t_2间的语义关系；同样 c_1，c_2为概念，rc 为概念 c_1，c_2间的语义关系。

定义 3.4　术语语义关系，是表达术语间语义上的连接关系，鉴于本书以制造任务文档语料库为学习基础，那么给定一术语语义特征和一个完整的句子结构 $S = <n_1, v, n_2>$，则术语 $t_1 = n_1$，$t_2 = n_2$，关系 rt = v；n_1为名词主体，n_2为名词客体，v为动词谓词。

定义 3.5　概念语义边，给定语义特征，c_1，c_2为两个不同的本体概念，rc 为连接这两个概念的语义关系，则该语义特征对应着一条语义边 $L = <v_1,$

e，v_2>，其中 $c_1=v_1$，$c_2=v_2$，$rc=e$，且 c_1，c_2，rc 是一本体 $O=<C$，$R>$ 中概念集 C 和 R 的元素。

定义 3.6　语义特征空间，给定一本体 $O=<C$，$R>$，则该本体 O 可以转化为一个语义特征空间，其中该语义特征空间包含了本体 O 中所有的最小语义特征。然而，一个语义特征空间并不能转换为一个本体，如从文档语料库建立的语义特征空间并不能转换为一个本体。本体与语义特征的根本区别在于本体中的语义特征间是连通的，而语义特征空间中的语义特征彼此是孤立的。

鉴于制造企业的制造任务以文档的形式存储，构建云制造任务语义特征空间的步骤和相应方法如下所述。

（1）制造任务文本评估。

制造任务文本的选择对于快速构建覆盖全面的语义特征空间有着重要的影响。当选择较多的文本时，意味着需要处理更多的工作，耗费更多的时间和精力；而当选择相对较少的文档时，可能会影响语义特征空间的语义信息覆盖率。为了解决这个问题，文中提出三指标的文档评价方法，每个指标分述如下。

①重要性。重要性反映了该文档所包含语义特征的重要程度，它从纵向反映文档对制造任务语义特征空间的关联程度。

②广度。广度反映了该文档所包含语义特征的覆盖范围，它从横向反映文档对制造任务语义特征空间的重要程度。文档包含的语义特征越多，所需要的文档数量就会减少。

③重复率。重复率反映了后面的文档与前面的文档在所包含的语义特征方面的重复程度，如果该值超过一定的阈值范围，那么该文档将不会被选择加入文档语料库中。

鉴于上述 3 个指标的模糊性，本书应用直接模糊数的方法对其进行评估，并通过加权累计方法进行求和操作，其公式可表示为式（3-1）。

$$F(i) = w_I F_I(i) \oplus w_E F_E(i) \oplus w_O F_O(i)$$
$$= \{\mu(i), v(i)\} \tag{3-1}$$

其中，$F(i)$ 为文档 i 的模糊评估值；$F_I(i)$、$F_E(i)$、$F_O(i)$ 分别为文档 i 的重要性、广度、重复率模糊评估值；w_I、w_E、w_O 分别为对应指标的权重值，$\oplus$ 符号为直觉模糊值求和操作；$\mu(i)$、$v(i)$ 分别为对文档综合评价的确定值和不确定值，并且，$\mu(i)$，$v(i) \in [0, 1]$。

（2）术语文档、术语关系矩阵构建。

为了实现文档术语收集，首先对文档语料库中的任务文档进行处理，提取文档信息。针对制造任务文本，本书采用斯坦福大学的对数-线性词性标定器来识别任务文本中包含的名词、动词、形容词和副词等[17]。应用停用词过滤器将那些不能反映确切含义的词语，如数量和方位名词、代词、形容词、副词、介词、感叹词等过滤掉以方便检索和统计。在标定和过滤之后，保留下来的名词和动词可分别看作文档术语和术语间关系。之后统计文档语料库中每一个任务的文档术语的频率信息和术语间关系的连接信息，其中术语频率衡量了该词汇在文档中出现的次数，而术语间关系频率衡量了在文档中两术语相连接的次数。

术语文档矩阵描述了制造任务语料库各文档中术语的重要性，书中应用术语频率-逆向文档频率值（term frequency and inverse document frequency，TF-IDF）[8]来描述。术语文档矩阵结构如式（3-2）所示，其中横行表示文档，纵行表示术语，矩阵元素值为 tf-idf。TF 为术语频率，表示文档中包含的某术语的相对频率，该值越大表示该术语对该文档越重要。DF 为某术语在所有文档中出现的比率，该值越大说明该术语越能够作为关键词来代表该文档。

$$\boldsymbol{TD}_{m \times n} = \begin{bmatrix} D/T & T_1 & T_2 & \cdots & T_n \\ D_1 & \text{tf-idf}_{11} & \text{tf-idf}_{12} & \cdots & \text{tf-idf}_{1n} \\ D_2 & \text{tf-idf}_{21} & \text{tf-idf}_{22} & \cdots & \text{tf-idf}_{2n} \\ \vdots & \vdots & \vdots & & \vdots \\ D_m & \text{tf-idf}_{m1} & \text{tf-idf}_{m2} & \cdots & \text{tf-idf}_{mn} \end{bmatrix} \tag{3-2}$$

TF-IDF 描述了各文档中潜在的语义关系，其计算公式可以表示为式（3-3）。

$$\text{TF-IDF}_{ij} = \text{TF}_{ij} \times \log\left(\frac{N}{N_i}\right) \tag{3-3}$$

其中，N 为语料库中所有文档的数量；N_i 表示术语 i 在所有文档中出现的次数，相同的术语在同一文档出现多次按一次计算。TF_{ij} 的计算公式如式（3-4）所示。

$$\text{TF}_{ij} = T_{ij} \frac{k_{ij}}{\lambda_j} \tag{3-4}$$

其中，T_{ij} 为术语频率的权重值，k_{ij} 为术语 i 在文档 j 中出现的次数，λ_j 表示文档 j 包含的中术语数。T_{ij} 的计算公式如式（3-5）所示。

$$T_{ij} = -\frac{k_{ij}s_j}{\tau_i} \log_N\left(\frac{k_{ij}s_j}{\tau_i}\right) \tag{3-5}$$

其中，τ_i 为术语 i 在所有文档中出现的总数；s_j 为专家考虑重要性、广度和重复率对文档的综合评价值；s_j 可以由式（3-1）所得到的直觉模糊值 $F(j)$ 按照式（3-6）计算，该式将模糊值转化为评价的精确值。

$$s_j = \mu(j) - (1 - \mu(j)v(j))v(j) \tag{3-6}$$

另外，术语关系矩阵描述术语间的连接关系，它是术语文档矩阵的有向邻接矩阵，其结构如式（3-7）所示。鉴于两术语间的关系可能有多种，该矩阵的元素值统计两术语间各关系及其频率，即其元素值 t_{pq} 由两列组成，第一列为识别的关系名称，第二列为该关系的频率，其形式如式（3-8）所示。

$$TR_{m \times m} = \begin{bmatrix} \times & T_1 & T_2 & \cdots & T_m \\ T_1 & \times & t_{12} & \cdots & t_{1m} \\ T_2 & t_{21} & \times & \cdots & t_{2m} \\ \vdots & \vdots & \vdots & \times & \vdots \\ T_m & t_{m1} & t_{m2} & \cdots & \times \end{bmatrix} \tag{3-7}$$

$$t_{pq} = \begin{bmatrix} r_1 & l_1 \\ r_2 & l_2 \\ \vdots & \vdots \\ r_k & l_k \end{bmatrix}_{pq} \tag{3-8}$$

以上获得的术语文档矩阵和术语关系矩阵作为文档预处理的输出。

（3）SVD 特征降阶。

通过初步统计的文档信息包含大量的无用信息，也就是以上得到的矩阵为稀疏矩阵，很多术语和关系是无用的，同时过多的术语和关系对计算性能的影响比较大，因此有必要对上述矩阵进行特征降阶处理。

按照 SVD 奇异值分解原理[16-17]，设 X 是 $p \times q$ 阶实矩阵，则 X 可分解为 $X = USV^T$，S 为 $p \times q$ 阶的奇异值矩阵，该矩阵主对角元素值被称为奇异值，各值按照从大到小顺序排列，$\sigma_1 \geqslant \sigma_2 \geqslant \cdots \geqslant \sigma_n \geqslant 0$，其余各元素为零；$U$，$V$ 分别是 $p \times p$，$q \times q$ 的正交矩阵。通过 SVD 分解之后，$X = USV^T$ 被简化为 $X_k = U_k S_k V_k^T$，其降阶过程如图 3-4 所示。

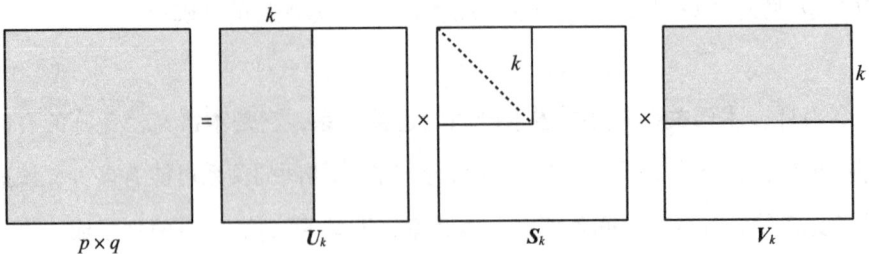

图 3-4　SVD 特征降阶操作

经过 SVD 操作后，S_k 保留了较大奇异值，$X_k = U_k S_k V_k^T$ 的维度变为 $p \times k$，$k \times k$ 和 $k \times q$，前 k 个奇异值包含了潜在的语义关系，从而剔除了很多无用的术语。其中，U_k 为文档矩阵，V_k 为术语矩阵。在此，以挖掘不同术语间的通用语义关系为目标，因此执行矩阵操作 $S_k \times V_k^T$ 将这些潜在语义关系的奇异值添加到每个术语矢量中。

（4）概念与关系聚类。

经过 SVD 维度降阶后，该步骤对文档术语进行聚类操作，在此基础之上进行术语关系的累计，进而实现概念与关系的抽取。目前常见的聚类算法有 K-means、自组织映射（self-organizing map，SOM）、神经网络等[18]。其中自适应谐振（adaptive resonance theory，ART）网络是一种无监督竞争学习网络聚类算法，通过记忆和学习实现动态聚类[19-20]。经典自适应谐振网络需要在网络训练前指定警戒参数，该值的设置对于聚类结果有直接影响，当警戒参数较大时，会导致细微差别引起簇聚类层重置，从而产生较多的聚类簇；当警戒参数较小时，网络对样本差异拥有较强的容忍能力，从而产生较少的聚类簇。另外，经典自适应谐振网络在进行聚类操作时，其泛化能力同时受训练集中样本点数量和训练集样本分布情况的影响。当训练集中样本点的数量太少或者样本分布不够合理时，会出现聚类结果不合理的情况，尤其在某些聚类簇边界附近的样本点存在聚类结果不稳定的情况。

为了解决自适应谐振网络聚类的柔性和可靠性问题，Cao 和 Wu[21] 提出了一个改进的算法——投影自适应谐振理论（projective adaptive resonance theory，PART），PART 算法的核心目标是寻找投影簇，这些投影簇中的每个样本所组成的子空间与某个"维子空间"相关。PART 算法是在 ART 网络的基础上引入传递输出信号选择机制，这个机制允许在输入层样本点产生的信号只传给簇聚类层中信号与向下权重相近的样本点。

PART 结构如图 3-5 所示，包括输入层（input/comparison layer）F_1，F_1

层隐含层，簇聚类层（clusetring layer）F_2 和重置子系统。其中 F_1 层中的每一个节点代表着输入样本数据的一个维度 $X_j = (T_1, T_2, \cdots, T_j)$，$F_1$ 层中的隐含层通过相似性检测 h_{jk} 选择性地将 F_1 层中的信号发送给 F_2 层中的节点。F_2 层中的每一个节点代表着一个聚类簇 $Y_k = C_k$。F_2 层是一个竞争层，其规则是赢者全拿（winner-take-all），即 F_2 层中的有最大净输入的节点是赢者，它就变成该输入数据的准聚类簇。同时，重置子系统中的重置机制控制着同一个簇中节点的最小相关维数，并且决定着一个准目标聚类簇最后是否能够成为一个聚类簇。另外，在 F_1 和 F_2 两层中有两种连接权重，分别为bottom-up 向上权重（w_{jk}）和 up-bottom 向下权重（w_{kj}），它们的值根据不同的学习规则进行更新。

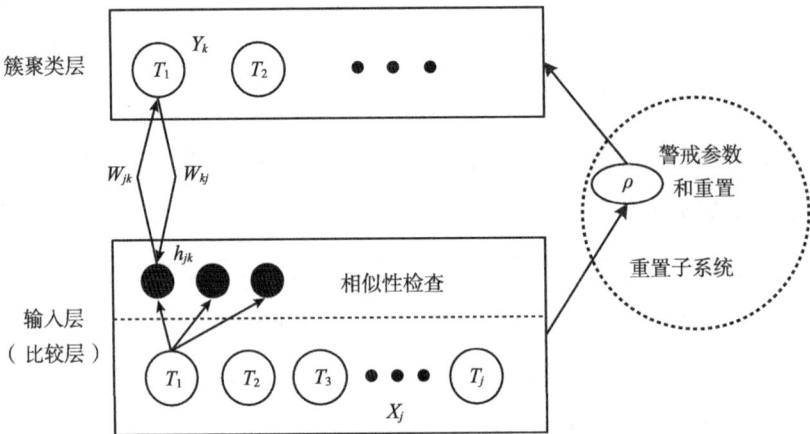

图 3-5 PART 结构

然而，在将 PART 算法应用于术语语义信息聚类时，因为相似度是定义一个术语聚类簇的基础，所以一个有效的相似度判定函数就显得非常重要。鉴于术语文档矩阵表达了潜在的语义关系，因此在 PART 聚类过程中，结合术语语义间的潜在相似特性，提出一种适合术语概念聚类的相似度映射机制，即在隐性层相似性检查中结合术语间潜在的语义相似关系，来选择性地向簇聚类层发送信号。

首先依据术语文档矩阵（3-2）给出术语语义相似度计算公式，如式（3-9）所示，为了书写方便将 tf-idf 简记为 tdf，lsv（T_i，T_j）为术语 T_i、T_j 的语义相似度值。

$$\mathrm{lsv}（T_i,\ T_j）= \frac{\mathrm{tdf}_{1i} \times \mathrm{tdf}_{1j} + \mathrm{tdf}_{2i} \times \mathrm{tdf}_{2j} + \cdots + \mathrm{tdf}_{mi} \times \mathrm{tdf}_{mj}}{\sqrt{\mathrm{tdf}_{1i}^2 + \mathrm{tdf}_{2i}^2 + \cdots + \mathrm{tdf}_{mi}^2} \times \sqrt{\mathrm{tdf}_{1j}^2 + \mathrm{tdf}_{2j}^2 + \cdots + \mathrm{tdf}_{mj}^2}} \qquad （3-9）$$

为了解决术语与概念间的语义相似，本书提出术语与概念的语义相似度的概念以及它的计算方法，如式（3-10）所示，其中 $C_k = （\overline{\mathrm{tdf}_{1k}},\ \overline{\mathrm{tdf}_{2k}}, \cdots,\ \overline{\mathrm{tdf}_{mk}}）$，即 C_k 是该术语聚类簇的中心。

$$\mathrm{lsv}（C_k,\ T_j）= \frac{\overline{\mathrm{tdf}_{1k}} \times \mathrm{tdf}_{1j} + \overline{\mathrm{tdf}_{2k}} \times \mathrm{tdf}_{2j} + \cdots + \overline{\mathrm{tdf}_{mk}} \times \mathrm{tdf}_{mj}}{\sqrt{\overline{\mathrm{tdf}_{1k}^2} + \overline{\mathrm{tdf}_{2k}^2} + \cdots + \overline{\mathrm{tdf}_{mk}^2}} \times \sqrt{\mathrm{tdf}_{1j}^2 + \mathrm{tdf}_{2j}^2 + \cdots + \mathrm{tdf}_{mj}^2}} \qquad （3-10）$$

当术语 T_j 被聚类到概念 C_k 中后，该概念 C_k 的术语簇的语义值要进行更新，其更新迭代如式（3-11）所示，其中 C_k^p 表示该术语簇中包含 p 个术语。

$$C_k^{p+1} = \frac{1}{p+1}（pC_k^p + T_j）= \frac{1}{p+1}\left（p \sum_{i=1}^{p} T_i + T_j\right） \qquad （3-11）$$

因此，应用于概念聚类的 PART 网络算法步骤如下[22]。

步骤 1：参数初始化，设置常量参数 L，相似性参数阈值 σ，警戒值参数 ρ 和权重阈值 θ。

步骤 2：输入聚类术语向量 $T_j = （\mathrm{tf\text{-}idf}_{1j},\ \mathrm{tf\text{-}idf}_{2j},\ \cdots,\ \mathrm{tf\text{-}idf}_{mj}）$，$j = 1$，$2$，$\cdots$，$n$；其中 m 为文档的数量。

步骤 3：对输入术语向量 T_j 与 C_k 进行相似性检查，计算 h_{jk}。

$$h_{jk} = h（T_j,\ w_{jk},\ w_{kj}）= h_{\sigma}（T_j,\ w_{kj})l(w_{jk}） \qquad （3-12）$$

$$h_{\sigma}（T_j,\ w_{kj}）= \begin{cases} 1 & \text{if } \mathrm{lsv}(C_k,\ T_j) \leqslant \sigma \\ 0 & \text{if } \mathrm{lsv}(C_k,\ T_j) > \sigma \end{cases} \qquad （3-13）$$

$$l(w_{jk}) = \begin{cases} 1 & \text{if } w_{jk} > \theta \\ 0 & \text{if } w_{jk} \leqslant \theta \end{cases} \tag{3-14}$$

如果 $h_{jk} = 1$，则 T_j 与 Y_k 相似；否则 $h_{jk} = 0$，T_j 与 Y_k 不相似。

步骤 4：按照赢者全拿的思想选择准赢点。

$$S_k = w_{jk}h_{jk} = w_{jk}h(T_j, w_{jk}, w_{kj}) \tag{3-15}$$

其中，$\max(S_k)$ 就是准赢点。

步骤 5：警戒值检查与重置。

$R_k = h_{jk} < \rho$，如果准赢点通过了警戒值检查，输入术语 T_j 被聚类到该准赢点。

步骤 6：权重与相似度更新学习机制。

如果 C_k^p 中 $p = 1$，那么其对应的向上和向下权重分别为

$$w_{jk}^{\text{new}} = \text{L}/(\text{L} - 1 + m) \tag{3-16}$$

$$w_{kj}^{\text{new}} = T_j \tag{3-17}$$

并且 $C_k^p = T_j$；

如果 $p > 1$，那么其对应的向上和向下权重分别为

$$w_{jk}^{\text{new}} = \begin{cases} \text{L}/(\text{L} - 1 + m) & \text{if } h_{jk} > \theta \\ 0 & \text{if } h_{jk} \leqslant \theta \end{cases} \tag{3-18}$$

$$w_{kj}^{\text{new}} = C_k^p \tag{3-19}$$

并且按照式（3-10）和式（3-11）更新 C_k^p。

步骤 7：重复步骤 2~6，直到所有的输入术语向量完成聚类。

步骤 8：输出术语聚类簇。

通过以上步骤实现了术语向术语簇的聚类，接着对每一个术语簇进行概念标定，即定义最能代表这组术语的概念。鉴于术语间关系是依附于术语的，将术语间关系中最能代表这两个术语簇间的关系作为这两个概念的关系，至此，实现了概念和关系的抽取，即通过一次制造任务文本语料库的学习处理建立了一个语义特征空间。

3.3.3　通用本体自学习模型

在语义特征空间的基础上，本节建立基于有向图的云制造任务通用本体自学习模型来完善本体的语义信息。该本体自学习模型包括 3 个部分，分别是语义特征空间、本体自学习算法和云制造任务通用本体，其中本体自学习算法实现了从语义特征空间向本体转换的途径。将语义特征空间中的语义特征添加到云制造任务通用本体的算法流程如图 3-6 所示[23]。

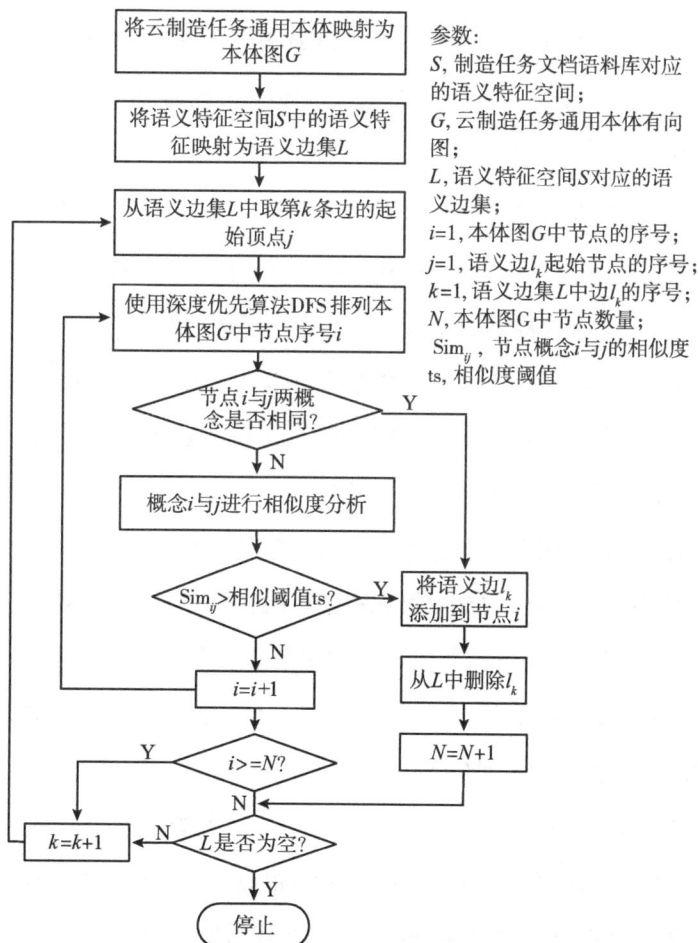

图 3-6　语义特征添加算法流程图

该算法首先将云制造任务通用本体、语义特征空间中的语义特征映射为本体图和语义边，并应用深度优先搜索算法遍历云制造任务通用本体图，结合概念相似度分析将语义特征中的语义信息添加到云制造任务本体中。该算法的输入输出及步骤如下。

输入：语义特征空间 S，云制造任务通用本体，第一次学习过程中云制造任务通用本体即为初始本体。

输出：云制造任务通用本体。

步骤1：将云制造任务通用本体映射为一个有向图 $G = <V, E>$，其中 $V = <v_1, v_2, \cdots, v_n>$ 为有向图点集，对应于本体概念集，v_i 代表节点 i；E 是对应为本体概念关系的边集。

步骤2：将语义特征空间中的语义特征映射为语义边集 L，$l = <v_{j1}, e, v_{j2}>$，其方向是从 v_{j1} 到 v_{j2}，v_{j2} 是下位词或语义特征的客体。

步骤3：从语义特征空间 S 中取第一条语义边 l_1。

步骤4：应用深度优先算法 DFS 遍历本体图 G，将图中节点进行排序。

步骤5：比较语义边 l 的上位节点 j 与本体图 G 中的节点 i 是否相同，若相同跳转到步骤7，否则跳转到步骤6。

步骤6：应用概念相似度分析算法比较节点概念 i 与 j 的相似度，若该值超过相似度阈值 ts，则这两概念相似，跳转到步骤7，否则跳转到步骤8。

步骤7：将语义边 l 添加到本体图中节点概念 i 上。

步骤8：如果所有的语义边 l_k 都已经遍历，则算法结束，输出云制造任务通用本体，否则跳转到步骤3遍历下一条语义边。

云制造任务本体在每次的学习过程中，节点概念的相似度分析是核心。然而通用的概念相似度方法，如共现术语相似[6]，关键词概念相似（路径长度、覆盖率、深度）[24,25]并不能在此直接应用。鉴于 WordNet 是一个由同义词表达语义的名词、动词词库[26,27]，在此，应用 WordNet 作为同义词库，来搜索本体概念的术语簇，提出两步骤节点概念分析方法，其原理如图 3-7 所示，其中概念 A 是源于语义特征空间 S，概念 B 源于云制造任务通用本体。

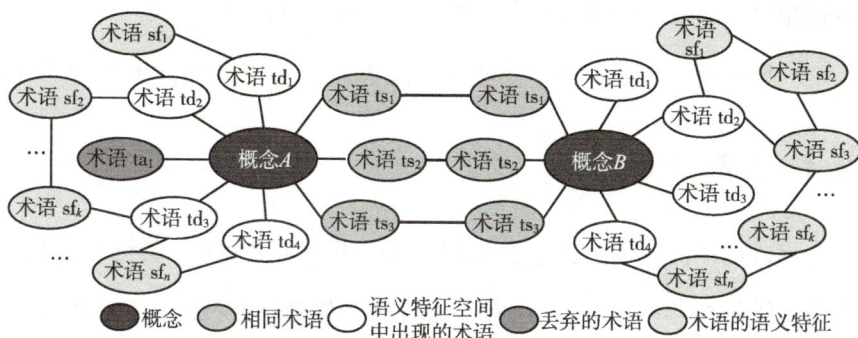

图 3-7　概念 A 与 B 的相似度分析

在第一步中，首先匹配相同的术语簇，并计算其直接语义相似度，如公式（3-20）所示：

$$\text{DsSim} = \frac{\text{stn}(C_A，C_B)}{\max(|C_A|，|C_B|)} \tag{3-20}$$

其中，C_A、C_B 分别是概念 A 与 B 的术语簇，$\text{stn}(C_A，C_B)$ 是 C_A 与 C_B 中相同术语的数量，$|C_A|$、$|C_B|$ 分别是术语簇 C_A、C_B 中各自包含的术语数量。

在第二步中，主要分析概念 A 与 B 的术语簇中不相同术语间的相似关系。首先将概念 A 与 B 的术语簇中相同的术语除去，以剩余的术语簇为基点，延伸术语的语义关系，从而构建对应于概念 A 与 B 术语簇的语义关系图 G_A、G_B。以 G_A 和 G_B 为基础，可以应用公式（3-21）来计算概念 A 与 B 的间接相似度：

$$\text{IsSim} = \frac{\text{mcs}(G_A，G_B)}{\max(|G_A|，|G_B|)} \tag{3-21}$$

其中，$\text{mcs}(G_A，G_B)$ 是 G_A 和 G_B 中最大连通子图的节点数，$|G_A|$、$|G_B|$ 分别为图 G_A，G_B 的节点数。

以上两个相似度可以结合在一起如式（3-22）所示，SimRate 为云制造任务通用本体概念 C_i 与语义特征空间 S 中概念 C_j 的相似度，ω_1，ω_2 分别为以上直接相似与间接相似的权重值，并有 $\omega_1 + \omega_2 = 1$，且

$$\text{SimRate}(C_i,\ C_j) = \omega_1 \text{DsSim}(C_i,\ C_j) + \omega_2 \text{IsSim}(C_i,\ C_j) \quad (3-22)$$

3.3.4　算例分析

本书以某建材装备制造企业为例，来分析说明 PART 聚类网络的性能。首先应用任务文档评估的方法收集 30 份不同的制造任务文档，以此作为云制造任务本体概念聚类的语料库。对这 30 份任务文档进行处理，共计收集了 56 个术语，并统计术语频率和构建了术语文档矩阵，经过 SVD 降阶处理后，保留了 20 个术语。在此基础上选择前面的 20 个文档作为聚类网络训练样本，剩余的 10 个文档来验证 PART 聚类算法性能，并应用 Matlab 7.8.0 编程实现上述聚类算法，通过多次试验选取聚类算法的参数为：$L = 2$，$\sigma = 0.75$，$\rho = 1$，$\theta = 0$。其中该术语文档矩阵的归一化的样本数据如表 3-1 所示。

表 3-1　术语文档矩阵样本数据

术语	A 材质	B 板材	C 铝材	D 钢板	E 工程量	F 千克	G 吨	H 千克	I 数量	J 位置精度
文档 1	0.0800	0.0769	0.1304	0	0.1200	0.1600	0.1852	0.1538	0.125	0.1111
文档 2	0.1200	0.1154	0.1304	0	0.1200	0.2000	0.1852	0.1538	0.2083	0.1111
文档 3	0.2000	0.1538	0.1739	0.2632	0.1200	0.2000	0.1852	01923	0.2083	0.0741
文档 4	0.2000	0.1923	0.1739	0.2632	0.2000	0	0.0370	0.0385	0	0
文档 5	0	0	0	0	0	0	0.0385	0	0.1852
文档 6	0.1600	0.1923	0.1739	0.2105	0.1600	0.1200	0.1111	0.0769	0.0833	0.741
文档 7	0	0.0385	0	0.0526	0	0.1600	0.1111	0.1154	0.1250	0.2222
文档 8	0.1200	0.1154	0	0	0.1200	0.1600	0.1481	0.1538	0.1250	0

续表

术语	A 材质	B 板材	C 铝材	D 钢板	E 工程量	F 千克	G 吨	H 千克	I 数量	J 位置精度
文档 9	0.1200	0.1154	0.1739	0.1579	0.1600	0	0	0.0769	0.0833	0.1481
文档 10	0	0	0.0435	0.0526	0		0.0370		0.0417	0.0741

术语	K 公差	L 粗超度	M 车床切削	N 钻孔	O 焊接	P 价格	Q 违约金	R 付款	S 图号	T 图纸
文档 1	0.1818	0.1429	0	0	0.0588	0.0476	0.0500	0.0455	0.200	0.2500
文档 2	0.13640	0.1905	0.1364	0.1765	0.1176	0.0476	0	0.0455	0.0500	0.0625
文档 3	0	0	0.1364	0.1176	0.1176	0.0476	0.0500	0.0455	0	0.0625
文档 4	0	0	0.1818	0.2353	0.2353	0.1429	0.1500	0.1364	0.0500	0
文档 5	0.1818	0.1905	0.0909	0	0	0.1905	0.2000	0.1364	0.0500	0.0625
文档 6	0	0	0.0455	0	0	0.1905	0.2000	0.1818	0	0
文档 7	0.2727	0.2857	0.1818	0.2353	0.1765	0.0952	0.1000	0.0909	0.2000	0.2500
文档 8	0	0	0.0909	0.1176	0.1176	0	0	0.0909	0.1500	0.1875
文档 9	0.1364	0.1905	0.1364	0.1176	0.1176	0.2381	0.2000	0.1818	0.1500	0.1250
文档 10	0.0909	0	0	0	0.0588	0	0.0500	0.0455	0.1500	0

同时，为了比较该 PART 的聚类性能，引用 ART 聚类算法作为比较对象，在聚类算法参数一样的情况下，采用相同的样本数据，从有效性角度衡量 PART 与 ART 算法在云制造任务本体术语概念聚类性能。两种不同算法的聚类结果如表 3-2 所示。

表 3-2 概念聚类结果

聚类算法	聚类 1	聚类 2	聚类 3	聚类 4	聚类 5	聚类 6	精度
PART	A,B,C,D,E	F,G,H,I	J,K,L	M,N,O	P,Q,R	S,T	95%
ART	A,B,C,E,P	F,G,I	H,J,K,L,T	M,N,O	D,Q	R,S,T	70%
标准聚类	A,B,C,D	E,F,G,H,I	J,K,L	M,N,O	P,Q,R	S,T	—

从表 3-2 可看出，PART 聚类中出现一个术语的错误聚类，而 ART 网

络出现 6 个错误概念聚类，所以 PART 聚类算法明显比 ART 聚类算法要好，出现性能差异的关键在于 ART 网络的样本输入模式是二元的，即术语在文档中出现为 1，不出现为 0，其不能体现语义相同术语在文档中的结构性。

3.4　云制造任务语义描述模型

云制造任务语义描述模型是对应每一个具体任务完整语义信息的描述，包括潜在的语义信息。鉴于云制造任务通用本体是对制造领域内的任务语义信息的完整描述，因此可以通过制造任务子本体匹配的方法来发现每一个具体任务所包含的语义信息，在此基础上应用本体描述语言 OWL 表达其语义信息。

3.4.1　制造任务子本体匹配

制造任务子本体匹配是针对每一个具体的任务，挖掘其完整的语义信息，其输出结果为包含完整潜在语义信息的制造任务子本体。该制造任务子本体在此任务执行的整个过程中保持一致的语义信息，并以多视图的形式展现其制造任务相关信息的表达，从而实现在整个制造过程中任务信息的共享与互操作。为了方便制造任务子本体抽取过程的实现，下面给出云制造任务子本体的形式化定义。

定义 3.7　云制造任务子本体 CMTS_ Ontology $= <C', R'>$，其中 C' 为 CMTS_ Ontology 的概念集合，由单个制造任务中概念经过标定和匹配获得；R' 为 CMTS_ Ontology 的概念关系集合，由关系继承获得。若本体 $O' = <C', R'>$ 是 $O = <C, R>$ 的子本体，则满足 $O' \neq \varnothing \wedge O' \in O \wedge$ there exists an ontology for O'。即一个合法的云制造任务子本体 CMTS_ Ontology 必须满足 3 个特征：①不能为空；②CMTS_ Ontology 中的概念和关系必须是云制造任务通用本体中概念和关系集

合的子集；③CMTS_ Ontology 对应的本体图中没有孤点。

为了实现云制造任务子本体的匹配，提出如图 3-8 所示的任务子本体匹配过程，整个任务子本体匹配过程以云制造任务通用本体为基础，主要包括任务文档概念标定，文档概念语义扩展以及发现扩展概念间关系，各步骤分述如下[23]。

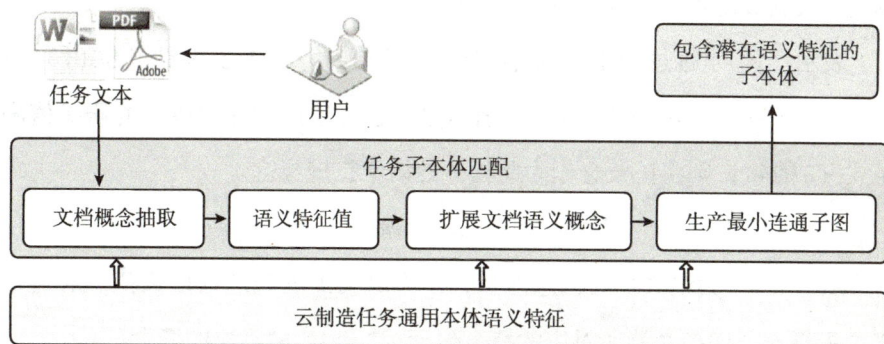

图 3-8　云制造任务子本体匹配过程

（1）任务文档概念标定，首先对任务文档进行预处理操作，收集该文档中的重要术语。鉴于云制造任务本体概念代表了一系列含义相近词汇，即每一个概念对应一个术语聚类簇，因此任务文档概念标定过程是以术语为基点，并与云制造任务通用本体概念的术语聚类簇中的术语匹配，包含该术语的术语簇即为该术语所对应的概念。整个文本概念标定的过程是云制造任务本体概念聚类的逆过程。

（2）文档概念语义扩展，通过计算文档概念与云制造任务本体概念的语义值来实现文档概念语义扩展。在云制造任务本体概念抽取过程中，通过 tf-idf 值的潜在语义关系来实现术语聚类，在此，通过累加每个概念术语簇中各术语 tf-idf 的值来获得其本体概念的语义值，因此给定本体概念 c_m，其语义值 w_m 可以通过式（3-23）来计算。

$$w_m = \sum_{t_i \in \Omega_{c_m}} \text{tf-idf}_i \qquad (3-23)$$

其中，Ω_{c_m} 为概念 c_m 所对应的术语簇，t_i 是 c_m 术语簇中的第 i 个术语，tf-idf_i 为该术语的值。

这样，云制造任务通用本体中的每个概念都有一个语义值与之对应，同时也可以获得文档概念的语义值。为了方便比较，应用形式化的方法可以表示为：云制造任务通用本体中 n 个概念的语义值由向量 $V = (w_1, w_2, \cdots, w_n)$ 表示，同时通过概念标定操作后任务文档中概念的语义值由向量 $V^* = (w_1^*, w_2^*, \cdots, w_m^*)$ 表示，若云制造任务通用本体中概念的语义值满足式（3-24），则将该概念作为此任务的语义扩展概念。

$$V^S = \{w_i^s \mid w_i > avg(w_i^*)\} \qquad (3-24)$$

其中，V^S 为语义扩展概念向量，w_i^s 为语义扩展概念的语义值。通过语义扩展操作，任务文档所对应的概念包括 V^* 和 V^S 中对应的概念。

（3）发现扩展概念间关系，经过步骤（2）之后，获得的概念是孤立的，而在一个合法的云制造任务子本体中各概念应该相互连接，从本体图的角度应该是连通的。为了从云制造任务通用本体中挖掘已知概念间的关系，给出以下 3 条挖掘规则。

规则 1：语义完整性，鉴于语义特征的三元组性，在任务文本对应的概念集中，每个概念应该在云制造任务通用本体中挖掘其对应的语义主体或客体概念，以保证概念语义的完整性。

规则 2：IS_ A 关系的传递性，在获得的概念中，通过 IS_ A 关系来挖掘其中关联的概念，包括父概念节点和子概念节点。

规则 3：本体图连通性，鉴于云制造子任务本体的定义，其对应的本体图必须是连通的。

鉴于以上 3 条规则，将获得的概念作为输入，以云制造任务通用本体为匹配对象，通过寻找最小的连通子图来实现云制造任务子本体的匹配。虽然计算最小连通子图是一个 NP 问题，但鉴于本问题存在现有的图节点，所以可以进行简化计算，其步骤如下。

①从云制造任务通用本体图中寻找已知概念节点的连接关系边，如果存在孤点，则转到②步骤，否则输出云制造任务子本体。

②将云制造任务通用本体图中边的权重设置为一个单位值，以孤立点为起点，以步骤①中发现的子图中任一节点为终点，通过最短路算法来使该孤点实现连通，并将这一最短路（包括其中的节点和边）添加到子图中。

3.4.2　云制造任务语义描述

云制造任务本体是针对云制造应用领域中制造任务的一种详细特性的特征化描述，这种本体表达的语义信息应使用规范的语言进行描述。因此，本体描述语言在云制造任务语义建模过程中起着非常重要的作用。在企业应用过程中，制造任务的语义信息描述依赖于所采用的语言。一种能够表示通用知识并实现一定层次上知识搜索、共享、重用、互操作等功能的本体描述语言应具备以下特性。

（1）具备较强的语义表示能力，同时兼顾推理能力，以满足制造任务与资源服务的智能匹配推理。

（2）拥有统一通用的描述概念和推理逻辑。

（3）尽可能与 W3C 已有标准的兼容。

（4）拥有 XML 语法特性并基于语义 Web。

（5）有较强的映射和转化能力，以方便不同描述语言间的映射。

为了实现以上制造任务语义描述的需求，本书应用 OWL 作为制造任务本体语义描述语言。OWL 是国际万维网联盟 W3C 发布的本体语言标准，OWL 以描述逻辑、资源描述框架为基础，以框架语言作为抽象语法，应用基于 XML 的资源描述框架的语法规范，以类和类的属性来描述语义，并实现对类的逻辑推理。因此，应用 OWL 作为制造任务本体语义描述语言，可以将本体概念映射为 OWL 类、IS_ A 关系映射为类的层次关系，非层次关系映射为属性，并将最终的云制造任务语义模型保存在 RDF/XML 文档中，如图 3-9 所示为云制造任务的描述片段。

```xml
<?xml version="1.0"?>
<rdf:RDF
  xmlns:rdf="http://www.w3.org/1999/02/22-rdf-syntax-ns#"
  xmlns:protege="http://protegestanford.edu/plugins/owl/protege#"
  xmlns:xsp="http://www.owl-ontologies.com/2005/08/07/xsp.owl#"
  xmlns:owl="http://www.w3.org/2002/07/owl#">
 <owl:Ontology rdf:about=""/>
 <owl:Class rdf:ID="BehavFeat">
  <rdfs:subClassOf>
   <owl:Class rdf:ID="Feature"/>
  </rdfs:subClassOf>
 </owl:Class>
 <owl:Class rdf:ID="FuncFeat">
  <rdfs:subClassOf rdf:resource="#Feature"/>
 </owl:Class>
 <owl:Class rdf:ID="ProdSched">
  <rdfs:subClassOf>
   <owl:Class rdf:ID="ExecInfo"/>
  </rdfs:subClassOf>
 </owl:Class>
 <owl:Class rdf:ID="QoSConst"/>
 <owl:Class rdf:ID="ServDemand"/>
 <owl:Class rdf:ID="ProsCraft">
  <rdfs:subClassOf rdf:resource="#ExecInfo"/>
 </owl:Class>
 <owl:Class rdf:ID="Logistic">
  <rdfs:subClassOf rdf:resource="#ExecInfo"/>
 </owl:Class>
  …
 <owl:Class rdf:ID="StrucFeat">
  <rdfs:subClassOf rdf:resource="#Feature"/>
 </owl:Class>
  <owl:ObjectProperty rdf:ID="restrainedBy">
  <rdfs:domain rdf:resource="#ServDemand"/>
  <rdfs:range>
   <owl:Class>
    <owl:unionOf rdf:parseType="Collection">
     <owl:Class rdf:about="#Feature"/>
     <owl:Class rdf:about="#QoSConst"/>
    </owl:unionOf>
   </owl:Class>
  </rdfs:range>
 </owl:ObjectProperty>
 <owl:ObjectProperty rdf:ID="hasServDemand">
  <rdfs:range rdf:resource="#ServDemand"/>
  <rdfs:domain rdf:resource="#CMfgTask"/>
 </owl:ObjectProperty>
</rdf:RDF>
```

图 3-9　云制造任务描述片段

3.5　本章小结

本章针对制造任务的异构性，研究了其语义建模方法，提出基于本体自学习模型的云制造任务通用本体构建方法，并以此本体为核心，对每一制造任务文档挖掘匹配其对应的制造任务子本体，从而实现其在整个任务执行过程中的语义一致性。

参考文献

[1] GRUBER T R. What is an ontology? [EB/OL]. (2006-05-12)[2016-06-05]. http://www-ksl. stanford. edu/kst/what-is-an-ontology. html.

[2] GRUBER T R. Toward principles for the design of ontologies used for knowledge sharing [J]. International journal human-computer studies,1995,43(5-6):907-928.

[3] GUARINO N. Formal ontology,conceptual analysis and knowledge representation[J]. International journal of human-computer studies,1995,43(5-6):625-640.

[4] HU Y F,TAO F,ZHAO D M,et al. Manufacturing grid resource and resource service digital description[J]. International journal of advanced manufacturing technology, 2009, 44:1024-1035.

[5] HOU X,ONG S K,NEE A Y C,et al. Graonto:a graph-based approach for automatic construction of domain ontology [J]. Expert systems with applications, 2011, 38 (9):11958-11975.

[6] SHIH C,CHEN M,CHU H,et al. Enhancement of domain ontology construction using a crystallizing approach[J]. Expert systems with applications,2011,38(6):7544-7557.

[7] LEE C,KAO Y,KUO Y,et al. Automated ontology construction for unstructured text documents[J]. Data & knowledge engineering,2007,60(3):547-566.

[8] CHEN R,LIANG J,PAN R. Using recursive ART network to construction domain ontology based on term frequency and inverse document frequency[J]. Expert systems with applications,2008,34(1):488-501.

[9] CHEN R,CHUANG C. Automating construction of a domain ontology using a projective adaptive resonance theory neural network and Bayesian network[J]. Expert systems,2008, 25(4):414-430.

[10] KAVALEC M,MAEDCHE A,SVÁTEK V. Discovery of lexical entries for non-taxonomic relations in ontology learning[R]. Bratislava:SOFSEM 2004,2004:249-256.

[11] SÁNCHEZ D,MORENO A. Learning non-taxonomic relationships from web documents for domain ontology construction[J]. Data knowledge engineering,2008,64(3):600-623.

[12] DAHAB M,HASSAN H,RAFEA A. TextOntoEx:automatic ontology construction from natural English text[J]. Expert systems with applications,2008,34(2):1474-1480.

[13] Welcome to protégé[EB/OL]. (2015-05-12)[2016-06-10]. http://protege. stanford. edu/.

[14] SINGH G,PRABHAKAR T,CHATTERJEE J,et al. OntoViz:visualizing ontologies and thesauri using layout algorithms[C]. Bangalore:Macmillan India Limited,2006:709-719.

[15] ZHANG X,HOU X,CHEN X,et al. Ontology-based semantic retrieval for engineering domain knowledge[J]. Neurocomputing,2012(2).

[16] FALLUCCHI F,ZANZOTTO F M. Inductive probabilistic taxonomy learning using singular value decomposition[J]. Natural language engineering,2011,17(1):71-94.

[17] GAMALLO P,BORDAG S. Is singular value decomposition useful for word similarity extraction?[J]. Language resources and evaluation,2010,45(2):95-119.

[18] 贺玲,吴玲达,蔡益朝. 数据挖掘中的聚类算法综述[J]. 计算机应用研究,2007(1):10-13.

[19] 钱晓东,王正欧. 基于算法改进的 ART2 数据聚类方法研究[J]. 哈尔滨工业大学学报,2006,38(9):1549-1553.

[20] 李山,石源,刘红军. 基于 ART2 网络的三维模型聚类分析方法[J]. 计算机集成制

造,2011,17(9):1865-1872.

[21] CAO Y,WU J. Dynamics of projective adaptive resonance theory model:the foundation of PART algorithm[J]. IEEE transactions on neural networks,2004,15(2):245-260.

[22] LIU Y,WANG T R,YANG M Z. Research on concept clustering of order task ontology based on modified PART[J]. Journal of networks,2014,9(8):2099-2105.

[23] WANG T R,GUO S S,LEE C-G. Manufacturing task semantic modeling and description in cloud manufacturing system[J]. International journal of advanced manufacturing technology,2014,71(9-12):2017-2031.

[24] WANG Z Z,QU T,CHEN Q X,et al. Resource model and service match algorithm for mould manufacturing grid[J]. International journal of computer integeted manufacturing,2012,25(11):1011-28.

[25] FUNDEL K,KUFFNER R,ZIMMMER R. RelEx—relation extraction using dependency parse trees[J]. Bioinformatics,2006,23(3):365-371.

[26] LEE S,HUH S Y,MCNIEL R D. Automatic generation of concept hierarchies using Word-Net[J]. Expert systems with applications,2008,35(3):1132-1144.

[27] HUANG X,ZHOU C. An OWL-based wordnet lexical ontology[J]. Journal of Zhejiang University:science A,2007,8(6):864-870.

第4章　云制造服务语义匹配

云制造服务语义匹配是在云环境下面对不同的云制造任务请求，利用各类服务匹配算法，从云制造服务平台中找到满足用户的云服务。本章针对云环境下制造任务执行的需求，在云制造任务语义描述的基础上，分析基于本体的制造资源的描述，进而构建制造服务匹配实现框架，搭建了制造服务双向语义匹配模型，研究了面向制造任务和制造服务的正反双向语义匹配方法。

4.1　概述

云制造环境下制造服务匹配是指根据用户个性化的制造任务需求，在种类繁多、功能多样的云制造服务池中进行搜索选择，以寻求最能满足需求的制造服务[1]。当前，制造服务匹配的研究主要借鉴了计算机领域 Web 服务的搜索与匹配框架和方法[2,3]。一个经典的 Web 服务匹配算法就是卡内基梅隆大学 Paolucci 等提出的基于 Web 服务本体描述语言 OWL-S（web ontology language for service）的 OWL-S/UDDI 算法[4]，它将本体概念之间的匹配分为精确匹配 Exact、嵌入匹配 Plugin、包含匹配 Subsume 和不匹配 Fail 4 个等级，该算法常常被用作比较分析的对象。

目前，对制造服务匹配的研究是从满足制造任务功能需求和非功能需求的角度搜索匹配满意的制造服务。对于功能匹配主要从输入、输出、前提集、结果集等参数进行分析，所应用的匹配方法主要有基于逻辑推理的匹配方法、基于非逻辑推理的匹配方法以及基于二者混合的匹配方法。而对于非功能匹配，尤以研究制造服务质量（quality of service，QoS）的匹配为典型，依据各 QoS 参数数据类型的不同设计不同的相似度算法。下面重点对制造服务功能匹配方法的研究现状进行阐述。

（1）基于逻辑推理的匹配方法。基于逻辑推理的匹配方法是利用推理机对两个概念的逻辑关系进行蕴涵关系推理，根据推理的结果给概念的匹配程度赋予一个等级或一个离散值。康玲等[5]在加工资源和加工任务信息模型的基础上，设计了功能结构匹配规则、属性约束匹配规则和服务状态匹配规则。杨男等[6]提出了一种基于动态描述逻辑的制造服务匹配方法，并将云服务的匹配过程转化成为动态描述逻辑的可判定性问题。该方法的特点是精度较高但匹配效率不高，返回的匹配结果等级粒度较粗，在同一等级内的概念无法区分。

（2）基于非逻辑推理的匹配方法。基于非逻辑推理的匹配方法不使用逻辑推理对制造服务语义进行匹配，而是通过计算制造任务需求与制造服务的语法相似度、语义相似度或语义距离等来比较制造服务的匹配程度。基于语法相似度的匹配方法在制造服务的查全率和查准率方面都无法达到令人满意的效果，而基于语义相似度的计算方法成为近期制造服务匹配的研究热点。目前，针对制造服务概念语义相似度的计算可以归纳为：①基于本体语义距离的方法[7,8]，通常考量本体继承语义关系将概念的深度、密度、最短路径等作为相似度计算函数的参数；②基于信息内容的方法[9]，该方法的优点是对概念层次结构的变化是透明的；③基于属性的方法[10]，如李成海等[1]设计了资源服务同义词字典集和属性字典集，并以此为基础构造了关键词规范化算法和参数化的属性匹配算法。基于语义相似度的制造服务匹配效率较高但精度不高。

（3）基于二者混合的匹配方法。混合方式可以是基于逻辑推理方式与基于语法相似度方式混合，也可以是基于逻辑推理方式与基于语义相似度方式的混合。例如，尹超等[11]建立了一个基于 OWL-S 的云制造服务匹配模型，该模型主要考虑了输入（input）、输出（output）、前提（precondition）和效果（effect）4 个功能匹配属性，对于输入/输出属性中的参数采用语义相似度进行匹配，对于前提/效果属性中的约束条件，则采用基于蕴涵关系的规则推理方法进行匹配。该混合式的匹配方法比单独使用基于逻辑推理的方法匹配效率更高。

综上所述，以上的匹配方法为本项目机械加工服务的语义匹配提供了有益的参考。为了实现云制造环境下机械加工资源的高效配置，制造服务的精准匹配是需要解决的关键科学问题之一。在众多的制造服务中选择恰当的服务来满足用户需求是非常困难的，这一方面涉及匹配的服务能否满足制造任务的要求，另一方面涉及制造任务是否满足制造服务的要求，即制造任务与制造服务双向匹配的要求。然而，几乎所有的研究集中在某个时刻下，面向制造任务需求的制造服务搜索实现，是一种单向的搜索匹配机制，忽略了制造服务配置对任务分解的反向影响，导致制造服务匹配的准确性较差。因此，为了实现机械加工服务的优化配置，本章对制造任务与制造服务的双向匹配进行深入研究，旨在更加精准地匹配到满足制造任务需求的制造服务，提高制造服务优化配置的准确性。

4.2　云制造资源建模

4.2.1　制造资源分类模型

在网络制造环境下，制造企业的制造资源种类多、数量大，并且存在物理范围上的分散性及功能特征的异构性，对制造资源的管理、组织、匹配和计划，以及制造资源本身的功能性约束对产品的设计、规划、生产和控制都有重要的影响。通过建立合理的资源分类，最优化的制造资源的管理，有利于提高云环境下制造资源搜索匹配效率和制造资源的优化配置，从而提高对企业制造资源的共享效率。

在云制造环境下，对制造资源进行分类的目的就是将具有某些共同特征、功能和价值的制造资源划分在一起。对制造资源进行分类是描述制造资源的前提，通过统一的分类方法，使得制造资源的描述更具通用性和一致性[12]。

制造资源有广义和狭义之分，在使用的范围上存在差异性，狭义的制造资源具体到完成某零件加工所需要的物理元素，如加工设备、原材料等，是 CAPP、CIMS 等系统管理中底层的制造资源。广义的制造资源是网络化环境下的所有资源，包括资源的场所、物料、设备、工装、人员、资金、技术数据、信息、知识等各种软硬件资源。

在网络化环境下，按使用的范围，制造资源主要可分为六大类，如图 4-1 所示。在这六大类资源中，技术资源是核心，包含协同设计技术、制造技术、生产管理技术、营销技术等，而技术资源的设施辅助以相应的物资资源和人力资源。其中，物资资源包含零件加工所需要的物资元素（毛坯件、标准件等）以及与加工过程相关的软硬件资源（设备、厂房等），人力资源是管理和使用这些物资资源的人员，分为作业层、控制层和管理层 3 个层次。在以物资资源为中心的资源活动中，伴随大量的信息资源，如产品信息、物料信息、生产信息、配送信息等，这些信息资源的流通以一定的财务资源，如企业资金、销售收入、股票收入等作为支撑。辅助资源不直接参与企业的生产制造活动，但仍在企业的生产活动中不可或缺，如公共环保设施、后勤保障体系等。

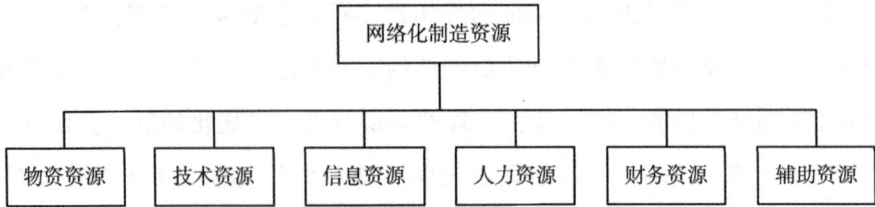

图 4-1 基于使用范围的制造资源划分

按照企业制造环境的物理结构，可将制造资源划分成 5 个层次，其结构自上而下包括工厂层、车间层、单元层、工作站层和设备层。各层次的制造资源具有不同的资源属性，用以完成不同的功能。工厂层主要对企业进行生产决策和管理；最低层为设备层，其制造资源用于完成加工任务，每一台设备都有一个控制器，由多台设备组成工作站层，控制多台设备完成车、铣、刨、磨、检测及物料传送等工作。单元层实现对工作站层的管理和协调，而车间层则实现对多单元层的调度。结合制造资源所从事的制造活动，所处的制造环境以及资源特性，可以构建制造资源的三维视图，如图 4-2 所示。

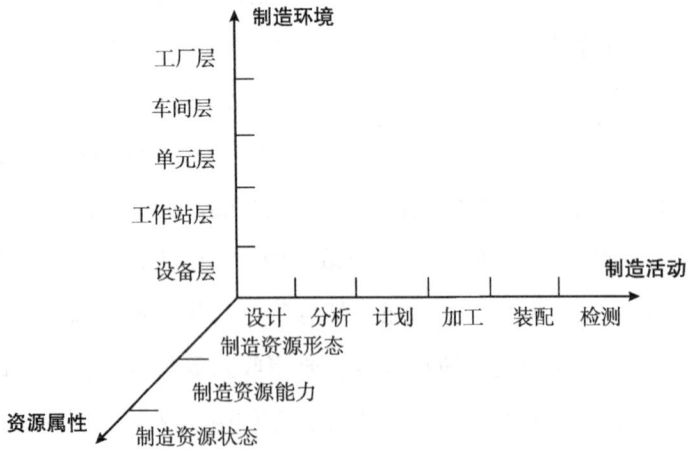

图 4-2 按制造环境层次划分的制造资源

制造资源是为客户产品订单提供设计、仿真、工艺、检测和生产等服务的。本章从制造资源提供者的角度，按照制造资源的用途、使用方式，在前期相关研究的基础[13,14]上，将云制造资源划分为技术资源（technology resources，TR）、计算资源（computing resources，CR）、设备资源（equipment resources，ER）、物料资源（material resources，MR）、软件资源（software resources，SR）、人才资源（talent resources，TR）、数据资源（data resources，DR）、其他资源（other resources，OR）八大类，如图 4-3 所示。分类的制造资源间不是孤立的，处在不同层次的制造资源，可能是相同或相近的制造资源，如图 4-3 中的 A-a 及 B-B；也可能是有联系的制造资源，如企业利用某一软件资源和人才分析某一设备加工某种物料的过程，如图 4-3 中的关联制造资源 1-2-3-4。

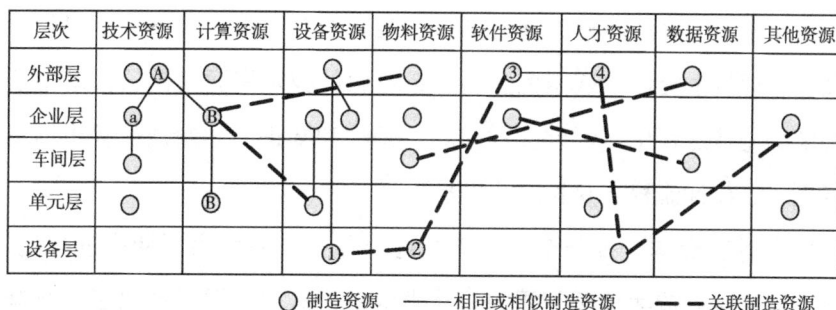

图 4-3　基于类别和环境层次的制造资源分类

为了进一步理解各大类制造资源所包含的具体制造资源，将制造资源进一步细分，如图 4-4 所示，其具体描述如下。

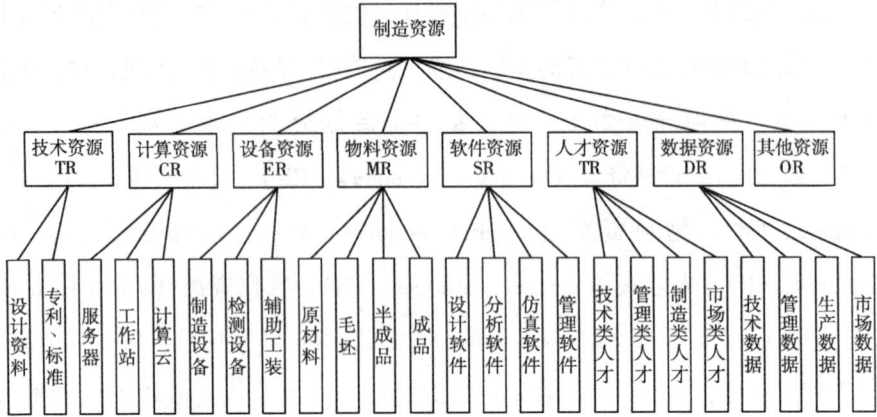

图 4-4 制造资源概念层次分类图

（1）技术资源。对于一个组织来说，技术包括两个方面，一是与解决实际问题有关的软件方面的知识（know-how）；二是为解决这些实际问题而使用的设备、工具等硬件方面的知识。两者的总和就构成了这个组织的特殊资源，即技术资源。基于此，制造企业中的技术资源是制造活动中所需要的解决制造过程中实际问题的步骤、条件和知识，如制造过程中固化的设计图纸、设计流程、专利、标准等。

（2）计算资源。云制造模式下制造企业在产品生命周期中进行设计、仿真、分析等制造活动所需要的计算类资源，这种资源已超出了传统制造资源的范畴，如服务器、工作站、计算云等。

（3）设备资源。设备资源主要是在设备层上，为制造资源需求者提供制造服务的制造设备、工装，包括数控机床、普通机床、加工中心、机器人、3D打印机、工装夹具以及生产车间辅助完成产品铆焊、机械加工、热处理、装配等工艺的加工资源。

（4）物料资源。物料资源是指完成产品制造所需要的原材料、毛坯、半成品、成品等制造资源的集合，可按一定的资源属性和标准进一步细分，如金属材料、非金属材料及复合材料等。物料资源的共享能够降低物料的库存量，减少呆料、滞料，提高物料的利用水平。

（5）软件资源。软件资源是建材装备产品生产全生命周期过程中与设计、分析、制造和管理等相关的软件资源的集合。从功能属性的角度，可将其划分为设计软件、分析软件、仿真软件和管理软件等。通过这些软件资源的共享，一方面可以减少对软件资源的投资费用，另一方面也可以实现对软件资源信息的共享利用，充分利用闲置的软件资源提高设计研发效率。

（6）人才资源。人才资源是指在产品生产的各个阶段进行各专业技术和领域研究的人员与专家。根据产品的全生命周期，可将人才资源细分为技术类人才、管理类人才、制造类人才、市场类人才等。在人才资源共享的基础上，能及时获知各人才的情况，满足企业对特殊领域人才的专门需求。

（7）数据资源。数据资源是围绕制造企业产品生命周期的整个过程所产生的各类重要的符号记录。按照结构化程度的不同，可以分为结构化数据、半结构化数据和非结构化数据。这些不同类型的数据通过加工处理之后成为对企业生产经管管理活动有用的信息和知识，对改善企业的管理决策有着非常重要的作用。按照业务范围的不同可以分为技术数据、管理数据、生产数据以及市场数据等。

（8）其他资源。其他资源是指不直接参与制造资源活动的制造资源的总称，如辅助安全设施、后勤保障、日志信息等与其他 7 类制造资源不相关的制造资源。

4.2.2　基于本体的制造资源建模

"本体是一种概念化的、明确的规范说明"，虽然本体构建的方法很多，但目前仍然没有完全统一、成熟的本体建模方法。为了满足云制造环境下企业制造资源的共享需求，本书将建模过程主要划分成概念化的本体非形式化阶段和规范化的本体形式化阶段，结合文献[14]中本体建模的"七步法"，笔者所在的研究团队提出了制造资源本体模型的构建过程。其具体流程如图4-5所示，共分为九步，详细建模步骤描述如下[13]。

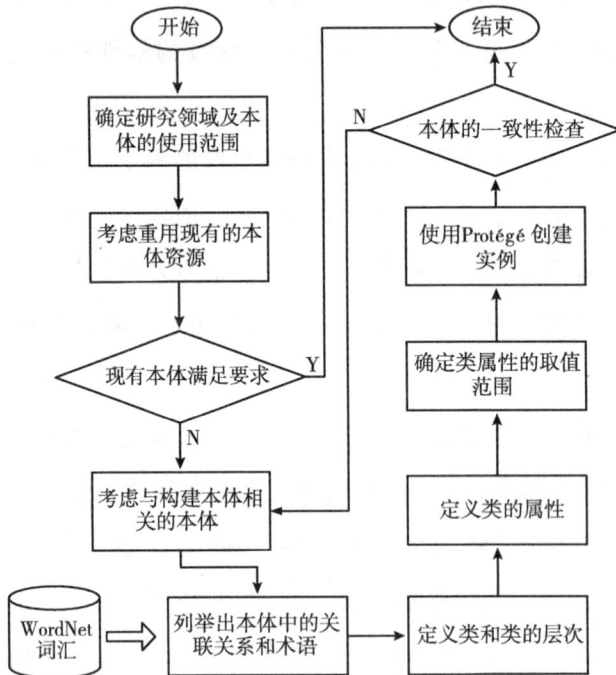

图 4-5　制造资源本体的构建步骤

步骤1：确定研究领域及本体的使用范围。在构建制造资源本体时，需要明确本体的使用对象和用途，是公用本体资源还是私有本体资源。如某一螺栓本体，制造资源使用者在决定从何处购买时，这一本体必须包含螺栓的价格；资源使用者在对螺栓进行检索时，螺栓本体能够包含与之类似的本体资源信息；而对于螺栓本体的维护者来讲，需要提供螺栓本体术语之间的关系表。

步骤2：考虑重用现有的本体资源。在构建本体时，首先考虑能否对研究领域已有的本体进行精炼和扩展，以满足本体的构建要求。本体的重用能加快本体构建的速度，同时也便于本体跨系统的引用和交互。

步骤 3：考虑与构建本体相关的本体。在云制造环境下，任何一种制造资源都不是孤立的，而是以一种组合的方式共同完成某制造任务，如图 4-3 所示的关联制造资源 1-2-3-4。因此，在构建本体时，要充分考虑到可能存在关联的本体。

步骤 4：列举出本体中的关联关系和术语。通过列举出与描述本体有关的一系列术语，能够让使用者更好地理解描述的本体。如在构建螺栓本体时，相关的术语必须包含螺栓的材质、尺寸、标准、厂商、价格、位置、库存量等信息。同时按照关键属性、一般属性、次要属性或动态属性、静态属性等标准进行分类。在构建时，需要考虑融合已有的 WordNet 词汇。

步骤 5：定义类和类的层次。云制造环境下的制造资源是一个庞大的信息资源集合，通过对描述的制造资源进行分类，描述各分类之间的层次关系，使得制造资源的结构有序化，为制造资源的匹配和共享提供形式化的描述。

步骤 6：定义类的属性。该步骤的主要目的是描述类的具体结构。虽然在步骤 4 中定义了制造资源本体不同的类及其子类，但是在步骤 3 中定义的术语具体归属到哪一类中仍需要进一步确定，因此，需要将这些术语，也就是属性，与类建立联系。这里的属性可划分为 4 个层次，即制造资源的固有属性、外在属性、子类属性以及与其他个体之间的关联属性。

步骤 7：确定类属性的取值范围。本体中类的属性无法表达出制造资源的具体能力，只能通过属性的取值来确定。如需要获知螺栓的材质，不能通过螺栓本体的材质属性来直接表征，而是由螺栓本体材质属性的取值来确定，如 Q235B。类属性的取值范围包括了该属性值的类型、允许的取值范围以及数量等。

步骤 8：使用 Protégé 创建实例。构建本体的目的是描述具体的制造资源，便于制造资源的发现、匹配和共享，因此，需要对本体的类进行实例化，建立针对某一类制造资源本体实例。在利用 Protégé 创建本体实例时，结合已有的本体类和属性描述，进一步明确所创建实例的本体类以及类的属性值。

步骤 9：本体的一致性检查。构建的制造资源本体必须满足实际的使用要求，在使用及推理的过程中，仍不违背术语的初始定义和关系约束。如果违背了一致性原则，则返回步骤 2，重新对构建本体的关系和术语进行设计。

4.2.3　基于 OWL-S 的制造资源语义描述

根据制造资源的分类模型以及本体构建步骤，对各类制造资源进行数字化表达，包括基本信息、类别信息、功能信息和状态信息。其中功能信息包括材料信息、形状特征、加工精度等内容。它是实现制造服务虚拟化封装的基础，进而完成制造资源的本体构建。

为了实现云环境下制造服务的搜索和匹配，本书应用 OWL-S 对制造资源进行语义描述。OWL-S 作为描述 Web 服务的语义标记语言，是 W3C 开发的基于语义 Web 标准 OWL 的一种描述 Web 服务本体论的语言。OWL-S 使用 OWL 构建了一个上层本体，描述了与 Web 服务相关的属性、能力以及执行结构。目的是使计算机对服务可"理解"，便于服务的自动发现、匹配、调用、互操作、组合、验证以及监控等。OWL-S 主要定义了 Web 服务 3 个方面的语义，分别用类 ServiceProfile、ServiceModel 和 ServiceGrounding 来实现。其中 ServiceProfile 类描述了服务的基本信息（公司名称、地址、联系方式等），服务功能属性（主要为 input、output、precondition、effect）以及一些非功能属性（QoSInfo，ClassInfo，CorrelInfo，StateInfo，DealInfo，AssessInfo 等）。input 和 output 描述制造资源的输入信息与输出信息。precondition 和 effect 定义使用资源服务的前置条件信息与所达到的效果信息。QoSInfo 描述制造资源的服务质量，如成本、质量、时间、可靠性等；ClassInfo 描述制造资源的分类信息，对应为制造资源的八大分类；CorrelInfo 表达制造资源间的关联信息，常见的关联关系有顺序关联、并行关系、选择关系和循环关系；DealInfo 表达制造资源交易相关的信息；AssessInfo 描述制造资源的综合评估信息。通过 ServiceProfile 类的描述，服务需求方和服务提供方能够以一种机器可理解的方式进行服务能力匹配。ServiceModel 类描述制造资源服务的过程模型。ServiceGrounding 类主要用于对制造资源服务的数据接口进行详细描述，指明与资源服务数据进行信息交换时，应采用的具体通信协议以及所使用的消息等，包括协议和消息的格式、序列化、传输和定位等。

4.3 制造服务双向匹配

4.3.1 制造服务双向匹配模型

制造任务与制造服务的正反双向匹配包含两方面含义：①从服务搜索的正向出发，如何在众多服务中快速找到满足某种制造任务需求的候选制造服务；②从任务匹配的反向出发，如何基于制造服务的历史数据发现某制造服务适合完成的加工任务。基于制造任务与制造资源语义描述模型，其匹配模型如图 4-6 所示。

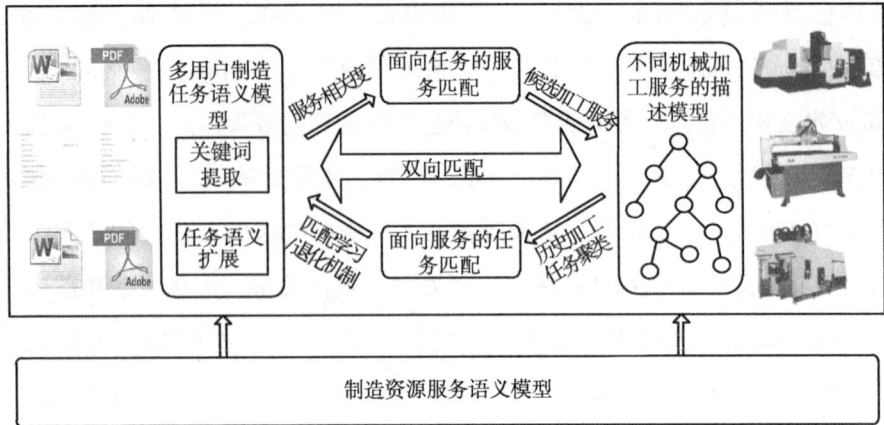

图 4-6　制造服务双向匹配模型

4.3.2　正向匹配方法

正向匹配过程是从用户制造任务需求的角度出发，寻求合适的候选制造服务。在对任务请求语义信息扩展后，应用 OWL-S 本体描述语言对其进行描述，以此作为服务匹配的基础。在进行服务功能的正向匹配时，针对制造服务的 input(I)、output(O)、precondition(P) 和 effect(E) 等参数的特征，应用不同的匹配度计算方法。

（1）基于概念相关度的 I/O 匹配。

考虑本体概念间的多种语义关系，如同义关系、继承关系、整体部分关系，本书将两个概念的关联关系分为 3 种，分别是直接关联、间接关联和无关联。其中间接关联又包含传递关联、兄弟关联和祖先关联。

①直接关联关系。两个概念 c_i 和 c_j 之间具有直接关联关系 direct(c_i, c_j)，是指在本体图中，c_i 和 c_j 之间有一条直接边连接，这条边代表了两个概念之间的语义联系，可以是 equivalent-of 关系、kind-of 关系，也可以是 part-of 关系。直接关联关系概念相关度在计算的时候，综合考虑了概念之间的

关系、概念的深度和概念的密度 3 个因素，其中 w 是概念间语义关系的权重，其计算式如式（4-1）所示。

$$\text{Rel}_{\text{direct}}(c_i,\ c_j) = \frac{w(c_i,\ c_j) \times \text{level\_ depth}(c_j)}{\text{max\_ depth}(c_j)} \tag{4-1}$$

其中，$w(c_i,\ c_j)$ 是概念 c_i 和 c_j 的关系权重；$\text{level\_ depth}(c_j)$ 是概念 c_j 的层次深度，其计算方法是计算根节点到 c_i 路径上边的数目与 c_i 和 c_j 之间的边的数目之和；$\text{max\_ depth}(c_j)$ 是概念 c_j 的最大深度，指的是概念 c_j 的最具体叶节点的深度。

②传递关联关系。如果概念 c_i 有多个子孙概念，c_j 是其中之一，则 c_i 和它的所有子孙概念之间是传递关联关系 transitive$(c_i,\ c_j)$。基于式（4-1）可以构建两概念间存在传递关联关系的计算式，如式（4-2）所示。

$$\text{Rel}_{\text{transitive}}(c_i,\ c_j) = \frac{\sum w\ (c_i \to c_j)\ \times \text{level\_ depth}\ (c_i)}{\text{level\_ depth}\ (c_j)\ \times \sum |(c_i \to c_j)|} \tag{4-2}$$

其中，$\sum w\ (c_i \to c_j)$ 是从 c_i 到 c_j 所经过的路径上边的权重之和；$\sum |(c_i \to c_j)|$ 是概念 c_i 和 c_j 之间关系的数目。

③兄弟关联关系。两个概念 c_i 和 c_j 之间具有兄弟关联关系 brother$(c_i,\ c_j)$，是指在本体图中，c_i 和 c_j 至少有一个共同的超概念，且 c_i 不是 c_j 的超概念，c_j 也不是 c_i 的超概念。兄弟关联关系需要考虑概念间的关系类型、最小共同父概念的最大深度以及子孙概念的深度，依此，其计算式可以表示为式（4-3）。

$$\text{Rel}_{\text{brother}}(c_i,\ c_j) = \frac{2 \times \text{level\_ depth}(c_p)}{N_i + N_j + 2 \times \text{level\_ depth}(c_p)} \tag{4-3}$$

其中，c_p 是 c_i 和 c_j 的最小共同父概念。

$$N_i = (\text{max\_ depth}(c_i) - \frac{\text{max\_ depth}(c_j)}{\text{level\_ depth}(c_j)}) \times (2 - \text{Rel}(c_p,\ c_i))$$

$$\tag{4-4}$$

$$N_j = \left(\max\_ \operatorname{depth}(c_j) - \frac{\max\_ \operatorname{depth}(c_j)}{\operatorname{level}\_ \operatorname{depth}(c_j)} \right)$$

$$\times \left(2 - \operatorname{Rel}(c_p, c_j) \right) \tag{4-5}$$

④祖先关联关系。两个概念 c_i 和 c_j 之间具有祖先关联关系 ancestor(c_i, c_j)，是指在本体图中，c_i 和 c_j 至少有一个共同的子概念，且 c_i 不是 c_j 的超概念，c_j 也不是 c_i 的超概念。基于兄弟关联关系的计算式，可以得到具有祖先关联关系两概念的相关度计算式，如式（4-6）所示。

$$\operatorname{Rel}_{ancestor}(c_i, c_j) = \frac{\operatorname{high}\_ \operatorname{depth}(c_{ancestor})}{N_i + N_j} \tag{4-6}$$

其中，$c_{ancestor}$ 是 c_i 和 c_j 的最小共同子孙概念，$\operatorname{high}\_ \operatorname{depth}(c_{ancestor})$ 表示概念 $c_{ancestor}$ 的较高深度。在这里由于 $c_{ancestor}$ 有两个祖先概念，所以它有两个深度，取两个深度值中较小的那个，表示较高深度。

（2）基于蕴涵推理的 P/E 匹配方法。

P/E 属性中的约束条件参数由能够被拆解为个体词和谓词的原子命题组成。这些原子命题中的个体词和谓词都来自 OWL 本体中定义的类或者属性。对于制造服务 P/E 属性的表达形式通常包含约束条件，如"尺寸精度大于 8"。一般的约束条件可分为数值型约束条件和对象型约束条件，数值型约束条件可以通过定义判断规则，并进行规则推理的方法进行匹配，对象型约束条件可以通过领域本体的语义推理进行匹配，具体可参见文献[11]的详细介绍，在此不再赘述。

（3）面向服务功能的服务匹配算法。

通常制造服务本体功能属性 input、output、precondition、effect 信息是不同参数概念的集合，基于上述介绍的概念相关度和蕴涵关系推理的方法首先得到了具体的 input、output、precondition、effect 信息参数的匹配值，进而获得 input、output、precondition、effect 信息集合的匹配值。常用的方法是通过遍历任务需求和服务的各功能属性参数求最大最小值，然而该方法忽略了全局性，当多个参数语义比较相似时容易出现错配，导致匹配的不准确。对此，本书应用求二分图最优匹配图的方法解决该问题，其算法流程如图 4-7 所示。

输入：任务需求的各功能属性参数集合 inR、outR、preR、effR；机械加工服务各功能属性参数集合 inP、outP、preP、effP。

输出：Rel（MTR_ FuncAttr, MS_ FuncAttr）

（1）For Func＝in, out, pre, eff；

（2）W（Func）＝$\varnothing$；

（3）循环计算 $w_{\mathrm{Func}}(i, j) = \mathrm{Rel}(\mathrm{Func}R_i, \mathrm{Func}P_j)$, $W(\mathrm{Func}) = W(\mathrm{Func}) \cup \{w_{\mathrm{Func}}(i, j)\}$；

（4）构建二分图 $G_{\mathrm{Func}} = (\mathrm{Func}R \cup \mathrm{Func}P, E_{\mathrm{Func}}, W_{\mathrm{Func}})$；

（5）应用 Kuhn-Munkres 算法获得 G_{Func} 的最优匹配图 $M = \{G_{\mathrm{Func}}^*\}$；

（6）If sizeof（M）>1；

（7）$\mathrm{Rel}_{\mathrm{Func}} = \min(W_{\mathrm{Func}}^*(k))$, where $k = \arg(\mathrm{var}_{k=1 \to K}(W_{\mathrm{Func}}^*(k))$ is smallest）；

（8）Else $\mathrm{Rel}_{\mathrm{Func}} = \min(W_{\mathrm{Func}}^*)$；

（9）End If；

（10）Rel（MTR_ FuncAttr, MS_ FuncAttr）$+= \mathrm{Rel}_{\mathrm{Func}} \times w$eight$_{\mathrm{Func}}$；

（11）End For；

（12）Return Rel（MTR_ FuncAttr, MS_ FuncAttr）；

图 4-7　算法流程示意

4.3.3　反向匹配方法

通过正向匹配方法，当某一具体的制造任务需求 MT_i 匹配到多个候选加工服务时，可以结合每个候选加工服务任务执行的历史数据，对正向匹配的结果进行修正。在反向匹配时，首先获得每个候选加工服务的历史加工任务信息，并应用上文分析的概念相关度和蕴涵关系推理方法对这些历史任务进行聚类，并计算该加工任务与不同聚类中心的相关度，确定该任务归属的相似聚类，其相关度记为 $p = \max(\mathrm{Rel}(\mathrm{MT}_i, \mathrm{clusterofhistask}_j))$。

连续重复执行相同或相似制造任务的资源服务能够更好地完成该任务的执行，即所谓的学习效应，而在一定时间间隔内没有加工相同或相似的任务，当再次加工时由于环境的变化存在退化效应。基于此，设计一种基于历史数据的反向匹配学习/退化机制，反映一种映射关系即面向服务的任务匹配度=f（任务相关度，时间，执行效果评价，候选加工服务，学习/退化效应），其反向匹配机制如图 4-8 所示。

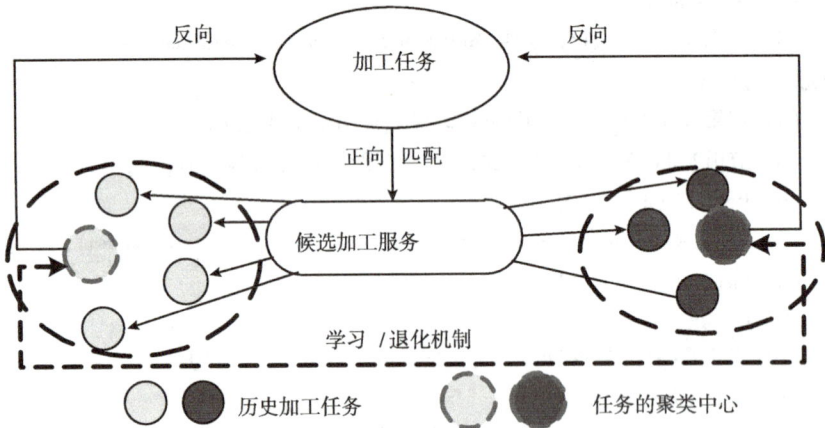

图 4-8　反向匹配机制

基于上述分析，在反向匹配时，存在学习效应的，反向匹配度应该更高，而存在退化效应的匹配度应该降低，即匹配学习算子 $\alpha(t)$ 满足 α：$[0, +\infty) \rightarrow [1, 1/p]$ 且 $\alpha(0) = 1$ 的非递减函数，退化因子 $\beta(t)$ 是满足 β：$[0, +\infty) \rightarrow (0, 1]$ 且 $\beta(0) = 1$ 的非递增函数。在此，设计其匹配学习算子和匹配退化算子如式（4-7）和式（4-8）所示。

$$\alpha(t) = p^{-\sum_{t=1}^{T} a_t / T} \tag{4-7}$$

$$\beta(t) = e^{-t/T} \tag{4-8}$$

其中，p 是加工任务 MT_i 与其归属的任务聚类间的相关度；T 是考察的历史周期；t 是距离现在执行的任务个数；a_t 是距离现在第 t 个任务执行的评价值，满足 $a_t \in [0, 1]$。

最后，基于正向匹配度和反向匹配度，将二者进行赋权求和即可获得对每一个候选加工服务的匹配度值。

4.4 本章小结

本章针对制造资源的特性，研究了其分类模型和基于 OWL-S 的制造资源语义描述模型，为制造服务的匹配奠定基础。进而，针对制造服务匹配准确性不高等问题，提出制造服务双向匹配模型，并研究了正向匹配和反向匹配方法，为制造任务资源服务链的构建奠定基础。

参考文献

[1] 李成海,黄必清. 基于属性描述匹配的云制造服务资源搜索方法[J]. 计算机集成制造系统,2014,20(6):1499-1507.

[2] BENER A B,OZADALI V,ILHAN E S. Semantic matchmaker with precondition and effect matching using SWRL[J]. Expert systems with applications,2009,36(5):9371-9377.

[3] MEDITSKOS G,BASSILIADES N. Structural and role-oriented web service discovery with taxonomies in OWL-S[J]. IEEE transactions on knowledge and data engineering,2010,22(2):278-290.

[4] PAOLUCCI M,KAWAMURA T,PAYNE T R,et al. Semantic matching of web services capabilities[C]. Berlin:Springer-Verlag,2002:333-347.

[5] 康玲,陈桂松,王时龙,等. 云制造环境下基于本体的加工资源发现[J]. 计算机集成制造系统,2013,19(9):2325-2331.

[6] 杨男,李东波,童一飞. 云制造环境下基于动态描述逻辑的制造服务匹配研究[J]. 中国机械工程,2013,24(16):2202-2207.

［7］TAO F,HU Y,ZHAO D,et al. Study on resource service match and search in manufacturing grid system［J］. International journal of advanced manufacturing technology,2009,43(3-4):379-399.

［8］JIAO H,ZHANG J,LI J H,et al. Research on cloud manufacturing service discovery based on latent semantic preference about OWL-S［J］. International journal of computer integrated manufacturing,2015(2).

［9］WAGH K,KOLHE S. Information retrieval based on semantic similarity using information content［J］. International journal of computer science issues,2011,8(4):364-370.

［10］SHENG B Y,ZHANG C L,YIN X Y,et al. Common intelligent semantic matching engines of cloud manufacturing service based on OWL-S［J］. International journal of advanced manufacturing technology,2015(2).

［11］尹超,夏卿,黎振武.基于 OWL-S 的云制造服务语义匹配方法［J］.计算机集成制造系统,2012,18(7):1494-1502.

［12］王正成.网络化制造资源集成平台若干关键技术研究与应用［D］.杭州:浙江大学,2009.

［13］杜百岗.云制造环境下的建材装备企业制造资源共享与优化研究［D］.武汉:武汉理工大学,2012.

［14］朱李楠.云制造环境下资源建模及其匹配方法研究［D］.杭州:浙江工业大学,2014.

第5章　云制造任务执行资源服务链

在云制造任务执行过程中，从时间维度上对同一资源服务任务请求用户的角度上来划分，可以将制造任务资源服务需求分为两类，即单用户任务资源服务需求和多用户任务资源服务需求。对于单用户任务资源服务需求，资源服务不存在竞争情况，系统可以从大量的待选资源服务中选择最佳的资源服务来执行该任务或通过组合小粒度的资源服务来协同完成该任务。本章主要针对多用户任务资源服务需求进行研究，多用户任务需求对同一资源服务存在竞争，而同一时刻系统只能满足单用户任务需求，换句话说，各服务需求用户为了完成任务的执行对资源服务相互竞争和博弈，即资源服务的博弈优选。针对该问题，本章首先设计云制造任务优化执行服务链构建框架，重点研究面向多用户任务资源服务需求的资源服务博弈模型和均衡解分析，在此基础上，通过分析各子任务执行的时序逻辑关系，研究任务执行服务链的构建方法，最后进行实例应用验证。

5.1　概述

云制造模式为协作企业间制造资源的汇聚与共享，为高效协同地完成制造任务需求提供了可行的技术支撑。制造任务优化执行的关键在于实现面向制造任务需求的资源服务的优选和任务执行服务链的构建。其中资源服务的优选主要是在资源服务候选集上对单个任务或子任务进行服务的最优化选择，从任务与资源服务的对应关系上，包括单任务单资源服务优选和单任务多资源服务优选。单任务多资源服务优选也被称为资源服务的组合优选，它是针对云制造环境中的单一任务资源需求请求模式，按一定规则将功能简单、小粒度的制造服务（如工序级制造资源服务）聚合起来，形成粒度较大具有时序逻辑关系的组合服务（如部件级制造资源服务）以满足任务需求。目前，针对该方面的研究主要集中在应用智能优化算法进行资源服务的优选[1]、基于 QoS 的资源服务组合[2]。在任务与资源服务间的匹配关系上主要集中在面向单任务的资源服务组合与优选[3]和面向多任务的资源服务组合、分组与优化[4,5]。在面向多任务的请求模式下，刘波等针对简单多任务请求模式、某些任务带有强 QoS 约束的请求模式，以及任务数量超出可用服务储备的请求模式进行了相关研究。而最终的组合云服务组与任务请求组之间存在一一对应的关系。其关注的焦点在于资源配置的全局最优。然而，目前的研究在以任务驱动的模式下，并没有考虑资源服务交易过程中不同用户对资源服务的市场竞争特性，这在资源服务存在竞争情况下的实践应用中表现尤为突出。为此，本章从资源服务用户竞争的角度对资源服务的优选进行梳理，提出了云制造环境中制造任务优化执行服务链构建框架。

5.2 云制造任务执行服务链构建框架

5.2.1 制造任务优化执行服务链构建框架

云制造环境中的制造任务优化执行服务链构建体现了任务执行前任务与资源服务的匹配配置过程，包括四个阶段，即制造任务分解、资源服务发现与匹配、资源服务优选和任务执行服务链构建，其框架如图 5-1 所示。其中面向多用户任务服务博弈优选是研究核心。

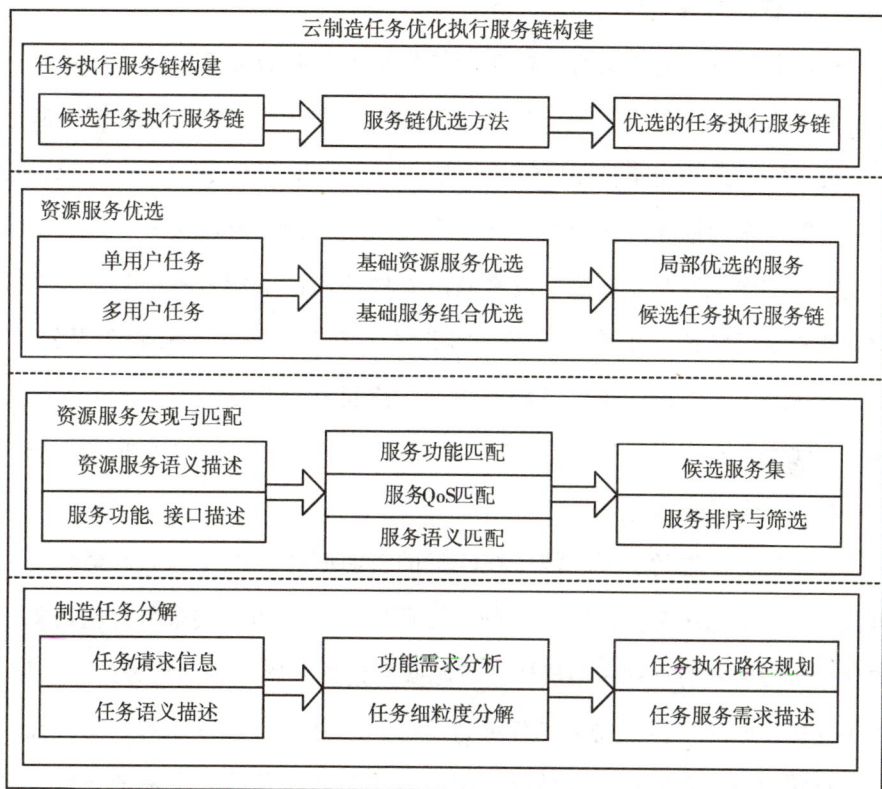

图 5-1　云制造任务优化执行服务链构建框架

（1）制造任务分解。

制造任务分解的主要功能按照任务组成结构实现复杂任务的分解，分析任务间的时序逻辑结构，并规划其执行路径[6]。用户提交的任务信息进行语义描述以保证其整个任务执行过程中信息的一致性，进而针对用户提交的任务进行功能需求分析，将多功能性需求任务分解为功能需求相对单一、粒度较小的子任务；在分析子任务间时序逻辑关系的基础上规划各子任务的执行前后顺序及任务的执行路径；最后，将各子任务的功能需求信息映射为对资源服务的需求，资源服务需求只描述完成子任务所需服务的功能需求，并不直接与具体服务的相链接。

（2）资源服务发现与匹配。

资源服务发现与匹配的主要功能是为每个资源服务需求构造满足该需求的候选资源服务集。首先，在制造资源服务本体的支持下，各资源服务有着统一的语义、功能、接口等方面的描述。针对每个资源服务需求，按照其功能需求的描述，在相关服务发现技术的支持下通过相关度语义匹配算法、规则推理等匹配算法，搜索满足条件的基础资源服务；其次，将搜索到的基础资源服务汇聚在一起，形成某个资源服务需求的候选服务集。每个候选服务集中包含了大量功能相当、粒度和 QoS 性能不同的基础资源服务，每个基础资源服务都能通过满足资源服务需求来完成对应的子任务。

（3）资源服务优选。

资源服务优选的主要功能是在匹配的资源服务集中优选 QoS 最优、粒度最匹配的资源服务。从同一时刻对资源服务请求的模式来分，包括单用户任务资源服务请求和多用户任务资源服务请求。鉴于制造任务的复杂性，为了完成任务的执行，需要将任务进行分解，然而，分解后的某一子任务往往存在对资源服务竞争的情况，所以各用户需要从服务交易的角度博弈竞争优选同一资源服务。针对这两种不同的请求模式，均包含两种不同的资源服务优选模式。对于单用户任务资源服务请求，任务执行系统通过匹配优选或者组合优选粒度较小的资源服务来完成该用户任务的服务请求。对于多用户任务资源服务请求，各用户为了竞争相同的资源服务通常需要经过多次博弈来获得最优的资源服务配置，同样，针对资源服务粒度的不同，需要博弈优选或者博弈组合优选来完成用户的请求。

（4）任务执行服务链构建。

任务执行服务链构建是从各子任务对应的资源服务候选集中构建候选

资源服务链，并按照 QoS 最优和任务资源服务粒度最匹配的目标来选择最优的资源服务链，以及按照任务执行路径的时序逻辑结构映射任务可执行服务链的逻辑关系。

5.2.2　单用户任务资源服务优选

单用户任务请求模式下包括两个请求模式，即单用户单任务请求模式和单用户多任务请求模式。单用户任务请求模式的最大特征是各任务请求对同一资源服务不存在竞争，即存在可替换的服务来满足功能需求相同的任务请求。因此，对于多用户任务请求模式，若不存在对同一资源服务的竞争，则本书依然将其看作单用户任务请求模式。

目前，对于单用户单任务请求模式的服务，优选主要研究面向单任务的资源服务优选和组合优选，即对于不可分解的任务请求，优选最佳的资源服务，对于可分解的任务请求则按照任务分解中各单个子任务的时序逻辑关系，构建具有时序逻辑约束关系的多个子任务执行服务组合优选，在满足单个子任务请求 QoS 约束的情况下，实现面向该任务 QoS 整体最优的组合结果。

对于面向单用户多任务请求模式下的服务，优选主要研究在全局模式下针对选择哪些资源服务构成组合服务使得整体 QoS 最佳的规划过程进行决策，即在满足多个任务请求各自 QoS 约束的情况下，实现面向所有任务请求的 QoS 整体最优的组合结果，在优选过程中各服务要经历组合或者再分组，或者多任务的再分组等配置方式[4,5]。

综合分析面向单用户任务（包括单任务和多任务）请求服务优选问题，可以发现从任务请求到资源服务优选，要经历 3 个阶段：①制造任务分解；②资源服务发现与匹配；③服务优选，其模型如图 5-2 所示。其中，制造任务分解和服务发现与匹配是进行资源服务优选决策过程时的准备环节，在此不做过多讨论。因此，在全局优化策略下面向单用户任务基于不同配置方式的服务优选问题可以描述如下。

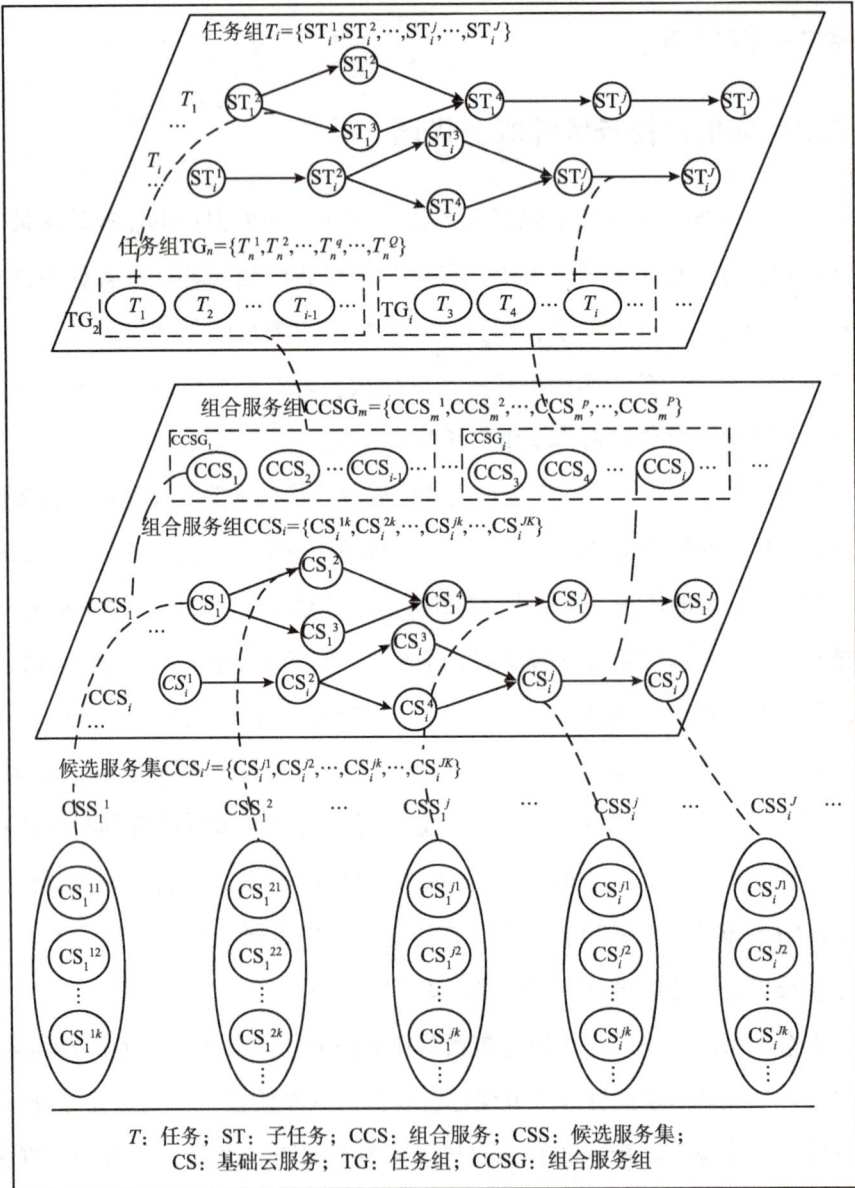

图 5-2　单用户任务资源服务优选模型

假定同一时刻有 I 个任务请求，其中第 i 个任务经过任务分解包含 J 个子任务，表示为 $T_i = \{\mathrm{ST}_i^1, \mathrm{ST}_i^2, \cdots, \mathrm{ST}_i^j, \cdots, \mathrm{ST}_i^J\}$，$\mathrm{ST}_i^j$ 表示任务 T_i 的第 j 个子任务；对于子任务序列 $\{\mathrm{ST}_1^1, \mathrm{ST}_1^2, \cdots, \mathrm{ST}_1^j, \cdots, \mathrm{ST}_i^1, \mathrm{ST}_i^2, \cdots,$ $\mathrm{ST}_i^j, \cdots, \mathrm{ST}_I^1, \mathrm{ST}_I^2, \cdots, \mathrm{ST}_I^J\}$，根据资源服务发现与匹配阶段的搜索结果，可生成相应的候选服务集序列 $\{\mathrm{CSS}_1^1, \mathrm{CSS}_1^2, \cdots, \mathrm{CSS}_1^j, \cdots, \mathrm{CSS}_i^1,$ $\mathrm{CSS}_i^2, \cdots, \mathrm{CSS}_i^j, \cdots, \mathrm{CSS}_I^1, \mathrm{CSS}_I^2, \cdots, \mathrm{CSS}_I^J\}$ 与之相对应，其中子任务 ST_i^j 对应的候选服务集 CSS_i^j 包含 K 个候选服务，其可以表示为：$\mathrm{CSS}_i^j =$ $\{\mathrm{CS}_i^{j1}, \mathrm{CS}_i^{j2}, \cdots, \mathrm{CS}_i^{jk}, \mathrm{CS}_i^{jK}\}$，其中 CS_i^{jk} 是候选服务集 CSS_i^j 第 k 个可完成子任务 ST_i^j 的候选服务。

为了在全局范围内使得多任务请求均得到最优的资源服务优选，可以实施以下 5 种不同的组合优选策略。

（1）当 $I = 1$，$J = 1$ 时，则从 CSS 中选择最佳的资源服务 CS^k。

（2）当 $I = 1$，$J > 1$ 时，则从候选服务集序列 $\{\mathrm{CSS}^1, \mathrm{CSS}^2, \cdots,$ $\mathrm{CSS}^j, \cdots, \mathrm{CSS}^J\}$ 中的候选服务集 CSS^j 中依次挑选出一个资源服务 CS^{jk} 组成可能的组合服务 $\mathrm{CCS} = \{\mathrm{CS}^{1k}, \mathrm{CS}^{2k}, \cdots, \mathrm{CS}^{jk}, \cdots, \mathrm{CS}^{Jk}\}$，并从 $\prod_{j=1}^J k(j)$ 种可行的组合方案中优选最佳的组合服务。

（3）当 $I > 1$，$J > 1$ 时，则是多任务请求模式下服务的优选，即从候选服务集序列 $\{\mathrm{CSS}_1^1, \mathrm{CSS}_1^2, \cdots, \mathrm{CSS}_1^j, \cdots, \mathrm{CSS}_i^1, \mathrm{CSS}_i^2, \cdots, \mathrm{CSS}_i^j, \cdots, \mathrm{CSS}_I^1,$ $\mathrm{CSS}_I^2, \cdots, \mathrm{CSS}_I^J\}$ 中的候选服务集 CSS_i^j 中依次挑选出一个资源服务 CS_i^{jk} 组成可能的组合服务 $\mathrm{CCS} = \{\mathrm{CS}_1^{1k}, \mathrm{CS}_1^{2k}, \cdots, \mathrm{CS}_i^{jk}, \cdots, \mathrm{CS}_i^{1k}, \mathrm{CS}_i^{2k}, \cdots,$ $\mathrm{CS}_i^{jk}, \cdots, \mathrm{CS}_I^{1k}, \mathrm{CS}_I^{2k}, \cdots, \mathrm{CS}_I^{Jk}\}$，并从 $\prod_{i=1, j=1}^{I, J} k(i, j)$ 种可行的组合方案中优选最佳的组合服务。

然而当任务请求的 QoS 约束超出当前可用云服务组合所能满足的 QoS 要求时，单任务与单个组合服务匹配的模式不能满足要求，为了打破这一模式，引入组合服务再分组以提高其 QoS 能力，即有以下的策略。

（4）当 $I > 1$，$J > 1$；$\exists T_i$，$QoS(T_i) > QoS(CCS_i)$ 时，将满足部分任务请求 QoS 的组合服务 CCS 分为 I 个组合服务组 CCSG，第 m 个 CCSG 包含 P 个组合云服务表示为：$CCSG_m = \{CCS_m^1, CCS_m^2, \cdots, CCS_m^p, \cdots, CCS_m^P\}$。在众多的组合服务组优选最佳的组合服务组，其中每个 CCSG 与一个任务请求相对应。

（5）当可用资源服务相对制造任务请求紧缺，但整体制造能力上可以满足时，因资源服务的独占会出现部分任务请求无法得到响应。为了突破资源配置方式，引入任务间资源共享机制，即多个任务通过分组来共同享有某一资源服务组合。即将 I 个任务分为 N 组，第 n 个任务组 $TG_n = \{T_n^1, T_n^2, \cdots, T_n^n, \cdots, T_n^Q\}$ 有 Q 个任务，并满足 $\sum_{n=1}^{N} q(n) = I$。并使每个任务组 TG 在多个可能的组合服务组 CCSG 或组合服务 CCS 中优选最佳的服务组合，其中每个 CCSG 或 CCS 与一个任务组相对应。

从以上的分析可以看出，单用户任务资源服务优选主要是从系统的角度来全局优化配置资源，没有考虑用户愿意付出的代价、用户满意度等因素对资源服务配置的影响，这可能导致某任务请求对资源服务的独占，不能体现资源配置的公平性。为了解决这些问题，本书借鉴微观经济学的思想，提出多用户任务模式下资源服务优选的方法以更加有利于企业实践应用。

5.2.3　多用户任务资源服务优选

在多用户任务请求模式下，制造任务被分解为多个子任务后，从企业应用实践来考虑，存在某些用户间子任务请求对资源服务竞争情况。同时与传统的对 Web 计算服务应用不同，制造任务对资源服务的使用时间较长且具有独占性。因此，每个制造服务只能附属于一个组合服务并与某一制造任务绑定，不会同时在多个制造任务之间进行同时共享。这种情况往往表现为：在某一时刻用户对资源服务的使用具有排他性，即某用户获得的资源增加，必然导致其他竞争用户资源服务的减少。换句话说，当某用户占用某资源服务后，必然导致其他竞争用户对该资源服务的等待。因此，在资源服务优选过程中，各用户在某种程度上存在利益冲突，正是这种价格机制相关的竞争和利益上的冲突，使得多用户竞争模式下资源服务优选问题需要在博弈理论的框架下进行讨论。

类似于单用户任务服务优选问题，面向多用户任务请求服务优选问题增加了一个子任务资源服务博弈优选，其整个过程要经历 4 个阶段：①多用户任务分解；②子任务资源服务发现与匹配；③子任务服务博弈优选；④制造任务执行服务链构建，其模型如图 5-3 所示。

（1）多用户任务分解。

系统在某一时刻共有来自 M 个不同用户的任务请求，其中某用户 U_m 共有 I 个不同的任务请求，其任务集合表示为 $\mathrm{TS}_m = \{T_{m1}, T_{m2}, \cdots, T_{mi}, \cdots, T_{mI}\}$，其中该用户 U_m 的第 i 个任务经过任务功能分析后分解为 J 个子任务，表示为 $T_{mi} = \{\mathrm{ST}_{mi}^1, \mathrm{ST}_{mi}^2, \cdots, \mathrm{ST}_{mi}^j, \cdots, \mathrm{ST}_{mi}^J\}$，$\mathrm{ST}_{mi}^j$ 即为用户 U_m 任务 T_i 的第 j 个子任务；于是系统某时刻经过任务分解后收到的子任务序列可以表示为 $\mathrm{STG}_m = \{\mathrm{ST}_{m1}^1, \mathrm{ST}_{m2}^2, \cdots, \mathrm{ST}_{m1}^j, \cdots, \mathrm{ST}_{mi}^1, \mathrm{ST}_{mi}^2, \cdots, \mathrm{ST}_{mi}^j, \cdots, \mathrm{ST}_{mI}^1, \cdots, \mathrm{ST}_{mI}^j, \cdots \mathrm{ST}_{mI}^J\}$，其中 $m = 1, 2, \cdots, M$。

（2）子任务资源服务发现与匹配。

针对各用户的子任务请求，在系统中执行资源服务发现与匹配操作，并针对每一用户的子任务请求生成与能够执行此子任务的候选服务集序列 $\{\mathrm{CSS}_{11}^1, \mathrm{CSS}_{11}^2, \cdots, \mathrm{CSS}_{11}^j, \cdots, \mathrm{CSS}_{mi}^1, \mathrm{CSS}_{mi}^2, \cdots, \mathrm{CSS}_{mi}^j, \cdots, \mathrm{CSS}_{MI}^1, \mathrm{CSS}_{MI}^2, \cdots, \mathrm{CSS}_{MI}^J\}$，其中用户 U_m 的子任务 ST_{mi}^j 对应的候选服务集 CSS_{mi}^j 包含 K 个候选服务，其可以表示为：$\mathrm{CSS}_{mi}^j = \{\mathrm{CS}_{mi}^{j1}, \mathrm{CS}_{mi}^{j2}, \cdots, \mathrm{CS}_{mi}^{jk}, \mathrm{CS}_{mi}^{jK}\}$，其中，$\mathrm{CS}_{mi}^{jk}$ 是候选服务集 CSS_{mi}^j 第 k 个可完成子任务 ST_{mi}^j 的候选服务。当

$K=1$，同时请求该资源服务的用户数量大于 1 时，就出现用户间资源服务的博弈竞争现象。

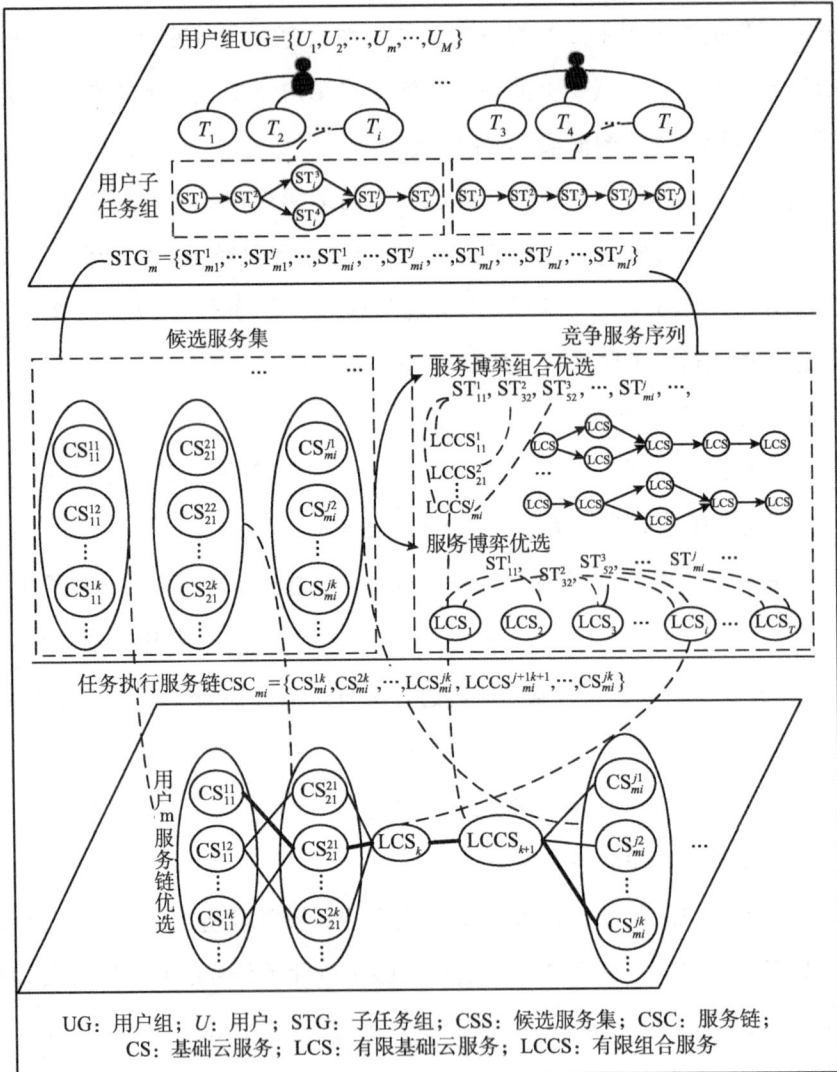

图 5-3　多用户任务资源服务优选

（3）子任务服务博弈优选。

当出现多用户任务对同一资源服务竞争时，可以通过博弈的方法来解决用户间资源服务的分配。从完成子任务的功能需求上来分析，子任务服务博弈优选可以分为两种情况：一是子任务功能需求单一，各用户间的子任务请求竞争单一的资源服务；二是子任务功能需求复杂，需要多个资源服务组合来完成，即各用户间子任务请求组合资源服务。

（4）制造任务执行服务链构建。

各用户子任务请求都得到资源服务响应后，应用智能算法来优选不同子任务的资源服务以达到整体最优，进而通过分析制造任务的时序逻辑结构从整体上来考虑构建完整的任务执行服务链。

5.3　面向多用户任务的资源服务优选

5.3.1　博弈论概述

博弈理论起始于 20 世纪 20 年代 John von Neumann 发表的一系列论文，其相关的研究成果开启了一个社会科学和应用数学全新的分支，John von Neumann 和 Oskar Morgenstern 将其相关的早期研究工作于 1944 年总结在 *The Theory of Games and Economic Behaviour* 一书中，其研究的焦点关注于合作博弈理论，在假定各参与个体遵守相关协议的前提下寻求最优化策略。在 20 世纪 50 年代期间，学术界对博弈论的研究转移到了非合作博弈理论（non-cooperative game theory）。其中最具代表性的是 Nash 在 1950 年和 1951 年发表的两篇开创性文献中的研究 Nash 均衡和讨价还价问题[7,8]。Nash 在论文中提出了 Nash 均衡的概念，并证明了 Nash 均衡在 n 主体有限非合作博弈中的普遍存在性，奠定了非合作博弈论的基础。在 20 世纪 60 ~ 70 年代，在 Nash 开创性工作的基础上，不同学者对 Nash 均衡进行了扩展，Selten 将

Nash 均衡的概念引入了动态博弈分析，提出了子博弈完美 Nash 均衡（sub-game perfect Nash equilibrium）[9,10]，而 John Harsanyi 则把不完全信息引入了博弈论的研究，应用贝叶斯理论进行不完全信息预测，并提出了贝叶斯 Nash 均衡（Bayesian Nash equilibrium）[11]，建立了不完全信息博弈的一般解法。在 20 世纪 80 年代，Kreps 和 Wilson 合作发表了关于动态不完全信息博弈的重要论文，将子博弈完美性的思想扩展到不完全信息博弈的求解，提出了序贯均衡（sequential equilibria）的概念[12]。Milgrom 和 Roberts 通过将不完全信息引入重复博弈提出的声誉模型指出，即使在有限次重复博弈中，参与博弈的主体之间也可能出现合作行为。

然而在以 Nash 均衡为基础的传统博弈论中，其有两个方面的假设，一是完全理性（complete rationality）；二是共同认识（common knowledge）。这种完全理性要求博弈主体在各种环境中具有追求自身效用最大化的决策能力，还要求他们在交互博弈中具有完美的预测能力；而共同认识则要求每个博弈主体均知道每个博弈主体了解相同的事实[13]。这种完全理性假设意味着博弈方绝对不会冲动和不理智。事实上，人们在多数情况是无法满足这种"完全理性"要求的，也就是该假设在经济社会实践中存在一定的问题。

为了克服理性假设，在经济学中提出有限理性（bounded rationality）的概念。而在生物学中一种完全不同的方法被提出，即在不依赖任何理性假设的前提下用博弈论方法来解释动植物演化过程。在 1973 年，Smith 和 Price 首次提出该理论的基本均衡概念——演化稳定策略（evolutionary stable strategy）[14,15]，其研究成果标志着演化博弈论的正式诞生。在 1978 年，Taylor 和 Jonker 将演化稳定策略定义用动态演化的微分方程表示出来，并首次提出了演化博弈论的动态概念——动态复制方程（replicator dynamics）[16]。在此之后，演化博弈论得到了学术界的普遍关注，并被经济学家引入经济学领域的相关研究中。演化稳定策略和动态复制方程作为演化博弈理论最核心的一对基本概念，它在生态学、经济学、社会学等不同的研究领域被不断地扩展和完善。下面给出演化博弈中稳定策略和动态复制方程的基本概念。

定义 5.1　策略 $x \in \Delta^m$，如果对每一个策略 $y \in \Delta^m, y \neq x$，存在一个 $\varepsilon_y \in (0, 1)$ 使得 $xA(\varepsilon y + (1 - \varepsilon)x) > yA(\varepsilon y + (1 - \varepsilon)x)$ 对任意 $\varepsilon \in (0, \varepsilon_y)$ 都成立，那么该策略 $x \in \Delta^m$ 是演化稳定策略。

其中，Δ^m 是博弈中混合策略集合；A 为博弈收益矩阵；y 为突变策略；ε_y 是一个与突变策略 y 有关的常数；$\varepsilon y + (1 - \varepsilon)x$ 表示选择演化稳定策略群体与选择突变策略群体所组成的混合群体。

从演化稳定策略的定义上可以看出，当系统处于演化稳定状态时（群体中所有个体选择演化稳定策略时），除非有来自群体之外强大的冲击，否则系统就不会偏离演化稳定状态。上述的演化稳定策略定义并没有解释系统是如何达到稳定状态的。它只说明了系统一旦达到这种稳定状态，原群体对突变群体表现出较强的抵抗力。

Taylor 和 Jonker 提出的单群体动态复制方程是将系统中所有个体看作一个大群体，群体中共有 I 种可供不同个体选择的纯策略，其集合可以表示为 $\mathbf{S} = \{s_1, s_2, \cdots, s_i \cdots, s_I\}$，群体在不同时刻所处的状态用各个体组合的混合策略来表示。该单群体动态复制方程用微分方程来解释演化稳定策略是如何达到的，并预测群体行为变化趋势，其方程式如式（5-1）所示。

$$\mathrm{d}\, x_i(t)/\mathrm{d}t = (f(s_i, x) - f(x, x))x_i \qquad (5-1)$$

其中，$x_i(t)$ 表示在时刻 t 选择纯策略 s_i 的个体在群体中所占比例；$f(s_i, x)$ 表示群体中选择纯策略 s_i 的个体所得期望效用；$f(x, x)$ 表示群体中选择不同策略时的平均期望效用 $f(x, x) = \sum_i x_i f(s_i, x)$。令式（5-1）等于零，可以求得其演化均衡点。

5.3.2　资源服务博弈优化数学描述

根据多用户任务资源服务优选模型，有 M 个不同用户 $U_m(m = 1,$

2，…，M）同时对 K 种资源服务请求，各用户子任务间没有关联约束，并且各资源服务同一时刻执行一个任务，即资源服务的独占性，各用户的任务对该资源请求会产生排队现象。为了应用演化博弈论的相关理论来求解资源服务优选问题，本书采用招投标的方式，即每个用户需向系统提交一个对请求资源服务的出价，表示为 $b_m = (b_m^1, b_m^2, \cdots, b_m^k, \cdots, b_m^K)$。$M$ 个用户任务对 K 种资源服务请求的出价以矩阵形式表示，如式（5-2）所示。

$$
\boldsymbol{b} = \begin{bmatrix}
b_1^1 & b_1^2 & \cdots & b_1^k & \cdots & b_1^K \\
b_2^1 & b_2^2 & \cdots & b_2^k & \cdots & b_2^K \\
\vdots & \vdots & & \vdots & & \vdots \\
b_m^1 & b_m^2 & \cdots & b_m^k & \cdots & b_m^K \\
\vdots & \vdots & & \vdots & & \vdots \\
b_M^1 & b_M^2 & \cdots & b_M^k & \cdots & b_M^K
\end{bmatrix}
\tag{5-2}
$$

为了方便建立博弈模型，对相关的符号进行说明。

$U = \{U_1, U_2, \cdots, U_m, \cdots, U_M\}$，对系统中有限资源请求的用户集；

$\mathrm{LCS} = \{\mathrm{LCS}_1, \mathrm{LCS}_2, \cdots, \mathrm{LCS}_k, \cdots, \mathrm{LCS}_K\}$，系统中 K 种有限的资源服务；

$\mathrm{ST} = \{\mathrm{ST}_1, \mathrm{ST}_2, \cdots, \mathrm{ST}_m, \cdots, \mathrm{ST}_M\}$，来自 M 个不同用户的子任务请求；

$\mathrm{DT} = \{\mathrm{dt}_1, \mathrm{dt}_2, \cdots, \mathrm{dt}_m, \cdots, \mathrm{dt}_M\}$，$M$ 个用户任务完工所需时间集合；

$\mathrm{IT} = \{\mathrm{it}_1, \mathrm{it}_2, \cdots, \mathrm{it}_m, \cdots, \mathrm{it}_M\}$，$M$ 个用户任务开始执行时间集合；

$\mathrm{FT} = \{\mathrm{ft}_1, \mathrm{ft}_2, \cdots, \mathrm{ft}_m, \cdots, \mathrm{ft}_M\}$，$M$ 个用户任务完工交付时间集合；

$\mathrm{DC} = \{\mathrm{dc}_1, \mathrm{dc}_2, \cdots, \mathrm{dc}_m, \cdots, \mathrm{dc}_M\}$，$M$ 个用户任务延期交付时单位时间成本的集合；

b_m^k，用户任务 ST_m 对有限资源服务 LCS_k 请求的单位出价；

B^k，有限资源服务 LCS_k 从 U 中接收到的总的服务请求出价，即 $B^k =$

$\sum_{m=1}^{M} b_m^k \times \mathrm{dt}_m$;

B_{-m}^k ，除去用户 U_m 之外的其余用户对 LCS $_k$ 服务请求出价的总和，即 $B_{-m}^k = \sum_{m'=1,\ m'\neq m} b_{m'}^k \times \mathrm{dt}_{m'}$ 。

从时间的角度考虑，多用户任务多资源服务请求的情形可以通过任务的再分解将其看成多用户任务单资源服务请求，为此，本书重点研究多个用户任务对一种资源服务的请求。

鉴于资源服务的独占性，用户出价高，优先获得资源服务的使用权。出价相对较低的用户，获得资源服务的机会相对较后，即等待资源服务的使用，这会延迟其任务的执行，由此带来任务延期成本。所以多用户竞争下，资源服务的分配最终体现在不同用户对资源服务使用的先后顺序上，即不同的任务执行开始时间的先后，对用户 U_m ，其任务开始执行时间 it_m 可以表示为式（5-3）。

$$\mathrm{it}_m = \begin{cases} 0, & b_m = \max\ (b_{m'}) \\ \sum_{m'} \mathrm{dt}_{m'}, & b_m < b_{m'} \\ \sum_{m'\neq m} \mathrm{dt}_{m'}, & b_m = \min\ (b_{m'}) \end{cases} \tag{5-3}$$

对于出价相同的用户，则采取先到先服务的策略来分配资源服务。在给定用户任务开始执行的时间后，可以计算出用户 U_m 的延期时间，如式（5-4）所示。

$$d_m = \begin{cases} 0, & \mathrm{it}_m + \mathrm{dt}_m \leqslant \mathrm{ft}_m \\ \mathrm{it}_m + \mathrm{dt}_m - \mathrm{ft}_m, & \mathrm{otherwise} \end{cases} \tag{5-4}$$

所以，用户 U_m 的成本函数可以定义为

$$C_m = d_m \times \mathrm{dc}_m + b_m \times \mathrm{dt}_m \tag{5-5}$$

为此，用户的效用函数可以定义为成本函数的负函数，即 $P_m = -C_m$ 。

根据演化博弈的思想，本书所要解决的多用户制造资源服务分配问题的

核心是研究用户动态博弈过程中最佳的出价策略，为了问题的简化，将资源服务博弈过程抽象为两个用户群体的动态博弈，在出价动态博弈过程中，假定每个用户都有两种出价策略选择，将其描述为策略 L 和 H，其中策略 L 表示低的出价（low bid），策略 H 表示高的出价（high bid），并且用户 1 中选择策略 L 的比例为 $x_1(0 \leqslant x_1 \leqslant 1)$，则采用策略 H 的比例为 $1 - x_1$，用户 2 中选择策略 L 的比例为 $x_2(0 \leqslant x_2 \leqslant 1)$，则采用策略 H 的比例为 $1 - x_2$，由此该博弈模型的策略集 $S = \{(L_1(x_1)，H_1(1 - x_1))，(L_2(x_2)，H_2(1 - x_2))\}$。表 5-1 所示为用户选择不同策略的效用矩阵。

表 5-1　用户选择不同策略的效用矩阵

		用户 1	
		策略 $L_1(x_1)$	策略 $H_1(1 - x_1)$
用户 2	策略 $L_2(x_2)$	$U_1(F)：(A，B)$	(E，F)
		$U_2(F)：(C，D)$	
	策略 $H_2(1 - x_2)$	(G，H)	$U_1(F)：(I，J)$
			$U_2(F)：(K，L)$

　当两博弈主体选择不同的策略，用户 1 选择策略 L，用户 2 选择策略 H，用户 2 的任务优先执行，用户 1 的任务可能延期，用户 1 和用户 2 分别获得的效用值为 G 和 H；用户 1 选择策略 H，用户 2 选择策略 L，用户 1 的任务优先执行，用户 2 的任务可能延期，用户 1 和用户 2 分别获得的效用值为 E 和 F。当两博弈主体同时选择相同的策略时，即采用相同的出价并不能确定资源服务的先后使用，在此以先到先服务的规则来确定优先顺序。用户 1 和用户 2 同时选择策略 L 时，如果用户 1 的任务优先请求资源服务（$U_1(F)$），则两用户的效用值分别为 A 和 B；如果用户 2 的任务优先请求资源服务（$U_2(F)$），则两用户的效用值分别为 C 和 D。用户 1 和用户 2 同时选择策略 H 时，如果用户 1 的任务优先请求资源服务（$U_1(F)$），则两

用户的效用值分别为 I 和 J；如果用户 2 的任务优先请求资源服务（$U_2(F)$），则两用户的效用值分别为 K 和 L，如式（5-6）~式（5-17）所示。

其中：

$$A = -b_l \times dt_1 \tag{5-6}$$

$$B = -d_2 \times dc_2 - b_l \times dt_2 \tag{5-7}$$

$$C = -d_1 \times dc_1 - b_l \times dt_1 \tag{5-8}$$

$$D = -b_l \times dt_2 \tag{5-9}$$

$$E = -b_h \times dt_1 \tag{5-10}$$

$$F = -d_2 \times dc_2 - b_l \times dt_2 \tag{5-11}$$

$$G = -d_1 \times dc_1 - b_l \times dt_1 \tag{5-12}$$

$$H = -b_h \times dt_2 \tag{5-13}$$

$$I = -b_h \times dt_1 \tag{5-14}$$

$$J = -d_2 \times dc_2 - b_h \times dt_2 \tag{5-15}$$

$$K = -d_1 \times dc_1 - b_h \times dt_1 \tag{5-16}$$

$$L = -b_h \times dt_2 \tag{5-17}$$

并且有 $B = F$，$C = G$，$E = I$，$H = L$。

5.3.3　博弈模型求解

根据博弈模型的效用矩阵，可以获得选择两种不同策略的期望效用值和群体平均期望效用值，让 $f_1(L, x_1)$，$f_1(H, 1-x_1)$，$f_2(L, x_2)$，$f_2(H, 1-x_2)$ 表示用户 1 和用户 2 分别选择策略 L 与策略 H 时的期望效用函数。它们分别可以表示为式（5-18）~式（5-21）。

$$f_1(L, x_1) = x_2 \times (r \times A + (1-r) \times C) + (1-x_2) \times G \tag{5-18}$$

$$f_1(H, 1-x_1) = x_2 \times E + (1-x_2) \times (r \times I + (1-r) \times K) \tag{5-19}$$

$$f_2(L,\ x_2) = x_1 \times (r \times B + (1-r) \times D) + (1-x_1) \times F \quad (5-20)$$

$$f_2(H,\ 1-x_2) = x_1 \times H + (1-x_1) \times (r \times J + (1-r) \times L) \quad (5-21)$$

那么用户 1 和用户 2 的平均效用 $\overline{f_1}$ 和 $\overline{f_2}$ 可以表示为式（5-22）~式（5-23）。

$$\overline{f_1} = x_1 \times f_1(L,\ x_1) + (1-x_1) \times f_1(H,\ 1-x_1) \quad (5-22)$$

$$\overline{f_2} = x_2 \times f_2(L,\ x_2) + (1-x_2) \times f_2(H,\ 1-x_2) \quad (5-23)$$

按照演化博弈理论动态复制方程的思想，当所用策略获得的效用低于平均效用时，个体会改变自己的策略以求更高的效用，于是群体中选择不同策略个体的比例会发生相应的变化，按照 Taylor 和 Jonker 所提出的动态复制方程，选择某策略占比的变化速度与该策略期望效用和平均期望效用之差呈正比。因此，对于上述博弈过程，用户 1 中采用策略 L 的个体其占比 x_1 的演化过程可用复制动态方程表示为式（5-24）。

$$\begin{aligned}
\dot{x}_1 = \frac{\mathrm{d}x_1}{\mathrm{d}t} &= x_1(f_1(L,\ x_1) - \overline{f_1}) \\
&= x_1[f_1(L,\ x_1) - x_1 f_1(L,\ x_1) - (1-x_1)f_1(H,\ 1-x_1)] \\
&= x_1(1-x_1)[f_1(L,\ x_1) - f_1(H,\ 1-x_1)] \\
&= x_1(1-x_1)[x_2(rA + (1-r)C - E) + (1-x_2)(G - rI - (1-r)K)] \\
&= x_1(1-x_1)[x_2 rA + (1-x_2 r)C + (x_2 r - x_2 - r)E - (1-x_2)(1-r)K]
\end{aligned}$$

$$(5-24)$$

用户 2 中采用策略 L 的个体其占比 x_2 的演化过程可用复制动态方程表示为式（5-25）。

$$\dot{x}_2 = \frac{dx_2}{dt} = x_2(f_2(L, \ x_2) - \overline{f_2})$$

$$= x_2[f_2(L, \ x_2) - x_2 \times f_2(L, \ x_2) - (1 - x_2) \times f_2(H, \ 1 - x_2)]$$

$$= x_2(1 - x_2)[f_2(L, \ x_2) - f_2(H, \ 1 - x_2)]$$

$$= x_2(1 - x_2)[x_1(rB + (1 - r)D - H) + (1 - x_1)(F - rJ - (1 - r)L)]$$

$$= x_2(1 - x_2)[(1 - x_1 + x_1 r)B + x_1(1 - r)D - (1 - x_1)rJ - (1 - r + x_1 r)H]$$

$$(5-25)$$

微分式（5-24）和微分式（5-25）中 r 表示当用户 1 与用户 2 选择相同策略时，用户 1 任务先到的概率，$1 - r$ 即用户 2 任务先到的概率。为了求解上述动态复制方程中的不动点（rest points）（也称为 Nash 均衡解或演化均衡解），令 $\dot{x}_1 = 0$，$\dot{x}_2 = 0$，可求得 5 对不动点，分别是 $E_1 = (0, 0)$，$E_2 = (0, 1)$，$E_3 = (1, 0)$，$E_4 = (1, 1)$，$E_5 = \left(\dfrac{rJ - rH - B + H}{rB - rD + rJ - rH - B + D}, \dfrac{rE - rK - C + K}{rA - rC + rE - rK - E + K} \right)$。

其中 E_5 是混合策略，并且满足 $0 < \dfrac{rJ - rH - B + H}{rB - rD + rJ - rH - B + D} < 1$，$0 < \dfrac{rE - rK - C + K}{rA - rC + rE - rK - E + K} < 1$，且 $0 < rB - rD + rJ - rH - B + D < 1$，$0 < rA - rC + rE - rK - E + K < 1$ 时，E_5 存在。为了检查上述 5 个不动点的稳定性，根据李雅普诺夫渐进稳定理论，应用雅可比矩阵进行分析，其雅可比矩阵可以表示为式（5-26）。

$$J(x_1, \ x_2) = \begin{bmatrix} \dfrac{\partial \dot{x}_1}{\partial x_1} & \dfrac{\partial \dot{x}_1}{\partial x_2} \\[3mm] \dfrac{\partial \dot{x}_2}{\partial x_1} & \dfrac{\partial \dot{x}_2}{\partial x_2} \end{bmatrix} \qquad (5-26)$$

其中：

$$\frac{\partial \dot{x}_1}{\partial x_1} = (1 - 2x_1)\left[x_2 rA + (1 - x_2 r)C + (x_2 r - x_2 - r)E - (1 - x_2)(1 - r)K \right]$$

$$\frac{\partial \dot{x}_1}{\partial x_2} = x_1(1 - x_1)\left[rA - rC + (r - 1)E + (1 - r)K \right]$$

$$\frac{\partial \dot{x}_2}{\partial x_1} = x_2(1 - x_2)\left[(r - 1)B + (1 - r)D + rJ - rH \right]$$

$$\frac{\partial \dot{x}_2}{\partial x_2} = (1 - 2x_2)\left[(1 - x_1 + x_1 r)B + x_1(1 - r)D - (1 - x_1)rJ \right.$$

$$\left. - (1 - r + x_1 r)H \right]$$

令雅可比矩阵 $\text{tr}(J) = \dfrac{\partial \dot{x}_1}{\partial x_1} + \dfrac{\partial \dot{x}_2}{\partial x_2} < 0$，雅可比矩阵行列式 $\det(J) = \dfrac{\partial \dot{x}_1}{\partial x_1} \times$

$\dfrac{\partial \dot{x}_2}{\partial x_2} - \dfrac{\partial \dot{x}_1}{\partial x_2} \times \dfrac{\partial \dot{x}_2}{\partial x_1} > 0$ 可以分析该博弈模型的演化稳定策略。

5.3.4 演化稳定策略分析

针对该两用户博弈模型，根据其任务完工时间是否延期分下面 4 种情况分析讨论演化稳定策略，分别是两用户均不延期、用户 1 延期用户 2 不延期、用户 1 不延期用户 2 延期、两用户均延期。

（1）$\text{ft}_1 \geqslant \text{dt}_1 + \text{dt}_2$，$\text{ft}_2 \geqslant \text{dt}_1 + \text{dt}_2$，即两用户任务的交付时间大于其任务执行时间之和。在这种情况下，不存在任务延期的问题，即 $d_1 = 0$，$d_2 = 0$，那么式（5-6）~式（5-17）可以改写为 $A = C = G = -b_l \times \text{dt}_1$，$B = D = F = -b_l \times \text{dt}_2$，$E = I = K = -b_h \times \text{dt}_1$，$H = J = L = -b_h \times \text{dt}_2$。同时雅可比矩阵各元素可以改写为

$$\frac{\partial \overset{\cdot}{x_1}}{\partial x_1} = (1 - 2x_1)\left[x_2 rA + (1 - x_2 r)C + (x_2 r - x_2 - r)E - (1 - x_2)(1 - r)K\right]$$

$$= (1 - 2x_1)(A - E)$$

$$\frac{\partial \overset{\cdot}{x_1}}{\partial x_2} = x_1(1 - x_1)\left[rA - rC + (r - 1)E + (1 - r)K\right] = 0$$

$$\frac{\partial \overset{\cdot}{x_2}}{\partial x_1} = x_2(1 - x_2)\left[(r - 1)B + (1 - r)D + rJ - rH\right] = 0$$

$$\frac{\partial \overset{\cdot}{x_2}}{\partial x_2} = (1 - 2x_2)\left[(1 - x_1 + x_1 r)B + x_1(1 - r)D - (1 - x_1)rJ - (1 - r + x_1 r)H\right]$$

$$= (1 - 2x_2)(D - H)$$

即 $J(x_1, x_2) = \begin{bmatrix} (1 - 2x_1)(A - E) & 0 \\ 0 & (1 - 2x_2)(D - H) \end{bmatrix}$

①对于不动点 $E_1 = (0, 0)$ 有：

当 $\begin{cases} \text{tr}(J) = (A - E) + (D - H) < 0 \\ \det(J) = (A - E) \times (D - H) > 0 \end{cases}$ 成立时，要求 $A - E < 0$ 和 $D -$

$H < 0$。然而 $A - E < 0, D - H < 0$ 不成立，所以不动点 $E_1 = (0, 0)$ 不是演化稳定策略。

②对于不动点 $E_2 = (0, 1)$ 有：

当 $\begin{cases} \text{tr}(J) = (A - E) + (H - D) < 0 \\ \det(J) = (A - E) \times (H - D) > 0 \end{cases}$ 成立时，要求 $A - E < 0$ 和 $D -$

$H > 0$，但 $A - E < 0$ 不成立，所以不动点 $E_2 = (0, 1)$ 不是演化稳定策略。

③对于不动点 $E_3 = (1, 0)$ 有：

当 $\begin{cases} \text{tr}(J) = (E - A) + (D - H) < 0 \\ \det(J) = (E - A) \times (D - H) > 0 \end{cases}$ 成立时，要求 $A - E > 0$ 和 $D -$

$H < 0$，但 $D - H < 0$ 不成立，所以不动点 $E_3 = (1, 0)$ 不是演化稳定策略。

④对于不动点 $E_4 = (1, 1)$ 有 $E - A < 0$ 和 $H - D < 0$，即

$$\begin{cases} \text{tr}(J) = (E - A) + (H - D) < 0 \\ \det(J) = (E - A) \times (H - D) > 0 \end{cases}$$ 成立，所以不动点 $E_4 = (1, 1)$ 是演化稳

定策略，即用户 1 和用户 2 均选择低出价策略 b_l。

⑤对于不动点 $E_5 = \left(\dfrac{rJ - rH - B + H}{rB - rD + rJ - rH - B + D}, \dfrac{rE - rK - C + K}{rA - rC + rE - rK - E + K} \right)$，

在任务不延期时，$rB - rD + rJ - rH - B + D = 0, rA - rC + rE - rK - E + K = 0$，所以不存在该不动点。

在两用户任务不存在任务延期情况下，用户任务执行的先后顺序不影响博弈模型的演化稳定策略，在该种情形下两用户最终会选择低出价策略，其动态复制方程的相位图如图 5-4 所示。

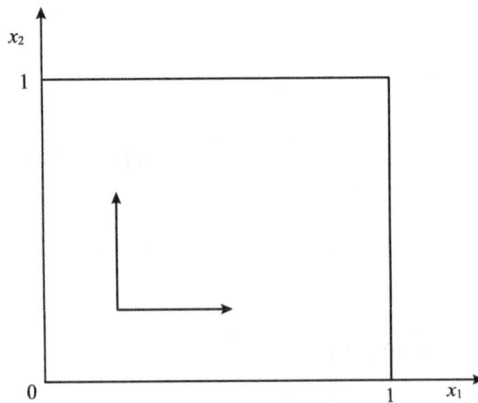

图 5-4 相位图（$d_1 = 0, d_2 = 0$）

（2）$\text{dt}_1 \leqslant \text{ft}_1 < \text{dt}_1 + \text{dt}_2$，$\text{ft}_2 \geqslant \text{dt}_1 + \text{dt}_2$，即用户 1 任务优先执行不会产生延期，后续执行会产生延期，用户 2 任务则先后执行均不会产生延期。在这种情况下，$d_1 > 0, d_2 = 0$，那么式（5-6）~式（5-17）可以改写为 $A = -b_l \times \text{dt}_1$，$B = D = F = -b_l \times \text{dt}_2, E = I = -b_h \times \text{dt}_1, C = G = -d_1 \times \text{dc}_1 - b_l \times \text{dt}_1 = $

$- d_1 \times \mathrm{dc}_1 + A$，$H = J = L = - b_h \times \mathrm{dt}_2$，$K = - d_1 \times \mathrm{dc}_1 - b_h \times \mathrm{dt}_1 = - d_1 \times \mathrm{dc}_1 +$ E。同时雅可比矩阵各元素可以变换为：

$$\frac{\partial \dot{x}_1}{\partial x_1} = (1 - 2x_1)\big[x_2 rA + (1 - x_2 r)C + (x_2 r - x_2 - r)E - (1 - x_2)(1 - r)K\big]$$

$$= (1 - 2x_1)\big[A - E + (d_1 \times \mathrm{dc}_1)(2x_2 r - x_2 - r)\big]$$

$$\frac{\partial \dot{x}_1}{\partial x_2} = x_1(1 - x_1)\big[rA - rC + (r - 1)E + (1 - r)K\big]$$

$$= x_1(1 - x_1)\big[(2r - 1)(d_1 \times \mathrm{dc}_1)\big]$$

$$\frac{\partial \dot{x}_2}{\partial x_1} = x_2(1 - x_2)\big[(r - 1)B + (1 - r)D + rJ - rH\big] = 0$$

$$\frac{\partial \dot{x}_2}{\partial x_2} = (1 - 2x_2)\big[(1 - x_1 + x_1 r)B + x_1(1 - r)D - (1 - x_1)rJ - (1 - r + x_1 r)H\big]$$

$$= (1 - 2x_2)(D - H)$$

①对于不动点 $E_1 = (0, 0)$ 有：

当 $\begin{cases} \mathrm{tr}(J) = \big[A - E - r(d_1 \times \mathrm{dc}_1)\big] + (D - H) < 0 \\ \det(J) = \big[A - E - r(d_1 \times \mathrm{dc}_1)\big] \times (D - H) > 0 \end{cases}$ 成立时，要求 $D -$

$H < 0$ 和 $A - E - r(d_1 \times \mathrm{dc}_1) < 0$。然而 $D - H < 0$ 不成立，所以不动点 $E_1 = (0, 0)$ 不是演化稳定策略。

②对于不动点 $E_2 = (0, 1)$ 有：

当 $\begin{cases} \mathrm{tr}(J) = \big[A - E + (d_1 \times \mathrm{dc}_1)(r - 1)\big] + (H - D) < 0 \\ \det(J) = \big[A - E + (d_1 \times \mathrm{dc}_1)(r - 1)\big] \times (H - D) > 0 \end{cases}$ 成立时，要

求 $D - H > 0$ 和 $A - E + (d_1 \times \mathrm{dc}_1)(r - 1) < 0$。所以当 $A - E + (d_1 \times \mathrm{dc}_1)$ $(r - 1) < 0$ 成立，即 $b_h - b_l < (1 - r)(d_1 \times \mathrm{dc}_1)/\mathrm{dt}_1$ 时，不动点 $E_2 = (0, 1)$

是演化稳定策略，即用户 1 选择高出价策略 b_h，用户 2 选择低出价策略 b_l。
复制方程的相位图如图 5-5 所示。

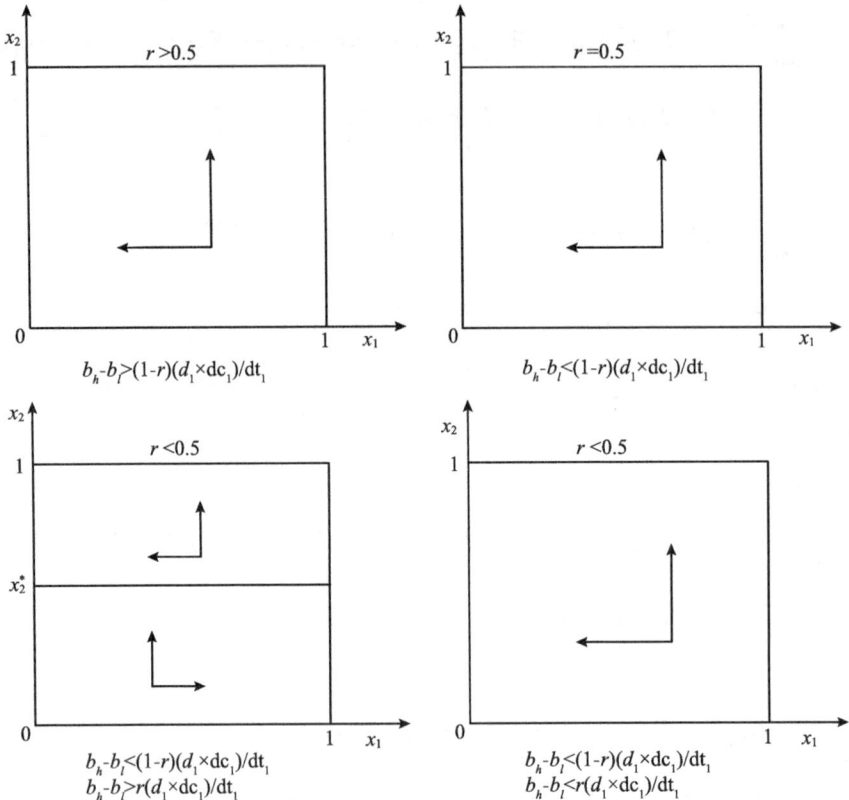

图 5-5　相位图（$d_1>0$，$d_2=0$，$b_h-b_l<$（$1-r$）（$d_1\times dc_1$）$/dt_1$）

③对于不动点 $E_3 = (1, 0)$ 有：

$$当 \begin{cases} \text{tr}(J) = [E - A + r(d_1 \times dc_1)] + (D - H) < 0 \\ \det(J) = [E - A + r(d_1 \times dc_1)] \times (D - H) > 0 \end{cases} 成立时，要求 D -$$

$H < 0$ 和 $E - A + r(d_1 \times dc_1) < 0$，但 $D - H < 0$ 不成立，所以不动点 $E_3 =$ (1, 0) 不是演化稳定策略。

④对于不动点 $E_4 = (1, 1)$ 有：

当 $\begin{cases} \mathrm{tr}(J) = [E - A + (d_1 \times \mathrm{dc}_1)(1 - r)] + (H - D) < 0 \\ \det(J) = [E - A + (d_1 \times \mathrm{dc}_1)(1 - r)] \times (H - D) > 0 \end{cases}$ 成立时，要

求 $H - D < 0$，同时 $E - A + (d_1 \times \mathrm{dc}_1)(1 - r) < 0$。

所以当 $E - A + (d_1 \times \mathrm{dc}_1)(1 - r) < 0$，即 $b_h - b_l > (1 - r)(d_1 \times \mathrm{dc}_1)/\mathrm{dt}_1$ 时，不动点 $E_4 = (1, 1)$ 是演化稳定策略，即用户 1 和用户 2 均选择低出价策略 b_l。其动态复制方程的相位图如图 5-6 所示。

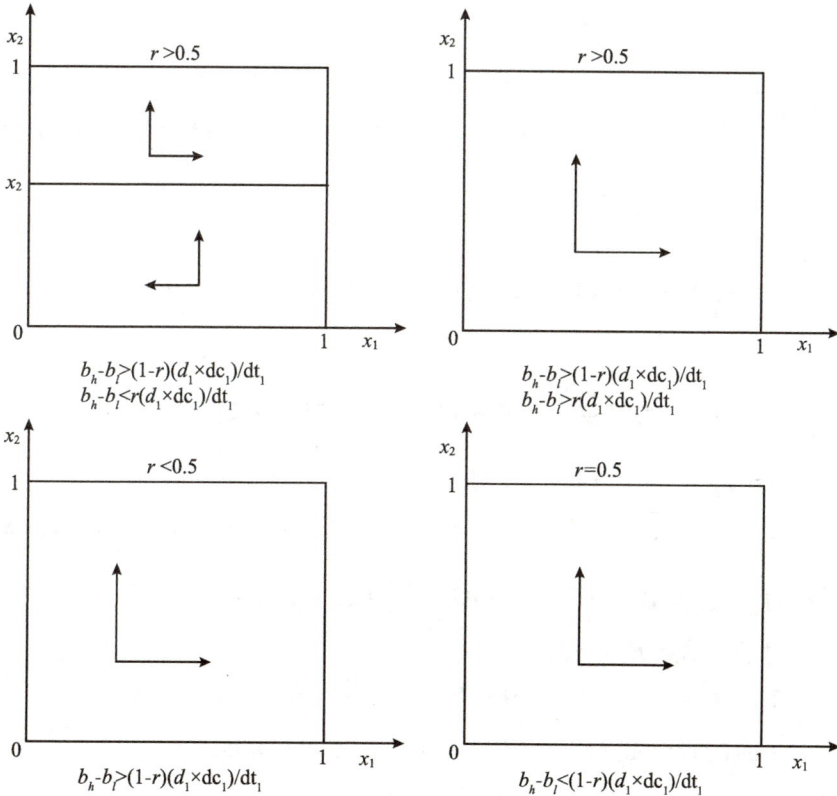

图 5-6　相位图（$d_1 > 0$，$d_2 = 0$，$b_h - b_l >$（$1-r$）（$d_1 \times \mathrm{dc}_1$）$/\mathrm{dt}_1$）

⑤对于不动点 $E_5 = \left(\dfrac{rJ - rH - B + H}{rB - rD + rJ - rH - B + D}, \dfrac{rE - rK - C + K}{rA - rC + rE - rK - E + K} \right)$ ，

由于 $rB - rD + rJ - rH - B + D = 0$ ，所以不存在该不动点。

（3） $\mathrm{ft}_1 \geq \mathrm{dt}_1 + \mathrm{dt}_2$ ，$\mathrm{dt}_2 \leq \mathrm{ft}_2 < \mathrm{dt}_1 + \mathrm{dt}_2$ ，即用户 1 任务先后执行均不会产生延期，而用户 2 任务优先执行不会产生延期，后续执行会产生延期，在这种情况下，$d_1 = 0$，$d_2 > 0$ ，那么式 (5-6) ~式 (5-17) 可以改写为 $A = C = G = - b_l \times \mathrm{dt}_1$，$D = - b_l \times \mathrm{dt}_2$，$B = F = - d_2 \times \mathrm{dc}_2 - b_l \times \mathrm{dt}_2 = - d_2 \times \mathrm{dc}_2 + D$，$E = I = K = - b_h \times \mathrm{dt}_1$，$H = L = - b_h \times \mathrm{dt}_2$，$J = - d_2 \times \mathrm{dc}_2 + H$ 。同时雅可比矩阵各元素可以变换为：

$$\frac{\partial \dot{x}_1}{\partial x_1} = (1 - 2x_1)\left[x_2 rA + (1 - x_2 r)C + (x_2 r - x_2 - r)E - (1 - x_2)(1 - r)K \right]$$

$$= (1 - 2x_1)\left[A - E \right]$$

$$\frac{\partial \dot{x}_1}{\partial x_2} = x_1(1 - x_1)\left[rA - rC + (r - 1)E + (1 - r)K \right] = 0$$

$$\frac{\partial \dot{x}_2}{\partial x_1} = x_2(1 - x_2)\left[(r - 1)B + (1 - r)D + rJ - rH \right]$$

$$= x_2(1 - x_2)\left[(1 - 2r)(d_2 \times \mathrm{dc}_2) \right]$$

$$\frac{\partial \dot{x}_2}{\partial x_2} = (1 - 2x_2)\left[(1 - x_1 + x_1 r)B + x_1(1 - r)D - (1 - x_1)rJ - (1 - r + x_1 r)H \right]$$

$$= (1 - 2x_2)\left[D - H + (d_2 \times \mathrm{dc}_2)(- 2rx_1 + x_1 + r - 1) \right]$$

①对于不动点 $E_1 = (0, 0)$ 有：

当 $\begin{cases} \mathrm{tr}(J) = (A - E) + \left[D - H + (r - 1)(d_2 \times \mathrm{dc}_2) \right] < 0 \\ \det(J) = (A - E) \times \left[D - H + (r - 1)(d_2 \times \mathrm{dc}_2) \right] > 0 \end{cases}$ 成立时，要

求 $A - E < 0$ 和 $D - H + (r - 1)(d_2 \times \mathrm{dc}_2) < 0$ 。

然而 $A - E < 0$ 不成立，所以不动点 $E_1 = (0, 0)$ 不是演化稳定策略。

②对于不动点 $E_2 = (0, 1)$ 有：

当 $\begin{cases} \mathrm{tr}(J) = (A - E) - \left[D - H + (r - 1)(d_2 \times \mathrm{dc}_2) \right] < 0 \\ \det(J) = (A - E) \times \left[- D + H - (r - 1)(d_2 \times \mathrm{dc}_2) \right] > 0 \end{cases}$ 成立时，

要求 $A - E < 0$ 和 $D - H + (r - 1)(d_2 \times dc_2) > 0$。然而 $A - E < 0$ 不成立，所以不动点 $E_2 = (0, 1)$ 不是演化稳定策略。

③对于不动点 $E_3 = (1, 0)$ 有：

当 $\begin{cases} \text{tr}(J) = (E - A) + [D - H - r(d_2 \times dc_2)] < 0 \\ \det(J) = (E - A) \times [D - H - r(d_2 \times dc_2)] > 0 \end{cases}$ 成立时，要求 $E - A < 0$ 和 $D - H - r(d_2 \times dc_2) < 0$。

所以当 $D - H - r(d_2 \times dc_2) < 0$ 成立，即 $b_h - b_l < r(d_2 \times dc_2)/dt_2$ 时，不动点 $E_3 = (1, 0)$ 是演化稳定策略，即用户1选择低出价策略 b_l，用户2选择高出价策略 b_h。其复制方程的相位图如图5-7所示。

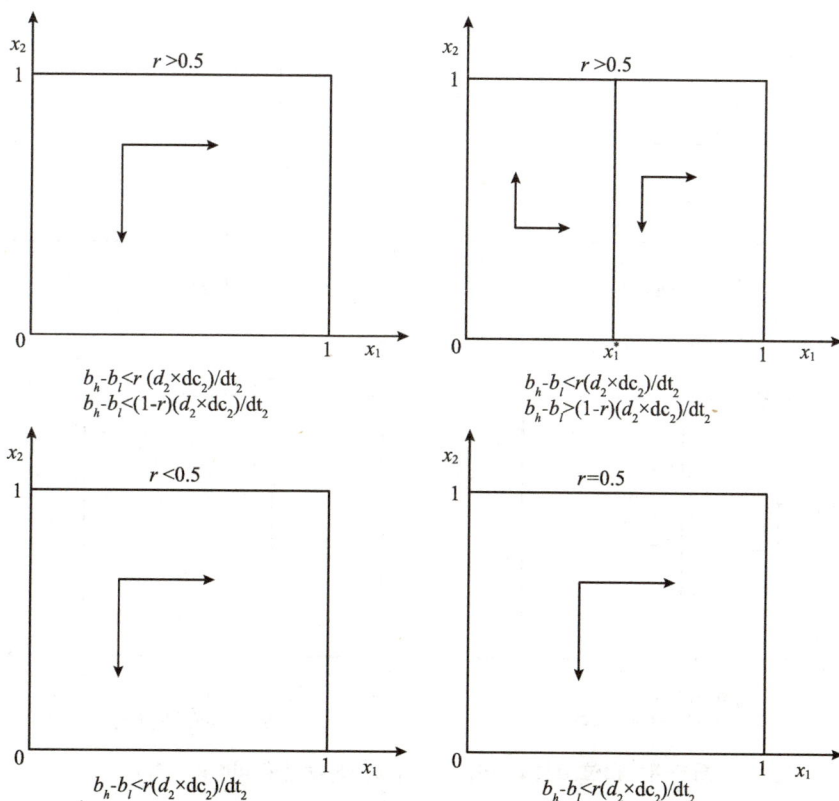

图 5-7　相位图 $(d_1 = 0, d_2 > 0, b_h - b_l < r(d_2 \times dc_2)/dt_2)$

④对于不动点 $E_4 = (1, 1)$ 有：

当 $\begin{cases} \text{tr}(J) = (E-A) - [D-H-r(d_2 \times \text{dc}_2)] < 0 \\ \det(J) = (E-A) \times [-D+H+r(d_2 \times \text{dc}_2)] > 0 \end{cases}$ 成立时，要求

$E-A < 0$ 和 $D-H-r(d_2 \times \text{dc}_2) > 0$。

所以当 $D-H-r(d_2 \times \text{dc}_2) > 0$，即 $b_h - b_l > r(d_2 \times \text{dc}_2)/\text{dt}_2$ 时，不动点 $E_4 = (1, 1)$ 是演化稳定策略，即用户 1 和用户 2 均选择低出价策略 b_l。其动态复制方程的相位图如图 5-8 所示。

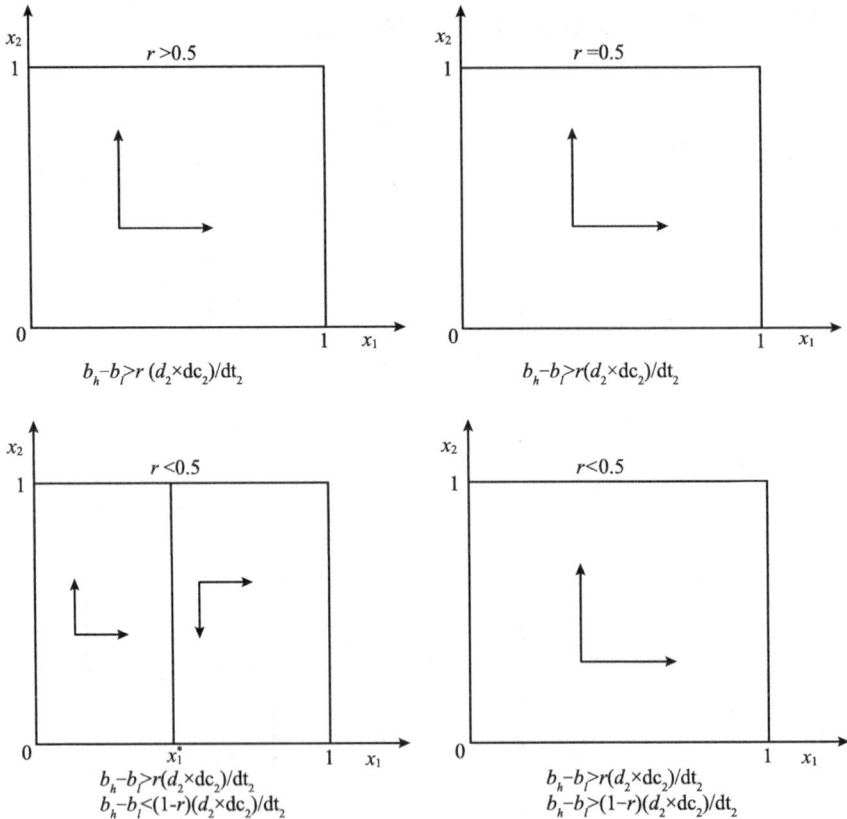

图 5-8 相位图 $(d_1 = 0,\ d_2 > 0,\ b_h - b_l > r\ (d_2 \times \text{dc}_2)\ /\text{dt}_2)$

⑤对于不动点 $E_5 = \left(\dfrac{rJ - rH - B + H}{rB - rD + rJ - rH - B + D}, \dfrac{rE - rK - C + K}{rA - rC + rE - rK - E + K} \right)$，

由于 $rA - rC + rE - rK - E + K = 0$，所以不存在该不动点。

（4） $dt_1 \leqslant ft_1 < dt_1 + dt_2$，$dt_2 \leqslant ft_2 < dt_1 + dt_2$，即两用户任务优先执行不会产生延期，后续执行的任务会产生延期。在这种情况下，$d_1 > 0$，$d_2 > 0$，那么式（5-6）~式（5-17）可以改写为 $A = -b_l \times dt_1$，$C = G = -d_1 \times dc_1 + A$，$D = -b_l \times dt_2$，$B = F = -d_2 \times dc_2 + D$，$E = I = -b_h \times dt_1$，$K = -d_1 \times dc_1 + E$，$H = L = -b_h \times dt_2$，$J = -d_2 \times dc_2 + H$。同时雅可比矩阵各元素可以变换为

$$\frac{\partial \dot{x}_1}{\partial x_1} = (1 - 2x_1)\left[x_2 rA + (1 - x_2 r)C + (x_2 r - x_2 - r)E - (1 - x_2)(1 - r)K \right]$$

$$= (1 - 2x_1)\left[A - E + (d_1 \times dc_1)(2x_2 r - x_2 - r) \right]$$

$$\frac{\partial \dot{x}_1}{\partial x_2} = x_1(1 - x_1)\left[rA - rC + (r - 1)E + (1 - r)K \right]$$

$$= x_1(1 - x_1)\left[(2r - 1)(d_1 \times dc_1) \right]$$

$$\frac{\partial \dot{x}_2}{\partial x_1} = x_2(1 - x_2)\left[(r - 1)B + (1 - r)D + rJ - rH \right]$$

$$= x_2(1 - x_2)\left[(1 - 2r)(d_2 \times dc_2) \right]$$

$$\frac{\partial \dot{x}_2}{\partial x_2} = (1 - 2x_2)\left[(1 - x_1 + x_1 r)B + x_1(1 - r)D - (1 - x_1)rJ - (1 - r + x_1 r)H \right]$$

$$= (1 - 2x_2)\left[D - H + (d_2 \times dc_2)(-2rx_1 + x_1 + r - 1) \right]$$

①对于不动点 $E_1 = (0, 0)$ 有：

$$J(x_1, x_2) = \begin{bmatrix} [A - E - r(d_1 \times dc_1)] & 0 \\ 0 & [D - H + (r - 1)(d_2 \times dc_2)] \end{bmatrix}$$

当 $\begin{cases} \text{tr}(J) < 0 \\ \det(J) > 0 \end{cases}$ 成立时，要求 $A - E - r(d_1 \times dc_1) < 0$ 和 $D - H + (r-1)(d_2$

$\times dc_2$）<0。即 $b_h-b_l<r$（$d_1\times dc_1$）$/dt_1$，且 $b_h-b_l<$（$1-r$）（$d_2\times dc_2$）$/dt_2$ 时，不动点 $E_1=(0, 0)$ 才是演化稳定策略，这时用户 1 和用户 2 均选择高出价策略 b_h。其相位图如图 5-9 所示。

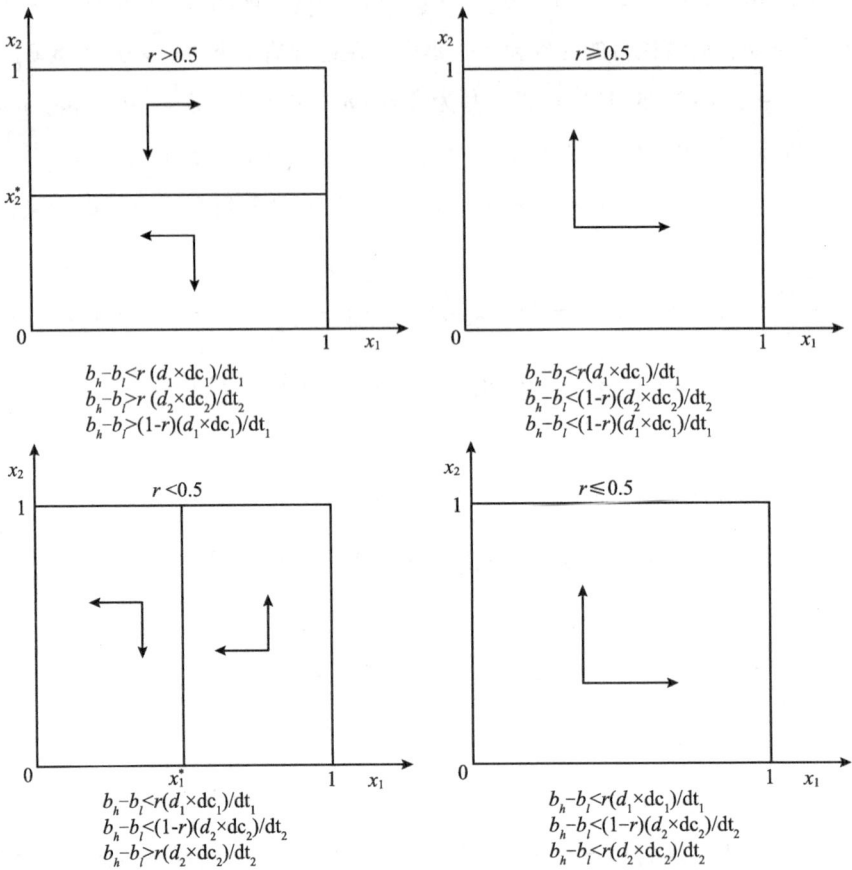

图 5-9　相位图（$d_1>0$, $d_2>0$; $b_h-b_l<r$（$d_1\times dc_1$）$/dt_1$;

$b_h-b_l<$（$1-r$）（$d_2\times dc_2$）$/dt_2$）

②对于不动点 $E_2=(0, 1)$ 有：

$$J(x_1, x_2)=\begin{bmatrix} [A-E+(r-1)(d_1\times dc_1)] & 0 \\ 0 & [H-D-(r-1)(d_2\times dc_2)] \end{bmatrix}$$

当 $\begin{cases} \text{tr}(J)<0 \\ \det(J)>0 \end{cases}$ 成立时，要求 $A-E+(r-1)(d_1\times dc_1)<0$ 和 $D-H+$

$(r - 1)(d_2 \times dc_2) > 0$。

即满足 $(1 - r)(d_2 \times dc_2)/dt_2 < b_h - b_l < (1 - r)(d_1 \times dc_1)/dt_1$ 时，不动点 $E_2 = (0, 1)$ 才是演化稳定策略，这时用户 1 选择高出价策略 b_h，用户 2 选择低出价策略 b_l。其动态复制方程的相位图如图 5-10 所示。

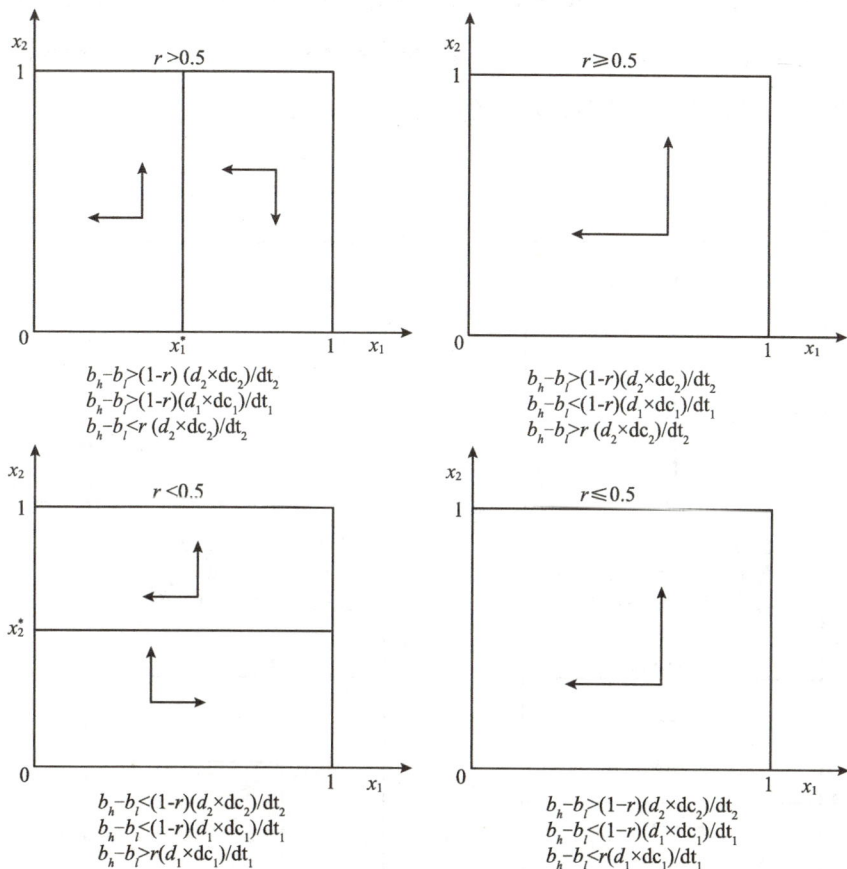

图 5-10　相位图 $(d_1 > 0, d_2 > 0; (1-r)(d_2 \times dc_2)/dt_2 < b_h - b_l < (1-r)(d_1 \times dc_1)/dt_1)$

③对于不动点 $E_3 = (1, 0)$ 有：

$$J(x_1, x_2) = \begin{bmatrix} [E - A + r(d_1 \times dc_1)] & 0 \\ 0 & [D - H - r(d_2 \times dc_2)] \end{bmatrix}$$

当 $\begin{cases} \text{tr}(J) < 0 \\ \det(J) > 0 \end{cases}$ 成立时，要求 $E - A + r(d_1 \times \text{dc}_1) < 0$ 和 $D - H - r(d_2 \times \text{dc}_2) < 0$。

即满足 $r(d_1 \times \text{dc}_1)/\text{dt}_1 < b_h - b_l < r(d_2 \times \text{dc}_2)/\text{dt}_2$ 时，不动点 $E_3 = (1, 0)$ 才是演化稳定策略，这时用户 1 选择低出价策略 b_l，用户 2 选择高出价策略 b_h。其动态复制方程的相位图如图 5-11 所示。

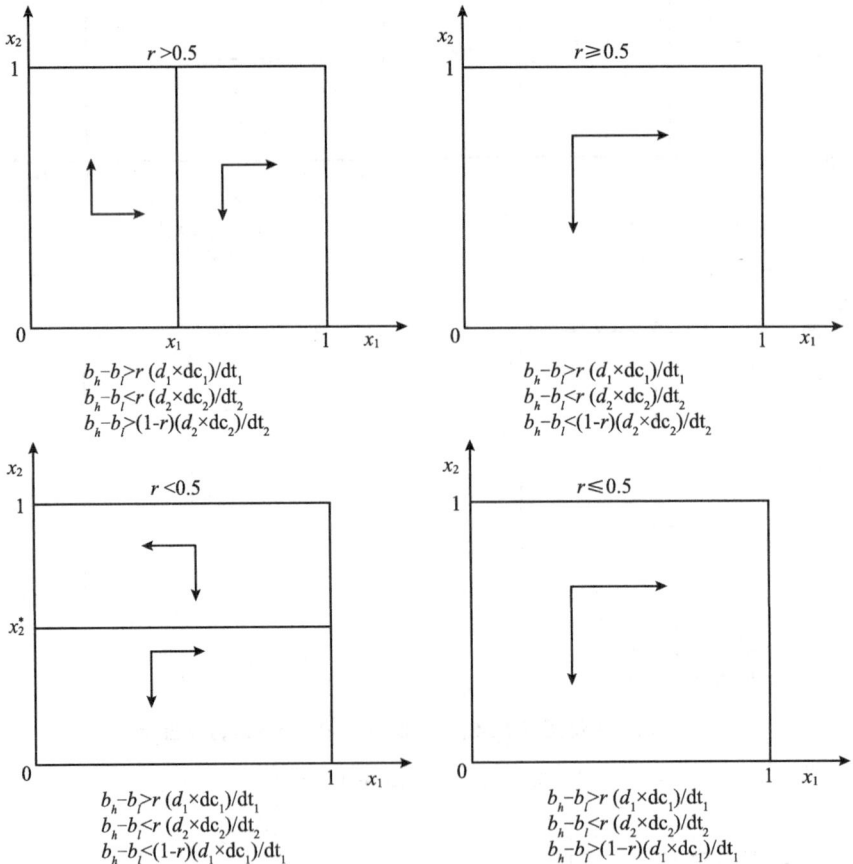

图 5-11 相位图 $(d_1 > 0, d_2 > 0; r (d_1 \times \text{dc}_1) /\text{dt}_1 < b_h - b_l < r (d_2 \times \text{dc}_2) /\text{dt}_2)$

④对于不动点 $E_4 = (1, 1)$ 有：

$$J(x_1,\ x_2) = \begin{bmatrix} [E - A + (1-r)(d_1 \times dc_1)] & 0 \\ 0 & [H - D + r(d_2 \times dc_2)] \end{bmatrix}$$

当 $\begin{cases} \mathrm{tr}(J) < 0 \\ \det(J) > 0 \end{cases}$ 成立时，要求 $E - A + (1-r)(d_1 \times dc_1) < 0$ 和 $H - D +$

$r(d_2 \times dc_2) < 0$。

即同时满足 $b_h - b_l > (1-r)(d_1 \times dc_1)/dt_1$，$b_h - b_l > r(d_2 \times dc_2)/dt_2$ 时，不动点 $E_4 = (1,\ 1)$ 是演化稳定策略，即用户 1 和用户 2 均选择低出价策略 b_l。其动态复制方程的相位图如图 5-12 所示。

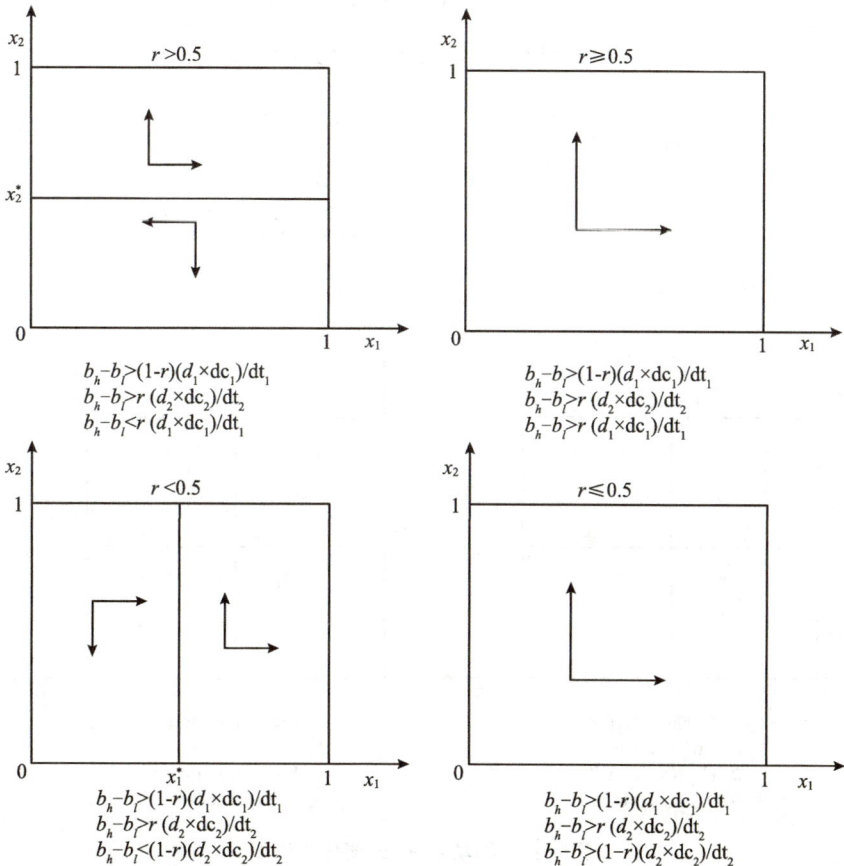

图 5-12　相位图（$d_1 > 0$，$d_2 > 0$；$b_h - b_l > r\ (d_2 \times dc_2)\ /dt_2$；$b_h - b_l > (1-r)\ (d_1 \times dc_1)\ /dt_1$）

⑤对于不动点 $E_5 = \left(\dfrac{rJ - rH - B + H}{rB - rD + rJ - rH - B + D}, \dfrac{rE - rK - C + K}{rA - rC + rE - rK - E + K} \right)$,

当 $r = 0.5$ 时,不存在该不动点;当 $r \neq 0.5$,有 $\mathrm{tr}(J) = 0$,$\det(J) > 0$。由

$0 < \dfrac{rJ - rH - B + H}{rB - rD + rJ - rH - B + D} < 1, 0 < \dfrac{rE - rK - C + K}{rA - rC + rE - rK - E + K} < 1$,可得:

当 $r > 0.5$ 时,要求 $\begin{cases} D - H > (1 - r)(d_2 \times dc_2) \\ D - H < r(d_2 \times dc_2) \\ A - E < r(d_1 \times dc_1) \\ A - E > (1 - r)(d_1 \times dc_1) \end{cases}$ 成立。

当 $r < 0.5$ 时,要求 $\begin{cases} D - H < (1 - r)(d_2 \times dc_2) \\ D - H > r(d_2 \times dc_2) \\ A - E > r(d_1 \times dc_1) \\ A - E < (1 - r)(d_1 \times dc_1) \end{cases}$ 成立。

其相位图如图 5-13 所示。

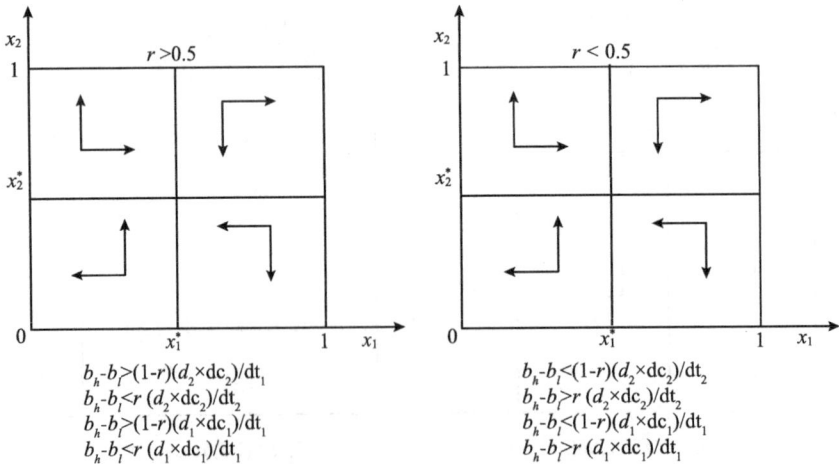

$b_h\text{-}b_l > (1-r)(d_2 \times dc_2)/dt_2$
$b_h\text{-}b_l < r(d_2 \times dc_2)/dt_2$
$b_h\text{-}b_l > (1-r)(d_1 \times dc_1)/dt_1$
$b_h\text{-}b_l < r(d_1 \times dc_1)/dt_1$

$b_h\text{-}b_l < (1-r)(d_2 \times dc_2)/dt_2$
$b_h\text{-}b_l > r(d_2 \times dc_2)/dt_2$
$b_h\text{-}b_l < (1-r)(d_1 \times dc_1)/dt_1$
$b_h\text{-}b_l > r(d_1 \times dc_1)/dt_1$

图 5-13　不动点 E_5 的演化相位图

当博弈模型的参数值满足不动点 E_5 存在的约束条件时，从图 5-13 中我们可以看出该演化博弈不存在演化稳定策略，即系统长期处于周期性循环演化模式，不会向某一点汇聚。

5.3.5 算例分析

根据企业调研发现，经常存在同一时间段内两企业用户要完成某型号建材装备产品的制造任务，这是一种典型的多用户对同一资源服务博弈竞争的情况。以此为背景进行算例分析，现在给出两用户完成某型号水泥磨组装制造任务的相关参数，其中 $dt_1 = dt_2 = 4$，$ft_1 = ft_2 = 5$，$dc_1 = 6$，$dc_2 = 8$，$b_h = 6$，$b_l = 4$。那么用户 1 和用户 2 的博弈收益矩阵如表 5-2 所示。

表 5-2 用户的效用矩阵

		用户 2	
		策略 $L_2(x_2)$	策略 $H_2(1-x_2)$
用户 1	策略 $L_1(x_1)$	$(18r-34, \ -24r-16)$	$(-34, \ -24)$
	策略 $H_1(1-x_1)$	$(-24, \ -40)$	$(18r-42, \ -24r-24)$

其中，r 为在两用户采用相同策略时，用户 1 优先执行的概率，那么 $1-r$ 为用户 2 优先执行的概率。

通过计算有 $d_1 = d_2 = 3 > 0$，该博弈模型属于第四种情形，即两用户后续执行时会产生延期成本。按照上小节的分析，有如下演化。

（1）当 $E_1 = (0, 0)$ 为稳定策略时，要求
$$\begin{cases} r > dt_1(b_h - b_l)/(d_1 \times dc_1) = 4/9 \\ (1-r) > dt_2(b_h - b_l)/(d_2 \times dc_2) = 1/3 \end{cases}$$
成立，即 $4/9 < r < 2/3$，分别取 $r = 0.45$，$r = 0.5$，$r = 0.6$，$r = 0.7$，其博弈模型演化过程如图 5-14 所示。

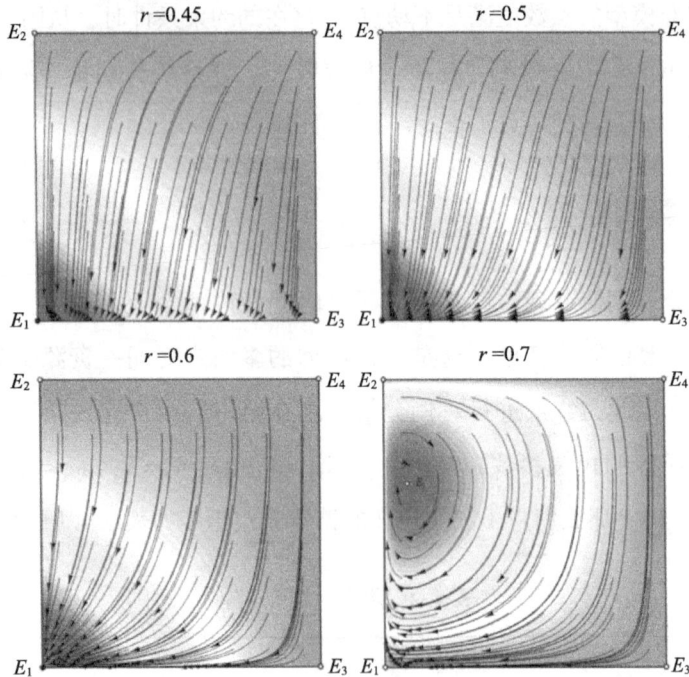

图 5-14　博弈模型演化过程

（2）当 $E_2 = (0, 1)$ 为稳定策略时，要求 $\begin{cases} (1-r) < \mathrm{dt}_2(b_h - b_l)/(d_2 \times \mathrm{dc}_2) = 1/3 \\ (1-r) > \mathrm{dt}_1(b_h - b_l)/(d_1 \times \mathrm{dc}_1) = 4/9 \end{cases}$

成立，即 $2/3 < r < 5/9$，然而该不等式不成立，所以该博弈模型不存在该稳定策略。

（3）当 $E_3 = (1, 0)$ 为稳定策略时，要求 $\begin{cases} r < \mathrm{dt}_1(b_h - b_l)/(d_1 \times \mathrm{dc}_1) = 4/9 \\ r > \mathrm{dt}_2(b_h - b_l)/(d_2 \times \mathrm{dc}_2) = 1/3 \end{cases}$

成立，即 $1/3 < r < 4/9$，分别取 $r = 0.2$，$r = 0.3$，$r = 0.45$，$r = 0.4$，其博弈模型演化过程如图 5-15 所示。

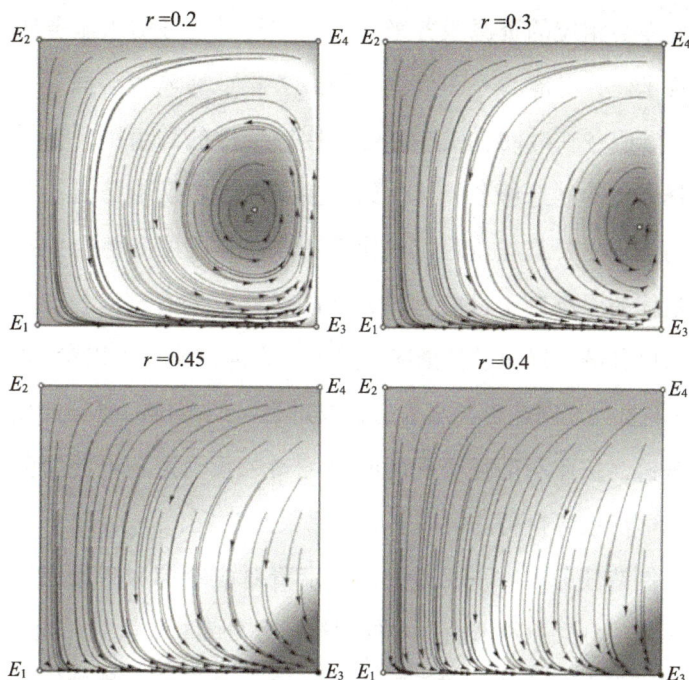

图 5-15　博弈模型演化过程

（4）当 $E_4 = (1, 1)$ 为稳定策略时，要求

$$\begin{cases} 1 - r < \mathrm{dt}_1(b_h - b_l)/(d_1 \times \mathrm{dc}_1) = 4/9 \\ r < \mathrm{dt}_2(b_h - b_l)/(d_2 \times \mathrm{dc}_2) = 1/3 \end{cases}$$

成立，即 $5/9 < r < 1/3$，然而该不等式不成立，所以该博弈模型不存在该稳定策略。

即在第 4 种情况中，两用户为了提高优先任务执行的概率，可以通过提高任务需求提交的优先概率来获得，从而获得采用低出价策略。

5.4　云制造任务资源服务链构建

一个大的制造任务往往由多个具有时序约束的制造子任务组成，每个子制造任务需要相应的资源服务来完成。在经过任务需求服务匹配和博弈优选后，各子任务对应为一个候选资源服务集或有限资源服务。在此基础上，按照资源服务在时间、成本、可靠性等条件的约束下，在候选资源集服务中选择最优的制造服务，优化组合生成制造资源服务链。对于制造资源服务链的优化主要是应用智能优化算法在众多的服务组合中挑选一个使优化目标最佳的服务链，目前对该方面的研究已经有较多的文献报道。本书不对制造服务链的优化进行论述，关于这方面的研究可以参见文献［17-20］。本书主要关注制造资源服务的合成过程。制造资源服务合成是对优化的资源服务链，按照制造任务间的时序逻辑关系确定各资源服务之间的逻辑关系，从而形成可执行的协同制造资源服务链。

因此，制造任务的时序逻辑关系决定着对应资源服务的逻辑关系，按照本书第 3 章的分类，制造企业中的制造任务分为 9 个大类，通过分析各类别任务执行过程中各子任务或活动间的关系，常见的几种逻辑关系可以表述如图 5-16 所示[21]。

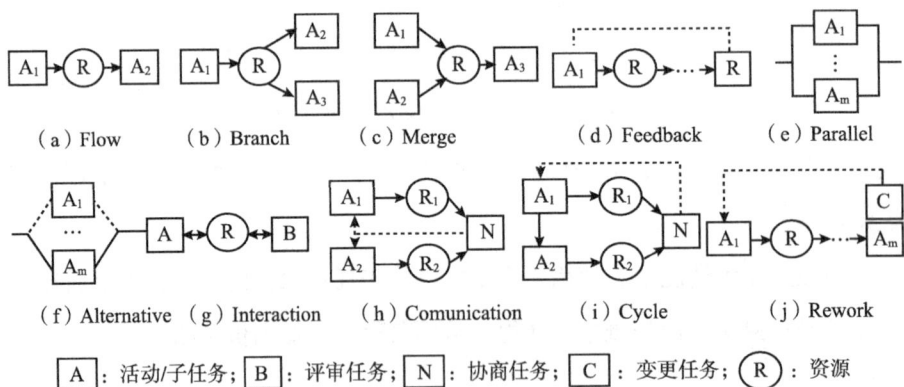

（a）Flow　（b）Branch　（c）Merge　（d）Feedback　（e）Parallel

（f）Alternative　（g）Interaction　（h）Comunication　（i）Cycle　（j）Rework

$\boxed{A}$：活动/子任务；$\boxed{B}$：评审任务；$\boxed{N}$：协商任务；$\boxed{C}$：变更任务；$\bigcirc{R}$：资源

图 5-16　制造任务逻辑关系

其中：

（a）Flow，流关系是典型的顺序关系，表达了子任务间的顺序时序关系；

（b）Branch，分支关系表达了后续子任务的执行共同依赖某任务完成后所产生的资源；

（c）Merge，融合关系表达了某任务的执行依赖于几个子任务的完成后产生的资源；

（d）Feedback，反馈关系表达了某任务的完工质量信息的反馈过程；

（e）Parallel，并行关系反映了子任务间的执行没有资源交互，且在时间维度上是并行的关系；

（f）Alternative，选择关系表达了在众多任务中选择某一任务执行都可以满足要求；

（g）Interaction，交互关系反映了两个子任务在执行过程中交互它们的执行结果，直到满足某标准才跳出该迭代环；

（h）Comunication，沟通关系表达了协商子任务同时触发多个参与活动的执行，并且在满足某协商结果后各活动的执行结束；

（i）Cycle，循环关系表达了协商子任务触发多个参与活动按照一定的顺序执行，并且在满足某协商结果后活动执行结束；

（j）Rework，返工关系表达了变工活动传递任务变工信息到之前完工的任务。

从时序的角度考虑可以将以上各种关系泛化为 Flow、Parallel、Alternative 和 Cycle4 种典型的关系，而其他的逻辑关系可以由该 4 种关系演绎得到。如 Branch、Merge 可以看作 Flow 和 Parallel 关系的组合；Feedback、Rework、Interaction 可以看作 Flow 或 Cycle 关系组合；Comunication 可以看作 Flow、Parallel 与 Cycle 的组合。因此将 Flow、Parallel、Alternative 和 Cycle4 种典型关系作为制造任务执行过程中的时序逻辑关系，并将其映射为制造资源服务间的关系。为此，制造资源服务链的构建过程可以描述为：

（1）确定工程项目的开始时间和结束时间，并将其分解为若干个制造任务，每个制造任务根据额定工时及执行顺序，确定各任务执行的开始时间和结束时间。

（2）在时间、成本、可靠性等方面的约束下，为每个任务匹配到满足约束的候选制造服务，而对于多用户竞争的资源服务，通过博弈确定任务执行的时间片段。

（3）在基于总成本最低、总工期最短和服务质量最佳的多目标前提下，从各候选制造服务集中，为每个制造任务选择一个最优的资源服务。

（4）根据制造任务执行过程中4种典型的时序关系，确定对应制造资源服务间的逻辑关系，从而形成制造资源服务链，得到资源服务的执行流程。

5.5 本章小结

本章介绍了云制造任务执行资源服务链的构建过程，在梳理任务执行资源服务优选模型上，将其分为单用户和多用户模式，并重点应用演化博弈论的方法构建了多用户任务资源服务博弈优化模型，按照任务执行时是否延期分4种情况分析其演化稳定策略，并给出不同情况下的动态复制方程演化相位图，在此基础上分析了子任务间的时序逻辑关系，并给出执行资源服务链的构建流程。

参考文献

[1] TAO F,ZHAO D,HU Y,et al. Resource service composition and its optimal-selection based on particle swarm optimization in manufacturing grid system [J]. IEEE transactions on industrial informatics,2008,4(4):315-327.

［2］TAO F,ZHAO D,HU Y,et al. Correlation-aware resource service composition and optimal-selection in manufacturing grid［J］. European journal of operational research,2010,201 (1):129-143.

［3］GUO H,TAO F,ZHANG L,et al. Research on measurement method of resource service composition flexibility in service-oriented manufacturing system［J］. International journal of computer integrated manufacturing,2012,25(2):113-135.

［4］刘波. 云制造环境中面向多任务的服务组合与优化技术研究［D］. 重庆:重庆大学,2012.

［5］LIU W,LIU B,SUN D,et al. Study on multi-task oriented services composition and optimis-ation with the Multi-Composition for Each Task pattern in cloud manufacturing systems［J］. International journal of computer integrated manufacturing,2013,26(8):786-805.

［6］何玉安. 基于本体的制造网格任务管理关键技术研究［D］. 上海:上海大学,2008.

［7］NASH J F. The bargaining problem［J］. Econometrica,1950,18:155-162.

［8］NASH J F. Non-cooperative games［J］. Annals of mathematics,1951,54:286-295.

［9］SELTEN R. Spieltheoretische behandlung eines oligopolmodels mit nachfragezeit［J］. Zeitschrift für die gesamte Staatswissenschaft ,1965,121:301-324.

［10］SELTEN R. Reexamination of the perfectness concept for equilibrium points in extensive games［J］. International journal of game theory,1975,4:25-55.

［11］HARSANYI J C. Games with incomplete information played by"Bayesian" players I,II, and III［J］. Management science,1967,14:159-182,320-334,486-502.

［12］KREPS D M,WILSON R B. Sequential equilibria［J］. Econometrica,1982,50:863-894.

［13］谢识予. 经济博弈论［M］. 上海:复旦大学出版社,2004.

［14］MAYNARD S J,PRICE G R. The logic of animal conflict［J］. Nature,1973,246:15-18.

［15］MAYNARD S J. Evolution and the Theory of Games ［M］. Cambridge:Cambridge University Press,1982.

［16］TAYLOR P D,JONKER L. Evolutionary stable strategies and game dynamics［J］. Mathe-matical biosciences,1978,40,145-56.

[17] 王景峰,王刚,吕民,等. 基于产品结构的制造服务链构建研究[J]. 计算机集成制造系统,2009,15(6):1222-1236.

[18] HUANG B Q,LI C H,TAO F. A chaos control optimal algorithm for QoS-based service composition selection in cloud manufacturing system[J]. Enterprise information systems, 2014,8(4):445-463.

[19] XIANG F,HU Y,YU Y,et al. QoS and energy consumption aware service composition and optimal-selection based on Pareto group leader algorithm in cloud manufacturing system [J]. Central European journal of operations research,2014,22(4):663-685.

[20] LARTIGAU J,XU X,NIE L,et al. Cloud manufacturing service composition based on QoS with geo-perspective transportation using an improved Artificial Bee Colony optimisation algorithm[J]. International journal of production research,2015,53(14):4380-4404.

[21] WANG T R,GUO S S,SARKER B R,et al. Process planning for collaborative product development with CD-DSM in optoelectronic enterprises[J]. Advances engineering informatics,2012,26(2):280-291.

第6章　云制造任务执行过程监控

制造业在发展中面临的3个突出的挑战是网络化、知识化和服务化，以及由此带来的复杂化，导致对制造系统中的组织结构和功能的非线性、时变性、突发性和不平衡性等难以用传统的运行模式和控制策略来驾驭。伴随着信息技术的发展及数字化进程的深入，云制造技术不断发展成为全新制造模式，从而更好地适应日益复杂的产品结构，日趋个性化、多样化的消费需求。在云制造技术的支撑下，可以实现复杂制造任务执行过程的状态监控，实现复杂制造任务执行过程中实时信息的跟踪与监控及多用户主体间制造信息的协同共享，以方便快速处理任务执行过程中出现的异常情况。本章在分析云制造模式下复杂制造任务执行过程状态监控框架的基础上，提出基于制造任务本体的多源数据一致映射模型，从制造设备状态监控、订单执行进度监控等方面来探讨实时制造信息的获取、监控与分析；进而，论述了实现制造任务执行过程监控的典型技术，为实现制造任务执行过程实时信息的监控与跟踪提供方法和技术基础。

6.1　概述

在全球化浪潮下，随着互联网技术应用的深入，现代制造企业为了提高市场竞争力更加专注于自身的核心业务，对于非核心业务采用外包或采购的业务经营模式。因此，各企业更加注重企业间业务协同以实现信息和资源的共享。虽然从产品设计、原材料采购、生产制造、包装发运整个过程中信息的有效控制与共享以及业务的协调管理水平有一定的提高，但绝大多数现代制造企业在信息共享的内容和实时性方面存在较大的不足，缺乏对制造资源执行过程中关键信息的实时跟踪与控制，表现为在信息共享内容上主要集中于业务往来企业间信息的横向共享，而其信息主要围绕在产品级方面，缺乏对外包产品执行过程中的信息反馈跟踪；另外，在信息采集方式上大都应用人工输入或统计的方式来反馈过程状态信息，其实时性较差且容易出错。

云制造模式的提出可以有效地解决上述问题，云制造模式的本质在于制造资源的协同共享，其关键的核心技术之一是制造物联网和实时感知。制造物联技术是作为一种使能技术，通过应用各种感知技术，如各种传感器、RFID读卡设备、全球定位系统、制造环境监测装置、激光扫描器、网络摄像头等各种设置与技术建立物联感知网络，实现任务执行过程中人、机、料、环的智能化识别、定位、跟踪、监控和管理。在物联感知使能技术的支持下，任务执行过程状态监控的本质是通过先进的智能采集终端采集任务执行现场各环节中大量的原始数据，并进行数据过滤、融合、推理等操作，逐步提炼反映任务执行过程中异常或关键的状态信息，也就是在任务执行过程中按照任务结构自底向上逐级采集活动级或工序级的小粒度数据，并提炼为满足特定业务需求的大粒度信息，从而增强任务执行过程中实时监控能力，并实现不同协同用户间的信息交换。图6-1展示了云制造模式任务执行过程状态跟踪模型，其最大的特点是实时获取任务执行过程中小粒度的数据，并按照不同的业务需求实现信息融合，方便不同企业用户间多样信息共享。

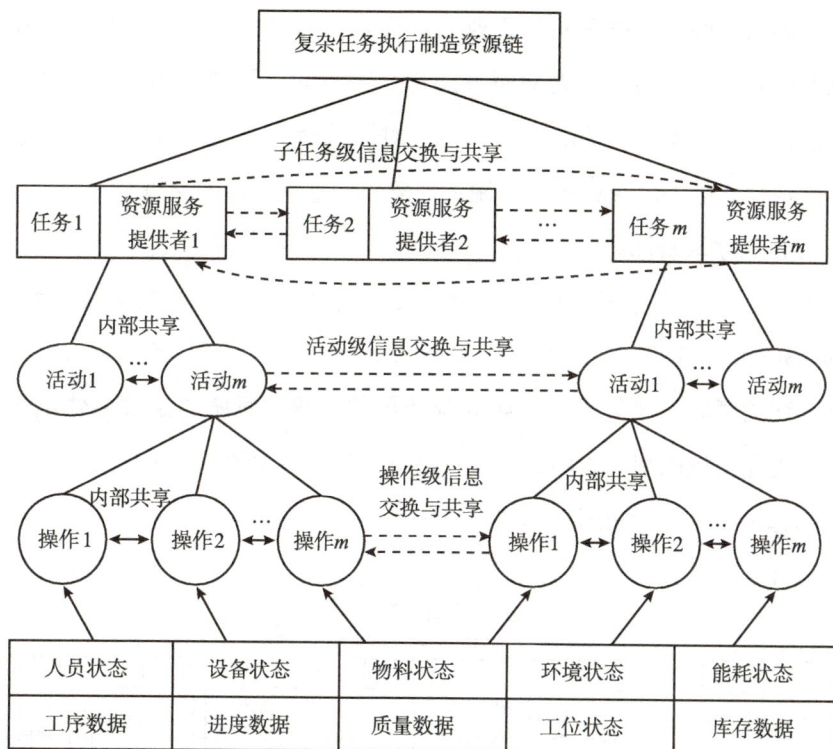

图 6-1 云制造模式下任务执行过程状态监控模型

6.2 云制造任务执行过程监控框架

6.2.1 制造任务多级视图

在制造任务分解的过程中，一般应用工作分解结构（work breakdown structure，WBS）[1]、关键路径法（critical path method，CPM）[2]、计划评审技术（program/project evaluation and review technique，PERT）[3]等方法对制造任务进行划分，确定合理的制造任务计划以及制造资源的需求。鉴于制造任务粒度的不同，对于不同的决策者，其对制造任务相关信息关注的重点是不同的。例如，对车间的作业人员而言，其关注的重点是车间的作业计划有无超期；对部门决策者而言，其关注的重点是制造子任务进度是否合理。在文献［4］的基础上，本书针对制造企业制造任务，提出基于工序、部件、产品的多级视图，为制造任务的信息监控提供支撑。

（1）工序级视图。

工序级视图是对车间作业计划的具体描述，包括工序的名称、编码、计划开始时间、计划持续时间、工序的制造资源需求、工序的紧前工序集合、工序的紧后工序集合、所属的制造部件编码、所属的制造主体编码等信息。工序级视图划分为两部分，一部分是工序计划视图，如图 6-2 所示；另一部分是工序执行视图，如图 6-3 所示。

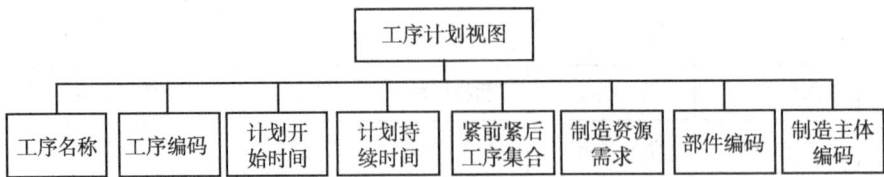

图 6-2　工序计划视图

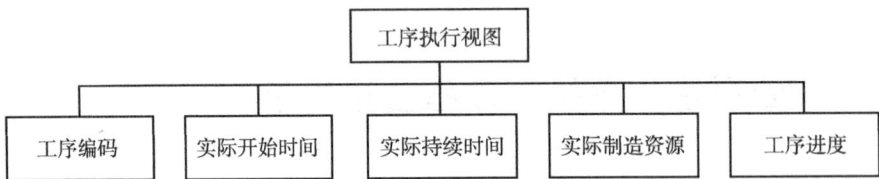

图 6-3　工序执行视图

（2）子任务级视图。

子任务级视图是对分解后的子任务制作计划和进度的描述，包括子任务的名称、编码、计划开始时间、计划持续时间、实际开始时间、实际持续时间、紧前子任务集合、紧后子任务集合、子任务进度、任务编码等信息，如图6-4所示。

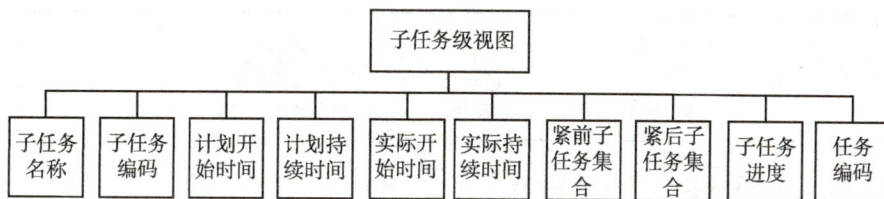

图 6-4　子任务级视图

（3）任务级视图。

任务级视图是对制造任务的计划和进度的描述，主要包括制造任务的名称、编码、计划开始时间、计划持续时间、实际开始时间、实际持续时间、任务执行进度等信息，如图 6-5 所示。

图 6-5　任务级视图

6.2.2　云制造任务执行过程监控框架

云制造环境中，为了实现制造任务执行过程中状态实时监控，在物联感知设备的支持下需要执行 4 个阶段的工作，即任务执行过程实时数据获取、实时数据的预处理、任务执行过程状态信息融合和制造信息多视图，其框架如图 6-6 所示。

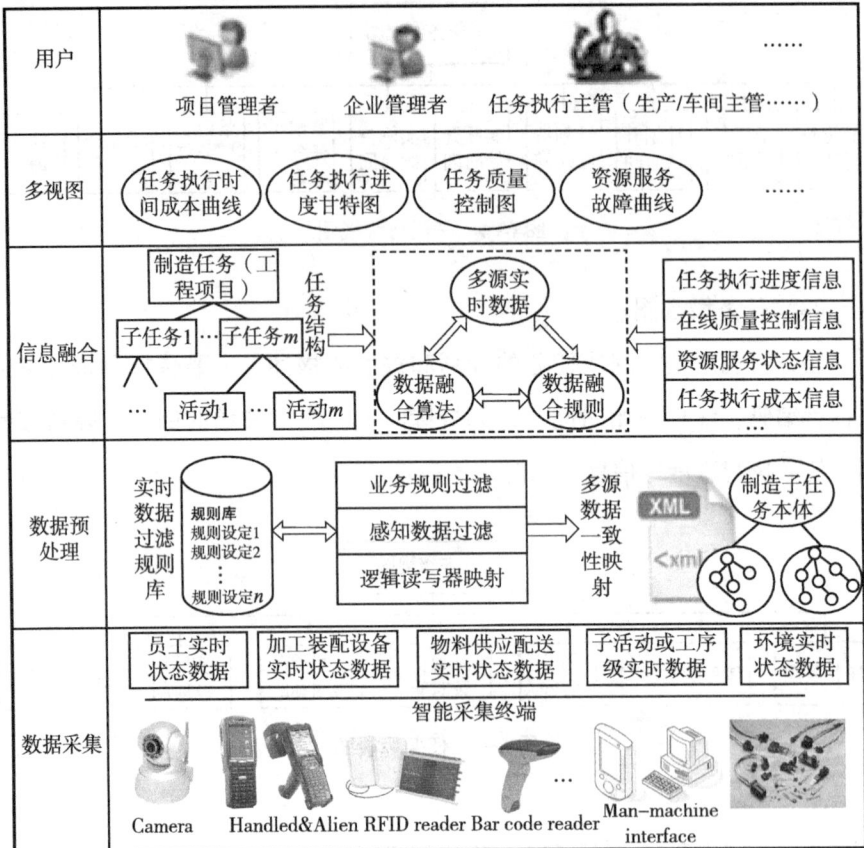

图 6-6　云制造任务执行过程监控框架

实时数据采集负责制造企业制造任务执行的全生命周期中工程项目设计、执行计划、生产工艺、采购仓储、加工制造、物流配送、质量检测、发运安装 8 个环节的状态感知实时数据的采集，并实现实时数据在本地实时的存储，经过数据过滤后进行持久化存储。为了实现任务执行过程中每一个制造活动的全面监控，需要使得每一个操作或事务变得透明或数字化，即在智能感知终端的支持下实现全息数字车间和工厂的概念。为此，各协同企业内物联感知设备的合理布局和数据采集流程显得尤为重要，因此需要将数据采集终端按照不同制造资源的监控特点进行合理布局。从任务执行的角度来看，参与的制造资源包括人员、物料、产品、工件、物流设备、加工设备和检测工具等，对于此类与任务执行过程相关的数据可以应用 RFID 读写器进行数据采集，并根据生产现场中监控目标的不同，应用 RFID 定点布局模式、移动布局模式、门禁布局模式或手持布局模式[5]，而其布局的对象主要集中在制造任务执行过程中的关键工序或节点。对于生产现场本身和环境参数可以应用网络摄像头和不同的传感器设备进行数据采集。对于数据采集相对比较困难的，合理优化人机交互接口，实现快速的数据采集。

表 6-1 所示为建材装备制造任务在制造过程中所涉及的不同类别数据的采集，主要包括 7 类，分别是工位数据采集、生产设备状态采集、车间物流数据采集、人员数据采集、质量数据采集、物流配送数据采集和生产现场环境检测。

表 6-1　制造过程中数据采集分类

序号	数据采集	描述
1	工位数据采集	提供给关键工位用于工位生产计划、生产进度、工况、生产制造信息、工艺指导等可视化
2	生产设备状态采集	采集生产设备（机床、加工中心等）实时运作的属性参数（转速、温度、温升、形变、压力等数据）
3	车间物流数据采集	实时采集车间内部在制品、物料缓存区、物料看板、物料配送数量等数据
4	人员数据采集	实时采集员工在固定工作范围内的到岗、离岗以及操作等数据，并汇报至后台
5	质量数据采集	通过产品质量智能检测工具，自动采集质量检测数据，并汇报至后台
6	物流配送数据采集	实时采集工件或产品在厂外配送过程中属性数据，并汇报至后台

续表

序号	数据采集	描述
7	生产现场环境检测	实时检测工厂内部的工作环境（温度、湿度、有毒气体），并汇报至后台

鉴于数据采集终端会产生大量零碎、重复、冗余的实时数据，尤其对于 RFID 读写器的应用，其中大部分的数据基本无用，是可以忽略掉的。因此，数据预处理负责将采集到的大量实时数据进行过滤、聚合处理，主要通过特定规则的过滤而获得上层业务流程感兴趣的数据。同时由于同一制造任务由分布在不同地理位置的制造资源执行，所以要将其任务执行过程中过滤后的实时数据进行统一映射，针对该问题，可以通过建立制造任务语义描述本体的方法来转换相应的数据信息，从而实现信息的一致性表达，在此，给出一个制造任务本体的描述模型，如图 6-7 所示。此内容可以进一步参考文献 *Manufacturing Task Semantic Modeling and Description in Cloud Manufacturing System*[6]。

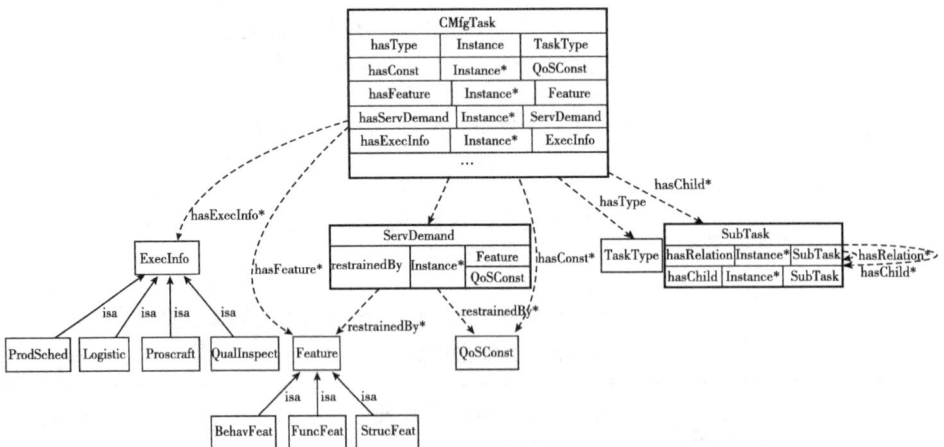

图 6-7　制造任务本体语义描述模型

制造任务执行过程中实时信息融合主要按照任务结构和业务信息需求

将采集到的有用的实时数据进行融合以支持不同业务过程中信息的共享与决策。在监控网络的支撑下，首先获得工位或工序级粒度制造任务和相关制造资源（人员、工位、设备、工具等）数据的自动采集。在此基础之上，按照不同大小粒度（如工序级、零部件级、产品级等）和不同业务的信息需求（如任务执行进度信息、在线质量控制信息、资源服务状态信息和任务执行成本信息等），通过构建信息融合树和数据融合算法来实现不同信息需求的获取，为资源服务需求者和任务执行者提供实时、准确的任务执行信息，进而将任务执行现场数据反馈到后台系统，通过比较分析和诊断预测处理，实时对现场异常情况进行声报预警，并根据加工设备资源的状态来预测其维修计划。

通过以上三阶段的数据采集、数据预处理与信息融合之后，获得了从物流、质量，到进度、成本等多样性和从任务执行现场、车间，到部门、企业等多层次的业务数据信息。因此，业务信息多视图可视化就是在数字制造模式下，保证信息安全的前提下，通过合理地设计多样、多层次的信息显示模型同时支持多样化的可视化终端以方便不同用户随时随地地对业务信息进行实时安全的访问。

6.3　云制造任务执行过程监控方法

6.3.1　云制造任务执行实时数据预处理

（1）实时数据过滤。

在制造任务执行现场，为了完成复杂任务执行实时数据的采集，一般使用条形码或 RFID 读写器来感知任务执行过程中状态的变化。然而在感知过程中会存在大量冗余、无效和异构的数据，直接将感知的数据发送到后台系统会浪费通信带宽和能量资源，因此在数据传输之前需要对人员状态、设备状态、物料状态、工位状态、质量进度数据以及环境状态等实时数据进行数据过滤和映射操作。本书以 RFID 读写器为例，提出任务执行过程中实时数据过滤流程，如图 6-8 所示。

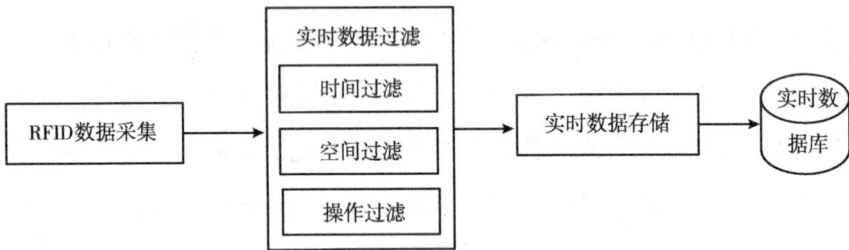

图 6-8　基于 RFID 数据采集的实时数据过滤

基于 RFID 读写器的操作事件可以描述为某读写器在其工作区域内的某时刻感知到某 RFID 标签，并对感知对象执行某种操作，记为 $RE < c, r, o, t >$，其中 c 表示感知对象信息，即 RFID 标签 EPC 编码，r 表示区域信息，即捕获对象的 RFID 读写器编码，o 表示对感知对象的操作信息，t 表示感知事件发生时间信息。对于 RFID 感知事件主要存在 3 类数据的过滤，一是空间过滤，即贴有标签的工件或物料被多余的 RFID 读写器感知；二是时间过滤，即在感知范围内，对同一对象的周期性反复感知；三是操作过滤，即将上层业务需求不感兴趣的操作过滤掉。在此，给出对应 3 种数据过滤规则。

规则 1：空间过滤规则，对于某区域内的一个 RFID 读写器存在一个标签列表，若其感知到的标签在该列表中无法查到，则将该感知事件删除，其中每个 RFID 读写器所对应的标签列表会随着任务变化而改变。

规则 2：时间过滤规则，对于某工作区域或工位的 RFID 感知范围内，在一段时间存在多个 RFID 感知事件，若对某一感知事件执行了相应的操作，则保留该事件，而删除其余相同的感知事件。

规则 3：操作过滤规则，对于某工作区域或工位存在多个 RFID 操作事件，并且每一工作区域或工位维护一个操作列表，该列表主要记录对上层业务实时数据融合有用的操作，若某 RFID 操作事件在该列表中无法查到，则将该操作事件删除。

在执行完数据过滤操作后，将过滤后的实时数据保存到本地实时数据库中，进而对其进行映射处理以获得语义一致性的数据信息。

（2）多源数据一致性映射。

鉴于制造任务执行过程中多用户主体的协作性和制造资源的异构性，为了实现任务执行过程状态监控，其中一个重要的问题就是要处理多源数据一致性映射，在此应用本体的方法将来自不同制造资源采集数据源的数据转换为统一描述的数据信息，其映射模型如图 6-9 所示。

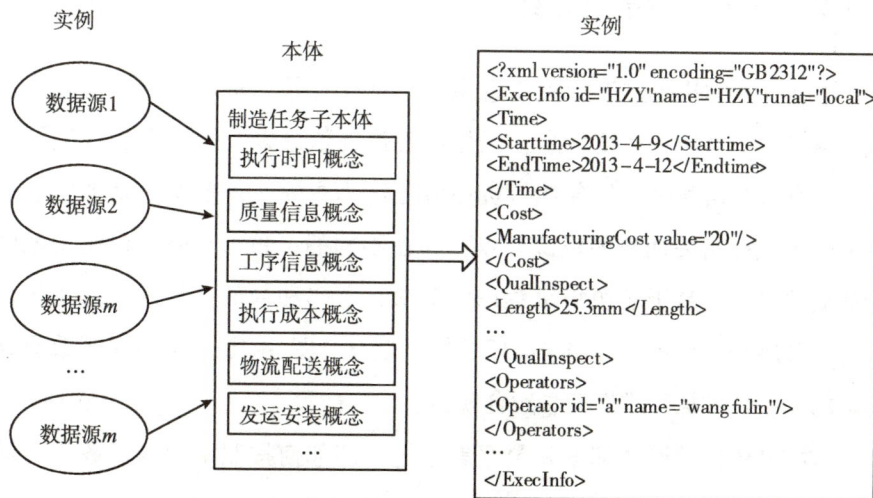

图 6-9　基于本体的多源数据映射

其中布局在不同制造现场的数据采集设备在完成数据采集后，将不同术语描述的数据存储于本地实时数据库。制造任务子本体是与一个工程项目任务相对应的全局本体，在任务执行的整个过程中保持语义一致性，该本体为具体的语义信息提供了一个共享的术语表。例如，对于任务执行的"结束时间"术语，不同的制造企业可能会用其他的术语进行描述，如"结束日期""完成时间""完工时间"等。同时制造任务子本体在任务合同签订后，通过与制造任务本体匹配所得到，其建立过程在第3章进行了详细的说明。制造任务子本体的每一概念都包含一个术语集，通过与该术语集进行术语匹配，可以获得语义信息表达一致的概念术语。在此基础上，鉴于XML的开放性、易移植性和可扩展性等特点，将多源采集的数据转换为由XML文件所表达的语义一致性的数据信息，实现数据表现形式的统一。

在实现了数据采集和一致性映射后，将映射后的实时数据进行数据融合处理，形成多层次、高效、符合实际业务需求的业务执行信息，在此基础上，对实时数据进行分析处理，以应对任务执行过程中各种异常事件。

6.3.2 任务执行进度监控

面向任务的执行进度相关信息主要包括任务执行进度信息、任务执行成本信息、质量控制进度信息、工位加工进度信息以及物流配送进度信息等。所有这些信息是以任务执行资源服务链为主线，其数据信息采集的节点依附于执行相关任务的资源节点，即在不同的工位、车间、企业实现原始数据的采集。鉴于多源采集数据的分散、零碎和局部等特性，需要将其进行处理融合为满足业务需求的任务执行信息，图6-10所示为基于数据融合树的复杂任务执行进度信息融合模型。

该模型中最关键的部分是数据融合树，即如何按照不同的任务执行进度信息的要求将任务执行整个过程中多源的底层数据实现融合。在此，依据任务执行路径将任务结构映射为数据融合树，按照四级结构进行映射，分别是工程项目或产品对应任务级，部件对应子任务级（子任务级由不同的制造资源服务执行）、零件对应活动级，原材料对应操作级。鉴于工程项目复杂程度的不同，其中活动级可进一步分解和扩展，直到最底层的操作级。以数据融合树为基础，采用深度优先遍历算法实现数据的融合。该算法中每个数据源都各自沿着到达汇聚节点的分支结构向上一节点传送数据，

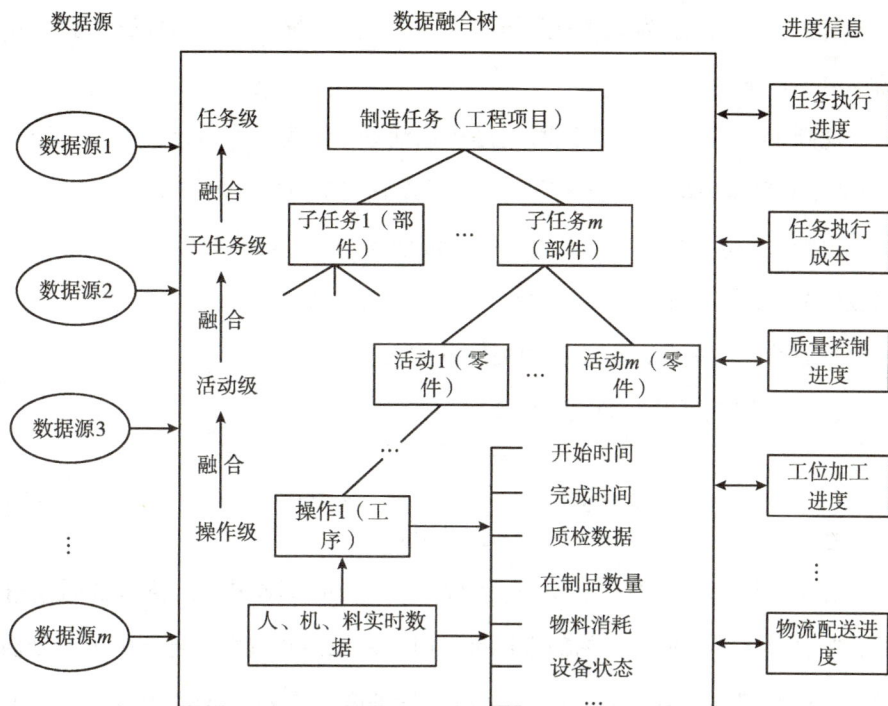

图 6-10　基于数据融合树的任务进度信息融合

并在该节点实现数据融合，进而该节点向上一节点传送数据并实现数据融合，直到到达汇聚节点，即任务执行进度信息请求的节点，从而实现任务进度信息的融合。

依据任务执行服务链和产品结构树所生成的数据融合树是一个静态树，随着任务执行的跟进，融合树中不同节点的活动或操作进度在变化，因此该融合树随着时间的推移进行动态演化。在此，定义两种动态演化规则。首先给出任务完工率的计算方法。

鉴于复杂任务执行的特点，其任务完工率的计算以完工工程量的多少为依据，对于某操作或活动 i 的任务完工率 $R_c(i, t)$ 的定义如式（6-1）所示。

$$R_c(i, t) = \frac{W_c(i, t)}{W_e(i)} \times 100\%$$

（6-1）

其中，$W_c(i, t)$ 为 t 时刻操作或活动 i 的完工量，$W_e(i)$ 为操作或活动 i 的额定工程量。

规则 1：更新操作：当某时刻操作或活动 i 的完工率 $W_c(i, t) < 1$ 时，在 $t + 1$ 时刻执行数据更新操作，同时更新其父节点的进度信息。

规则 2：剪枝操作：当某时刻操作或活动 i 的完工率 $W_c(i, t) = 1$ 时，则删除该节点及其子节点。

下面给出与任务执行进度相关信息的融合方法。

（1）时间进度率，如式（6-2）所示。

$$R_t(i, t) = \frac{\sum_j^N T_c(j, t)}{\sum_j^N T_e(j)} \times 100\% \tag{6-2}$$

其中，活动 i 包含 N 个操作，$T_c(j, t)$ 为 t 时刻操作 j 已执行的时间进度，$T_e(j)$ 为操作 j 所需要的额定标准工时。对该活动进度率进行扩展，分别得到工位时间进度率 $R_s^m(i, t)$，过程质量进度率 $R_s^q(i, t)$ 和物流配送进度率 $R_s^d(i, t)$。

对于任务执行过程中加工类活动或操作的进度由式（6-1）获得，质量检测进度和物流配送进度由式（6-2）获得。对于加工类活动或操作的进度快慢通过比较 $R_c(i, t)$ 和 $R_t(i, t)$ 判定。

当 $R_c(i, t) < R_t(i, t)$ 时，表明该活动或操作 i 的进度小于平均执行进度。

当 $R_c(i, t) > R_t(i, t)$ 时，表明该活动或操作 i 的进度大于平均执行进度。

对于质量检测和物流配送活动的进度快慢通过比较活动开始时间与预期开始时间即可获得。由此可以判定任务执行进度的快慢，并实时反馈和预警。

对以上 3 种进度进行累加，可以得到任务执行进度率 $R_s(i, t)$，如式（6-3）所示。

$$R_s(i, t) = \sum_j R_c^m(j, t) + \sum_j R_t^q(j, t) + \sum_j R_t^d(j, t) \qquad (6-3)$$

（2）任务执行成本。任务执行成本可由任务执行过程所消耗的时间 $T_c(j, t)$ 与资源执行单位成本 $C_u(j)$ 获得，如式（6-4）所示。

$$C_c(i, t) = \sum_j^N (T_c(j, t) \times C_u(j)) \qquad (6-4)$$

为了及时了解任务执行过程中的成本控制信息，可由式（6-5）获得。

$$C_r = \frac{C_c(i, t)}{C_e(i, t)} \qquad (6-5)$$

其中，$C_e(i, t)$ 为完成活动或操作 i 所需的预算，当 $C_r < 1$ 时，说明成本可控；当 $C_r > 1$ 时，说明活动或操作的完成超过预定的成本，存在一定的风险。

通过任务执行过程中多源数据的融合，可以实现协同企业间在不同任务级间信息实时掌握决策者关心的任务执行进度和成本信息，并将其控制在可控范围内。

6.3.3　制造资源状态监控

制造过程中，制造资源状态监控可以依据生产现场实时采集的生产质量数据来推理加工资源所处的状态。在此，应用隐马尔可夫模型（hidden markov model，HMM）的方法进行诊断[7-9]，其监控过程如图 6-11 所示。隐马尔可夫模型是隐马尔可夫链的一种，它的状态不能直接观察到，但能通过观测向量序列观察到，每个观测向量都是通过某些概率密度分布表现为各种状态，每一个观测向量是由一个具有相应概率密度分布的状态序列产生。隐马尔可夫模型主要解决 3 类问题：评估问题、解码问题和学习问题，针对这 3 类问题经典的求解算法分别是前向算法、Viterbi 算法和 Baum-Welch 算法（向前向后算法）。所以，隐马尔可夫模型是一个双重随机过程——具有一定状态数的隐马尔可夫链和显示随机函数集通过观测实时采集数据序列，确定该已知序列和 HMM 下推断最可能的隐性状态序列，即制造设备状态序列，进而通过设备异常判定规则来确定是否进入维修计划。

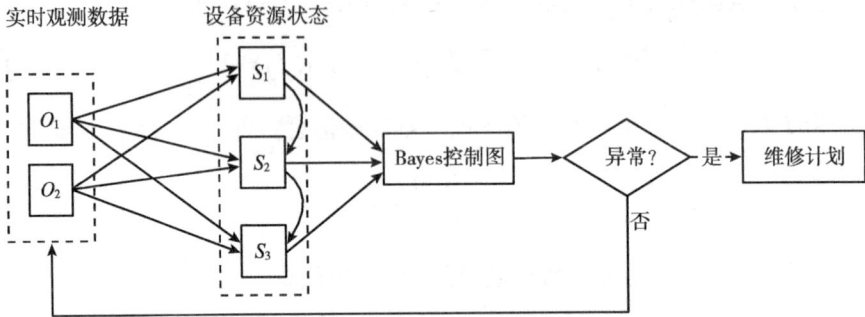

图 6-11　基于 HMM 的资源状态监控流程

在 HMM 模型中，有两种状态，一种是不能直接观察到的状态为隐状态 q_t，其集合表示为 $S = \{S_1, S_2, \cdots, S_N\}$；另一种是可直接观察的状态 v_t，其集合表示为 $O = \{O_1, O_2, \cdots, O_M\}$。随着时间的推移，系统所处的隐状态可以转移，其转移概念矩阵 $A = \{a_{ij}\}$，$1 \leq i, j \leq N$，并且在某时刻 t，系统所处的隐状态决定了可观察状态，其概率分布为 $B = \{b_i(k)\}$，$1 \leq i \leq N$，$1 \leq k \leq M$，系统初始状态的概率分布为 $\pi = \{\pi_i\}$。由此 HMM 模型可以表示为 $\lambda = \{A, B, \pi\}$，并且有式（6-6）：

$$\begin{cases} a_{ij} = \text{Prob}(q_{t+1} = S_j \mid q_t = S_i), & (i, j = 1, 2, \cdots, N) \\ b_i(k) = \text{Prob}(v_t = O_k \mid q_t = S_i), & (i = 1, 2, \cdots, N; k = 1, 2, \cdots, M) \\ \pi_i = \text{Prob}(q_1 = S_i), & (i, j = 1, 2, \cdots, N) \end{cases}$$

$$(6-6)$$

为了应用 HMM 模型，将实时采集设备资源生产数据看作实时可观察的状态，而将运行资源所处的状态看作隐状态，并且在此假定，可观察状态集合 $O = \{O_1, O_2\}$，分别表示该设备资源完工产品质量的合格与否；隐状

态集合 $S = \{S_1, S_2, S_3\}$ ，分别表示设备资源的状态，即良好状态（0）、警告状态（1）和故障状态（2）。且资源状态只能由良好状态向警告状态和故障状态转化，在设备运行的过程中各状态是不可观察的，每隔周期 T 采样一次，在设备状态退化为故障状态时整个监控过程结束，设备进行维修或更换之后作为新一轮的监控过程，同时设备的初始状态 $\pi_0 = 0$，那么设备状态的转换率矩阵如式（6-7）所示。

$$
\boldsymbol{\Lambda} = \begin{matrix} & 0 & 1 & 2 \\ 0 \\ 1 \\ 2 \end{matrix} \begin{pmatrix} -(\alpha_{01} + \alpha_{02}) & \alpha_{01} & \alpha_{02} \\ 0 & -\alpha_{12} & \alpha_{12} \\ 0 & 0 & 0 \end{pmatrix} \tag{6-7}
$$

根据 Kolmogorov 后向差分等式由式（6-7）可以获得系统状态转换矩阵，如式（6-8）所示。

$$
\boldsymbol{A} = \left[a_{ij}(t) \right]
$$

$$
= \begin{pmatrix} e^{-(\alpha_{01}+\alpha_{02})t} & \dfrac{\alpha_{01}(e^{-\alpha_{12}t} - e^{-(\alpha_{01}+\alpha_{02})t})}{\alpha_{01} + \alpha_{02} - \alpha_{12}} & 1 - e^{-(\alpha_{01}+\alpha_{02})t} - \dfrac{\alpha_{01}(e^{-\alpha_{12}t} - e^{-(\alpha_{01}+\alpha_{02})t})}{\alpha_{01} + \alpha_{02} - \alpha_{12}} \\ 0 & e^{-\alpha_{12}t} & 1 - e^{-\alpha_{12}t} \\ 0 & 0 & 1 \end{pmatrix}
$$

$$\tag{6-8}$$

同时，当系统处于良好状态，合格产品的概率为 r_1，当系统处于警告状态，合格产品的概率为 r_2，并且 $r_1 > r_2$，于是可以获得其可观察状态的概率分布，如式（6-9）所示。

$$
\boldsymbol{B} = \left[b_i(k) \right] = \begin{matrix} & \text{state} & 0 & 1 \\ 0 \\ 1 \end{matrix} \begin{pmatrix} r_1 & 1 - r_1 \\ r_2 & 1 - r_2 \end{pmatrix} \tag{6-9}
$$

应用 HMM 模型实现状态监控的关键在于获得已知可观测状态的情况

下，系统处于警告状态的概率，即系统在警告状态下的后验概率，记为 θ_t，当该值大于某一临界值 θ_l 时，可以认为设备状态异常。于是有式（6-10）：

$$\theta_t = \text{Prob}(q_t = 1 \mid v_1, \ v_2, \ \cdots, \ v_t) \tag{6-10}$$

应用贝叶斯网络的相关理论，系统在警告状态下的后验概率可以递归获得，并且 $\theta_0 = 0$，如式（6-11）所示。

$$\theta_{t+1} = \frac{b_1(v_{t+1})(a_{01}(1 - \theta_t) + a_{11}\theta_t)}{b_0(v_{t+1})(a_{00}(1 - \theta_t) + a_{10}\theta_t) + b_1(v_{t+1})(a_{01}(1 - \theta_t) + a_{11}\theta_t)}$$

$$\tag{6-11}$$

因此，基于 HMM 的实时资源状态监控算法可以概括为：

①由经验或基于 Baum-Welch 算法的样本训练获得 HMM 模型参数值 a_{ij}，$b_i(k)$，即 α_{01}，α_{02}，α_{12}，r_1 和 r_2 的值；

②初始化变量 $t = 0$，$\pi_{t=0} = (1, 0, 0)$，$\theta_0 = 0$ 和 θ_l；

③输入监控采集的可观测状态 v_t，并由式（6-11）计算 θ_t；

④绘制贝叶斯控制图，并令 $t = t + 1$；

⑤重复步骤③和④，当 $\theta_t \geq \theta_l$ 时发出报警。

为了说明资源状态的监控过程，在此应用 Matlab 进行仿真，给定 $\alpha_{01} = 0.01$，$\alpha_{02} = 0.005$，$\alpha_{12} = 0.05$，$r_1 = 0.95$，$r_2 = 0.65$ 和 $\theta_l = 0.7$，且经历 30 个采样周期的观测值为

$$v = \begin{bmatrix} 0; \ 0; \ 0; \ 0; \ 0; \ 1; \ 0; \ 0; \ 0; \ 0; \ 0; \ 0; \ 1; \ 0; \ 0; \ 0; \ 1; \ 0; \ 0; \ 0; \\ 0; \ 0; \ 0; \ 1; \ 0; \ 0; \ 0; \ 0; \ 1; \ 1 \end{bmatrix}$$

基于贝叶斯的控制图如图 6-12 所示。当系统监控的 $\theta_t \geq \theta_l$ 时发出报警，安排资源进行维修，待其返回健康良好的状态后，开始新一轮的实时监控。

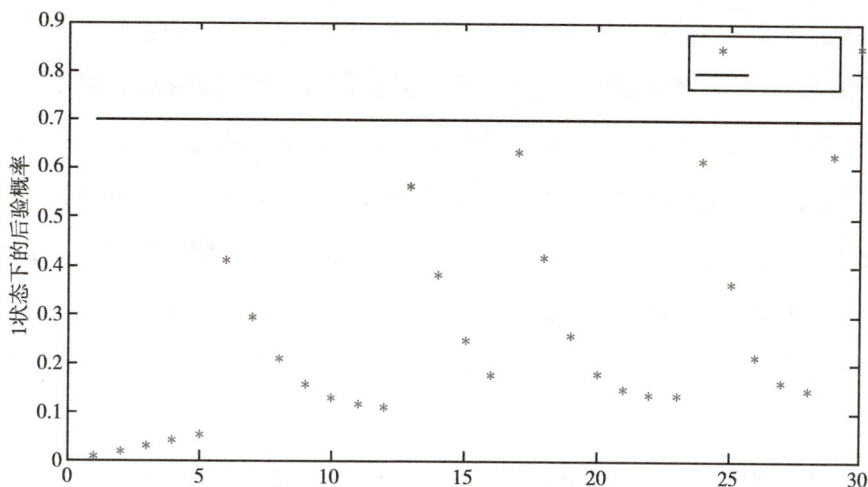

图 6-12　状态监控仿真过程

6.4　云制造任务执行过程监控技术

6.4.1　基于互联网的监控实现技术

随着互联网/内联网技术在全球的广泛应用，引发了现代制造企业实时信息监控系统向互联网/内联网的迁移，网络体系结构由 C/S 向着 B/S 模式的转变已成为发展趋势。B/S 模式理论的产生与成熟为其提供了概念模型；日渐成熟的网络技术，各种完善的开发工具和环境为其提供了开发平台；实时物联感知采集技术又为其提供了坚定的监控技术及硬件基础。目前，现代制造企业已经建立了自己的内部局域网络内联网，并与互联网实现互联。内联网可将企业内部各自封闭的信息孤岛连成一体，实现企业级的信息交流和资源共享。对外，则可方便地接入互联网，使企业内部局域网络成为全球信息网的成员。互联网/内联网结构通用，用户界面统一，使系统可增量式构造和扩展，低成本开发和运营，操作简单、培训容易、维护更新方便。尤其是网络制造环境中，企业间协同与合作更加紧密，基于互联网的技术实现协作制造企业间生产现场的实时数据是满足分布式企业协同运作的需要，它通过对生产制造现场数据进行实时监控，通过网络技术以较低的成本，连接不同企业各车间的信息采集系统，围绕复杂制造任务实现多个协同企业生产车间之间的监控系统的集成，让不同企业不同层次的管理人员和员工实时了解制造过程的工况信息，最终实现制造过程的实时调度。

网络化数字制造环境下，按照基于互联网的制造资源监控实现模式的不同，可以将制造资源状态监控的信息交互分为互联方式、互换方式、半互操作方式和互操作方式 4 种类型，如图 6-13 所示。

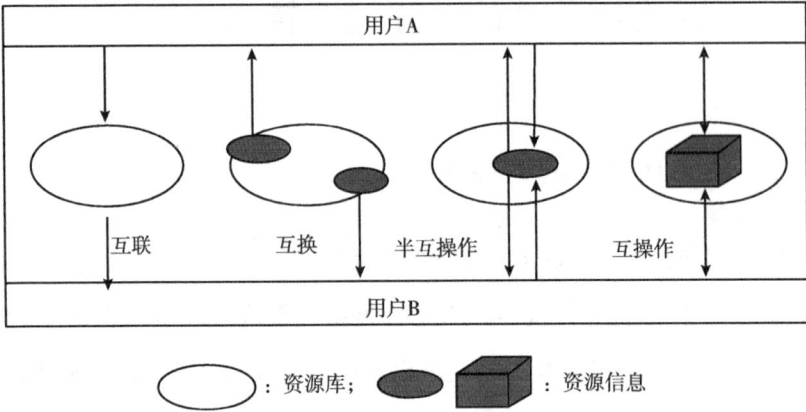

图 6-13　基于互联网制造资源监控模式

（1）互联。互联是制造资源状态监控信息交互程度最低的一种，指在互联网上，通过企业制造过程管理系统依据一定的检索规则对企业资源进行查询、浏览的过程。

（2）互换。互换指通过互联操作，可以获得的制造资源状态信息，并且该资源恰恰可以完全满足当前任务的需求，进而将其直接用于企业业务活动中，通过互换操作，可以实现不同企业用户之间制造资源的协同共享。

（3）半互操作。半互操作指查询到的资源状态不能满足当前业务活动的需要，这时需将该资源状态信息进行修改和控制使之满足任务要求。

（4）互操作。互操作是制造资源监控信息交互的最高层次，指不同用户借助先进的计算机技术及网络环境，对同一资源模型进行实时操作和控制的过程以满足不同用户的业务需求。

制造资源实时监控的这 4 个模式具有包容关系，互换层次的资源状态监控包容了互联层次的资源状态监控，半互操作层次的资源状态监控包容了互换层次的资源状态监控，互操作层次的资源状态监控包容了半互操作层次的资源共享，从互联到互操作，监控层次越来越高，实现的难度也越来越大。

6.4.2 基于多 Agent 的监控实现技术

（1）智能 Agent 及多 Agent 系统。

智能 Agent（intelligent agent）技术的诞生和发展是人工智能发展的必然结果。智能 Agent 技术尤其是多 Agent 系统的出现为复杂协作问题求解的研究开辟了新的途径。Agent 的概念最早可追溯到 1977 年 Carl Hewitt 的 *Viewing Control Structures as Patterns of Passing Message* 一文[10,11]。在此文中，Hewitt 提出了并发 Actor 模型，这个模型中包含具有自控行为相互作用和并发执行的对象，并取名为 Actors。Actors 被认为是最早出现的 Agent，它不仅封装了内部状态，而且通过消息传递的机制与其他 Actors 进行通信和并发工作。随后的几十年里，许多来自不同学科领域的研究者从不同的研究角度研究 Agent 技术，取得了较大的研究进展，并获得了较为广泛的应用。但是，到目前为止，对 Agent 尚无一个权威和统一的定义。Mass 认为，Agent

是复杂动态环境中自治地感知环境并能自治地通过动作作用于环境，从而实现其被赋予的任务或目标的计算机系统[12]，在感知和动作前面增加了两个限定词：自治的和面向目标的。Lane 认为 Agent 是一个具有控制问题求解机理的计算单元，它可以是一个机器人、专家系统、过程、模块或单元等[13]。其中，最为流行的定义为英国的 Agent 理论专家 Wooldridge 和 Jennings 博士所提出的，他们认为 Agent 是一个自主的程序，它能基于其对环境的理解，有能力控制自己的决策行为，以追求达到一个或多个目标，Agent 是拥有反应性、自治性、社会性、主动性的系统[14]。

大型、复杂的现实问题的求解已超出了单智能 Agent 的能力。一个智能 Agent 的能力受其能力、资源及其与其他 Agent 相互关系的限制，不能单独完成复杂问题的求解。由此多 Agent 系统应运而生。多 Agent 系统（multi-agent systems，MAS）是由多个 Agent 形成的松散耦合系统。其目标是将大而复杂的系统建造成小的、彼此相互通信及协调的、易于管理的系统[15]。每个智能 Agent 代表一个物理的或者抽象的实体，在物理上或逻辑上是分散的，行为是自治的，相互之间既是独立自主的，能作用于自身和环境及能对环境的变化作出反应，也能进行交互，相互配合完成共同任务。

在综合已有文献的基础之上，本书对多 Agent 系统定义为：为了达到某个特定的目标，在对外部环境与内部环境相互作用的基础上，通过对环境状态的认识以及和其他 Agent 的协作，共同完成复杂问题求解的智能系统[16]。这样的系统能模拟人类社会团体、大型组织机构的群体工作、复杂任务的求解等。

从上述的定义来看，多 Agent 系统应具有以下 4 种基本特征。

①反应性。指 Agent 具有外部环境的反射作用，能够识别外部环境的变化并作出适当反应。这种反应可以是简单的反射，也可以是深思熟虑的反应。

②自发性。指 Agent 具有对目标的能动性，为了达到目标，Agent 能够自发地参加到某些处理或协作中。

③自律性。指 Agent 拥有内部自治机制和问题解决机制，能够控制自己的行为和内部状态，对于他人的干涉即可根据自己的知识和获取到的信息进行判断和推理，而且 Agent 自律性的高低在很大程度上决定了其他 Agent 的高低。

④社会性。Agent 不是孤立的，而是一个相互作用的群体。Agent 间可以按照某种协议或者语言进行通信和对话，从而形成一个小组来协作完成某一特定的任务。

（2）基于多 Agent 的制造资源监控技术。

鉴于现代制造企业任务的复杂性与其执行过程的分布性，复杂任务执行过程中制造资源的监控就是在资源状态信息有效描述、集成和封装的基础上，通过互联网使其被获取。在分布式任务执行环境下，应用多 Agent 制造资源的监控最终问题要处理在分布、动态、异构环境下 Agent 的跟踪协作问题，为了封装系统间的异构性，在此构建一种资源跟踪过程本体，它涉及跟踪目标、交互协议、角色以及跟踪过程的规范描述，以此作为 Agent 跟踪协作的规范。为了使 Agent 能够顺利地进行跟踪任务，各 Agent 需要进行任务协作，并且需要对各 Agent 进行有效的管理，于是本书构建了如图 6-14 所示的跟踪 Agent 协作模型（tracking agent cooperation model，TACM）的体系结构，该模型将关于 Agent 的信息和跟踪过程知识有机地存储在过程本体文件中，这些信息和过程知识具有明确的语义和一致性约束，然后 AMS 和 DF 以服务的方式提供给 Agent 协作。

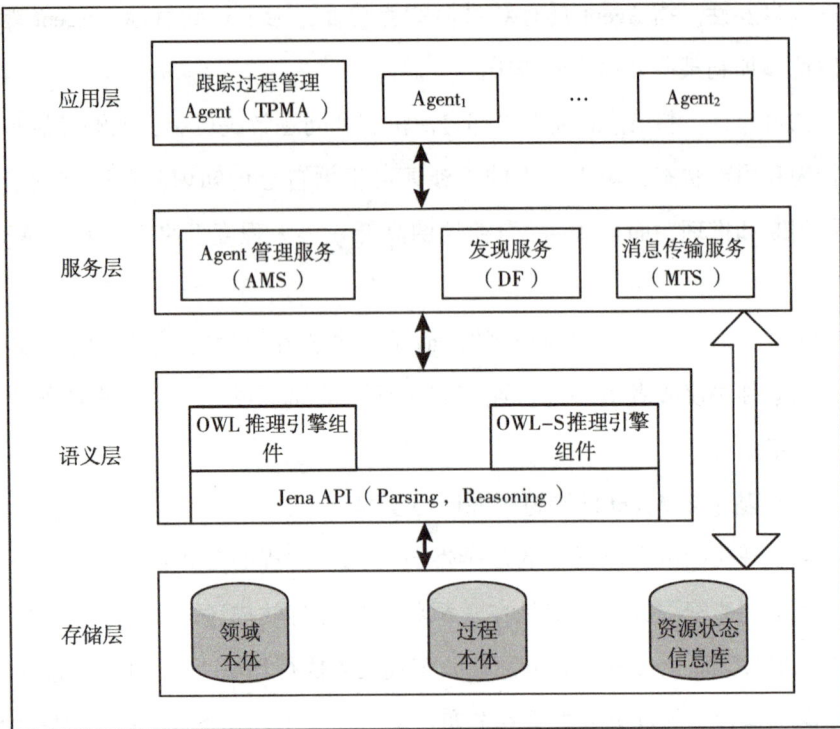

图 6-14 TACM 体系结构图

该 TACM 体系结构包括 4 层：存储层、语义层、服务层和应用层。其基本思想是：模型 TACM 的服务层和应用层构成了不同 Agent 协作的基本协作空间。协作空间作为互联网开放的环境，以服务的形式提供给跟踪 Agent，跟踪 Agent 通过向 Agent 管理服务（AMS）注册和注销来加入、退出协作空间；协作空间提供发现服务（DF）给跟踪 Agent 发布能力与寻求合适的协作者；协作空间还提供统一的消息传输服务（MTS）供跟踪 Agent 在互联网上传输消息。另外，协作空间中有一个独立的跟踪过程管理 Agent（TPMA），它是管理和监测模型中的 Agent，它具有管理和监控其他 Agent 协作过程和管理系统的一切资源（如领域本体、过程本体和资源状态信息）的能力，用户、Agent 或应用程序可以通过 TPMA 发布、修改和删除资源。

存储层为协作空间提供资源，包括领域本体、过程本体和资源状态信息库，它们以数据库或文件的形式作为模型的物理存储介质。语义层对存储层的解析，以组件的形式给上层提供各种功能接口。

6.4.3　基于云服务的监控实现技术

鉴于云制造模式的特点，通过制造资源的服务化，实现各协作企业主体间在任务执行过程中的高度协同和共享。因此，在云制造模式下，本书提出一个制造资源监控实现框架，如图 6-15 所示。

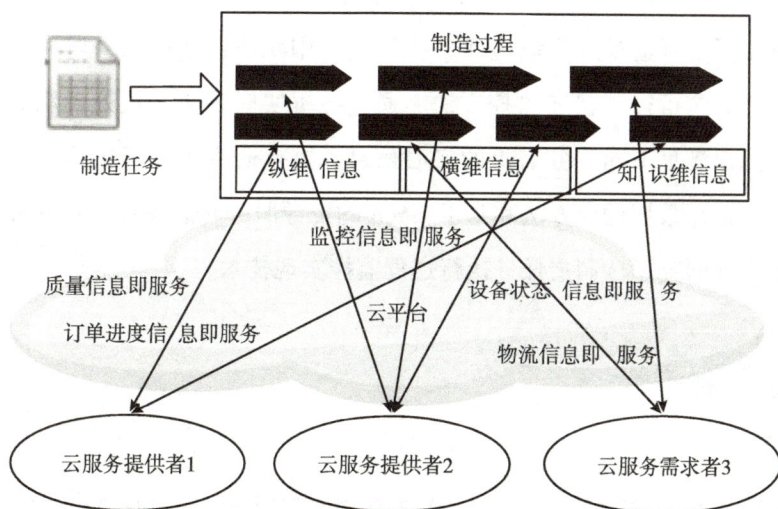

图 6-15　基于云制造的资源监控实现框架

该制造资源监控实现框架围绕制造任务的制造过程，以云制造——制造即服务的模式实现其监控过程。面向制造任务的制造过程从 3 个方面封装其制造执行信息，即跨任务结构的纵维信息（工序级、零部件级、产品级等），面向云企业柔性组合的横维信息（子任务协作执行信息）及支持决策的知识维信息，并将其按照不同的业务需求封装服务，实现监控信息即服务（订单进度信息即服务、设备状态信息即服务、质量信息即服务、物流信息即服务）共享模式，最终实现云企业用户间任务执行信息的交互共享，进而为任务执行的优化管理提供实时、准确的信息，从而方便任务执行过程中任务进度控制、成本风险控制、质量控制以及异常处理，实现制造任务执行监控与优化管理。

6.5　本章小结

为了满足云制造模式下不同用户对制造任务信息的实时监控与共享，本章提出了云制造模式下制造任务执行过程中状态监控框架，进而研究了云制造任务执行过程状态监控方法，通过数据实时采集、预处理和数据融合，提炼出满足不同业务需求的实时信息，重点研究了基于数据融合树的任务进度信息数据融合方法和基于 HMM 的资源服务状态监控方法；并且从另一个方面研究了云制造任务执行过程监控实现技术。

参考文献

［1］ LI Y,REN N. Work breakdown and service access in cloud manufacturing environment based on knowledge sharing［J］. Journal of convergence information technology,2013,8(6).

［2］ OWLIYA M, SAADAT M, JULES G G, et al. Agent-based interaction protocols and topologies for manufacturing task allocation［J］. Systems, man, and cybernetics: systems, IEEE transactions,2013,43(1):38-52.

［3］ ATTRI R, GROVER S. Production system life cycle: an inside story［J］. International journal of industrial and systems engineering,2015,19(4):483-514.

［4］ 黄小荣. 光电子企业多项目资源配置优化与评价方法研究［D］. 武汉:武汉理工大

学,2011.

［5］黄毅. 支持 RFID 实时监控的可重构制造执行系统研究［D］. 北京:清华大学,2011.

［6］WANG T R,GUO S S,LEE C-G. Manufacturing task semantic modeling and description in cloud manufacturing system［J］. International journal of advanced manufacturing technology,2014,71(9-12).

［7］KIM M J,JIANG R,MAKIS V, et al. Optimal Bayesian fault prediction scheme for a partially observable system subject to random failure［J］. European journal of operation research,2011,214(2):331-339.

［8］TAI A H,CHING W K,CHAN L Y. Detection of machine failure:Hidden Markov Model approach［J］. Computers & industrial engineering,2009,57(2):608-619.

［9］MAKIS V. Multivariate Bayesian process control for a finite production run［J］. European journal of operation research,2009,194(3):795-806.

［10］贾利民,刘刚,秦勇. 基于智能 Agent 的动态协作任务求解［M］. 北京:科学出版社,2007.

［11］HEWITT C. Viewing control structures as patterns of passing messages［J］. Artificial intelligence,1977,8(3):323-364.

［12］MASS P. Designing autonomous agents carnbrige［M］. MA:MIT Press,1990.

［13］LANE D M,MCFADZEAN A G. Distributed problem solving and real-time mechanisms in robot architectures［J］. Engineering application intelligence,1994,7(2):105-117.

［14］WOOLDRIDGE M,JENNING N R. Intelligent agents:theory and practice［J］. The knowledge engineering review,1995,10(2):115-152.

［15］吕琳. 基于 Multi_agent 的协同制造资源共享的相关理论与技术研究［D］. 武汉:武汉理工大学,2007.

［16］李存荣. 产品制造信息中的知识发现及其应用研究［D］. 武汉:武汉理工大学,2006.

第7章　云制造任务执行过程性能评估

　　云制造任务执行过程性能评估是从用户使用的角度对制造任务执行过程中资源服务的综合性能进行评估。它为用户匹配合适的资源服务以满足制造任务的需求提供了性能评估的数据基础。本章在分析云制造任务执行过程性能评估模型的基础上，应用模糊综合评价法、直觉模糊 TOPSIS 的方法和 DEA 数据包络分析法分别对各制造服务的性能进行评估，并通过案例研究验证了提出方法的有效性。

7.1　概述

　　随着云制造模式相关理论的研究深入和制造企业应用实践需求，对云制造任务执行过程的评估提出了新的要求。单一的制造任务通过任务分解后与分布异地的制造资源通过网络进行匹配优选，按照制造任务执行的时序逻辑结构构建一条完整的执行路径。因此，围绕制造任务执行过程的评估就是对每一个制造资源执行情况进行评估，并累积每个制造资源的评估结果，从而实现制造任务执行过程的评估。同时，面向制造任务执行过程的制造资源评估也是制造资源综合性能评估的重要组成部分，制造资源服务在完成不同的制造任务后，可以实现动态的制造资源综合性能更新。

　　目前，针对多属性决策 MCDM（multiple criteria decision macking）的综

合评价方法有很多，如层次分析法（analytic hierarchy process，AHP）[1,2]、模糊综合评价法（fuzzy comprehensive evaluation，FCE）[3,4]、数据包络分析法（data envelopment analysis，DEA）[5,6]、理想点法（technique for order performance by similarity to ideal solution，TOPSIS）[7,8]等，在针对主观性能的评估上，模糊数的相关理论也被应用在以上不同的评估方法中。其中 AHP 法通过构建多层次的决策模型，比较各评估属性，建立判断矩阵以获得各方案的综合评估值，是一种基于模糊数学的综合评价方法。模糊综合评价法根据模糊数学的隶属度理论把定性评价转化为定量评价，即用模糊数学对受到多种因素制约的事物或对象做出一个总体的评价。它具有结果清晰、系统性强的特点，能较好地解决模糊的、难以量化的问题，适合各种非确定性问题的解决。DEA 法是一种处理具有多个输入和输出的 MCDM 方法，通过比较决策单元的相对有效性来对其进行排序，进而确定有效的决策单元。TOPSIS 通过引入最佳评估方案（positive-ideal solution，PIS）与最差评估方案（negative-ideal solution，NIS），计算每个评估值与 PIS 和 NIS 的距离来获得综合评估的排序。针对云制造任务执行过程的性能评估模型，本书应用 TOPSIS 分析法来实现其性能评估。

7.2 云制造任务执行过程评估模型

7.2.1 云制造任务执行过程评估指标体系

围绕云制造任务的制造资源执行过程是一个复杂、动态、协同的制造过程，对其整个过程的综合评估涉及多方面的因素和指标，除了常用的时间、成本、可靠性等指标外，针对制造任务的个性化需求和资源服务特有的属性，制造资源的匹配优选、制造资源的状态监控、协同运作能力、执行过程中信息反馈能力和异常预警能力也是需要考虑的关键指标。为此，我们将制造任务的执行过程评估的指标体系从任务执行前、执行中和执行后来分为制造服务优选指标、执行过程指标、执行结束评估指标。

（1）制造服务优选指标主要指围绕制造任务执行前与制造资源匹配优选时所考虑的指标，主要包括服务优选时间、服务优选成本、任务与服务间的匹配度、交易合规性以及风险性评估等方面。这类指标是针对特定的制造任务在制造资源功能需求约束的条件下匹配选择合适的资源，通常情况下在其匹配优选的过程要考虑制造资源本身的 QoS（quality of services）指标，如资源服务信誉、服务成本、服务可靠性等。

（2）执行过程指标是针对不同类型制造任务（产品设计任务、制造加工任务、物流仓储任务、仿真计算任务等）在其执行过程要考虑的评估指标，通常要考虑任务执行时间、任务完工成本、任务完工质量、执行过程柔性、资源服务间的协同度、信息反馈及时性、异常预警能力等方面的指标。通过考量上述指标可以对每一个制造资源在任务执行过程中的性能进行评估。

（3）执行结束评估指标指制造任务执行结束后在制造任务知识归档、资源服务 QoS 更新、资源服务释放等过程中所涉及的执行时间、可靠性、安全性等评估指标。

综合以上不同过程中所涉及的指标，针对云制造任务执行过程的评估指标可以概括为时间（T）、成本（C）、质量（Qual）、可靠性（Rel）、匹配度（Mat）、柔性（Flex）、协同度（Colb）和安全性（Saf）八类，如图 7-1 所示。除去上述的评估指标外，针对特殊的制造任务，一些个性化的评估指标也将被考虑，这些指标的应用具有很强的针对性，其建立过程通常是动态的。另外，上述不同的评估指标根据数据来源的不同可以分为主观评估数据与客观评估数据。其中主观评估主要是云制造任务用户或任务执行系统运营者针对制造任务的执行情况所给出的评估，如任务执行过程中柔性、协同度等；客观评估则主要依赖制造任务执行系统通过实时监测工具采集任务执行过程的运行数据。在获取评估数据之后可以实现不同评估目标的综合分析。

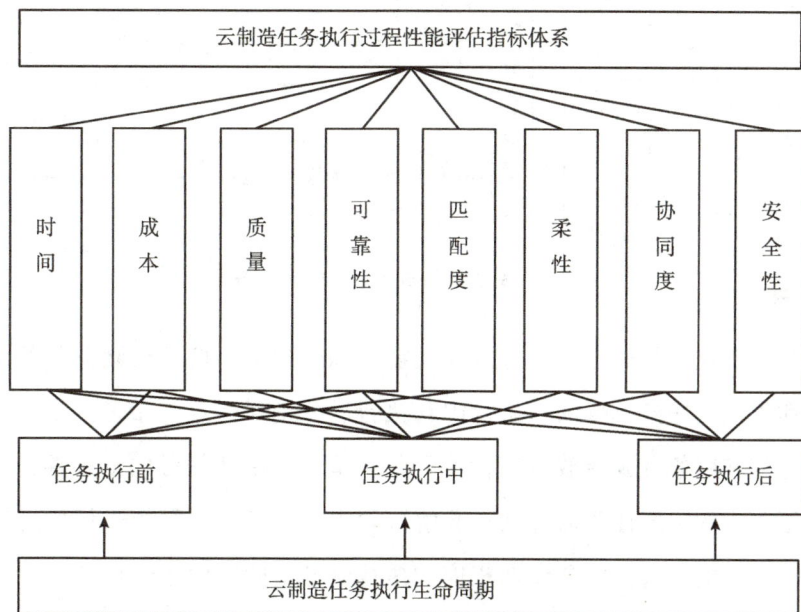

图 7-1　云制造任务执行过程评估指标体系

7.2.2　云制造任务执行过程评估模型

根据对云制造任务执行过程的特点和综合性能评估指标的分析，本书建立了云制造任务执行过程性能评估模型，如图 7-2 所示。该模型休现了资源服务性能评估与任务执行过程综合评估的关系。

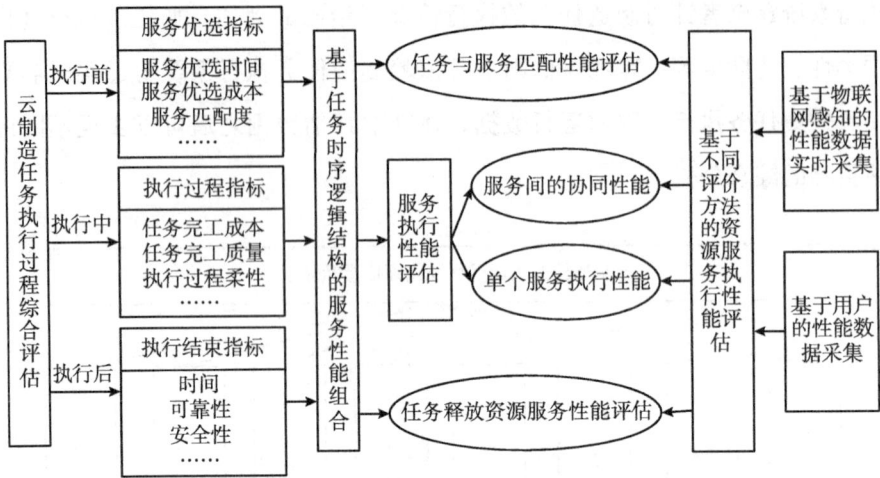

图 7-2　云制造任务执行过程性能评估模型

为了实现云制造任务执行过程性能的综合评估，按照云制造任务执行的生命周期从任务执行前、执行中和执行后分别对任务与服务匹配、服务执行过程和服务资源释放进行性能评估。鉴于云制造任务的复杂性，通常情况下单一的制造任务通过任务分解包含多个子任务，每个子任务与资源服务进行匹配候选，组合优选相应的执行服务。同时由于子任务与资源服务的粒度不同，需要经过多次任务分解与服务组合优选最佳的服务，最终获得每个子任务与一个资源服务对应。因此在任务执行前和执行结束后通过获取性能指标数据实现制造任务在这两个过程的评估结果。在每个子任务的执行过程中，通过评估每个资源服务的性能获得每个子任务的执行情况，并通过任务执行过程的时序逻辑结构实现制造任务执行过程中的性能评估。最后组合任务执行前、执行中和执行后 3 个阶段的性能指标实现制造任务的综合性能评估。

为了组合各制造资源执行的评估性能，按照制造任务的时序逻辑关系，通常涉及 4 种基本的类型，分别是顺序关系、并行关系、选择关系和循环关系。假定一个制造任务 CTask 分解为 m 个子任务 STask，每一个子任务

STask 由一个资源服务来完成。针对每种逻辑关系，各评估指标对应的计算方法如下。

（1）顺序关系子任务执行过程：

$$
\begin{cases}
T(\text{CTask}) = \sum_{i=1}^{m} T(\text{STask}_i) = \sum_{i=1}^{m} T(\text{rs}_i) \\[2mm]
C(\text{CTask}) = \sum_{i=1}^{m} C(\text{STask}_i) = \sum_{i=1}^{m} C(\text{rs}_i) \\[2mm]
\text{Qual}(\text{CTask}) = \sum_{i=1}^{m} \text{Qual}(\text{STask}_i)/m = \sum_{i=1}^{m} \text{Qual}(\text{rs}_i)/m \\[2mm]
\text{Rel}(\text{CTask}) = \prod_{i=1}^{m} \text{Rel}(\text{STask}_i) = \prod_{i=1}^{m} \text{Rel}(\text{rs}_i) \\[2mm]
\text{Mat}(\text{CTask}) = \prod_{i=1}^{m} \text{Mat}(\text{STask}_i) = \prod_{i=1}^{m} \text{Mat}(\text{rs}_i) \\[2mm]
\text{Flex}(\text{CTask}) = \sum_{i=1}^{m} \text{Flex}(\text{STask}_i)/m = \sum_{i=1}^{m} \text{Flex}(\text{rs}_i)/m \\[2mm]
\text{Colb}(\text{CTask}) = \prod_{i=1}^{m} \text{Colb}(\text{STask}_i) = \prod_{i=1}^{m} \text{Colb}(\text{rs}_i) \\[2mm]
\text{Saf}(\text{CTask}) = \sum_{i=1}^{m} \text{Saf}(\text{STask}_i)/m = \sum_{i=1}^{m} \text{Saf}(\text{rs}_i)/m
\end{cases}
$$

（2）并行关系子任务执行过程：

$$
\begin{cases}
T(\text{CTask}) = \text{Max}(T(\text{STask}_i)) = \text{Max}(T(\text{rs}_i)) \\[2mm]
C(\text{CTask}) = \sum_{i=1}^{m} C(\text{STask}_i) = \sum_{i=1}^{m} C(\text{rs}_i) \\[2mm]
\text{Qual}(\text{CTask}) = \sum_{i=1}^{m} \text{Qual}(\text{STask}_i)/m = \sum_{i=1}^{m} \text{Qual}(\text{rs}_i)/m \\[2mm]
\text{Rel}(\text{CTask}) = \text{Min}(\text{Rel}(\text{STask}_i)) = \text{Min}(\text{Rel}(\text{rs}_i)) \\[2mm]
\text{Mat}(\text{CTask}) = \text{Min}(\text{Mat}(\text{STask}_i)) = \text{Min}(\text{Mat}(\text{rs}_i)) \\[2mm]
\text{Flex}(\text{CTask}) = \sum_{i=1}^{m} \text{Flex}(\text{STask}_i)/m = \sum_{i=1}^{m} \text{Flex}(\text{rs}_i)/m \\[2mm]
\text{Colb}(\text{CTask}) = \text{Min}(\text{Colb}(\text{STask}_i)) = \text{Min}(\text{Colb}(\text{rs}_i)) \\[2mm]
\text{Saf}(\text{CTask}) = \sum_{i=1}^{m} \text{Saf}(\text{STask}_i)/m = \sum_{i=1}^{m} \text{Saf}(\text{rs}_i)/m
\end{cases}
$$

（3）子任务选择执行过程，当选择第 i 个子任务时，$\lambda_i = 1$，且 $\lambda_j = 0$（$j \neq i$）：

$$\begin{cases} T(\text{CTask}) = \sum_{i=1}^{m} \lambda_i * T(\text{STask}_i) = \sum_{i=1}^{m} \lambda_i * T(\text{rs}_i) \\[2mm] C(\text{CTask}) = \sum_{i=1}^{m} \lambda_i * C(\text{STask}_i) = \sum_{i=1}^{m} \lambda_i * C(\text{rs}_i) \\[2mm] \text{Qual}(\text{CTask}) = \sum_{i=1}^{m} \lambda_i * \text{Qual}(\text{STask}_i) = \sum_{i=1}^{m} \lambda_i * \text{Qual}(\text{rs}_i) \\[2mm] \text{Rel}(\text{CTask}) = \sum_{i=1}^{m} \lambda_i * \text{Rel}(\text{STask}_i) = \sum_{i=1}^{m} \lambda_i * \text{Rel}(\text{rs}_i) \\[2mm] \text{Mat}(\text{CTask}) = \sum_{i=1}^{m} \lambda_i * \text{Mat}(\text{STask}_i) = \sum_{i=1}^{m} \lambda_i * \text{Mat}(\text{rs}_i) \\[2mm] \text{Flex}(\text{CTask}) = \sum_{i=1}^{m} \lambda_i * \text{Flex}(\text{STask}_i) = \sum_{i=1}^{m} \lambda_i * \text{Flex}(\text{rs}_i) \\[2mm] \text{Colb}(\text{CTask}) = \sum_{i=1}^{m} \lambda_i * \text{Colb}(\text{STask}_i) = \sum_{i=1}^{m} \lambda_i * \text{Colb}(\text{rs}_i) \\[2mm] \text{Saf}(\text{CTask}) = \sum_{i=1}^{m} \lambda_i * \text{Saf}(\text{STask}_i) = \sum_{i=1}^{m} \lambda_i * \text{Saf}(\text{rs}_i) \end{cases}$$

（4）子任务循环执行过程，其中第 i 个子任务执行的概率为 k_i：

$$\begin{cases} T(\text{CTask}) = \sum_{i=1}^{m} k_i * T(\text{STask}_i) = \sum_{i=1}^{m} k_i * T(\text{rs}_i) \\[2mm] C(\text{CTask}) = \sum_{i=1}^{m} k_i * C(\text{STask}_i) = \sum_{i=1}^{m} k_i * C(\text{rs}_i) \\[2mm] \text{Qual}(\text{CTask}) = \sum_{i=1}^{m} \text{Qual}(\text{STask}_i)/m = \sum_{i=1}^{m} \text{Qual}(\text{rs}_i)/m \\[2mm] \text{Rel}(\text{CTask}) = \prod_{i=1}^{m} \text{Rel}(\text{STask}_i) = \prod_{i=1}^{m} \text{Rel}(\text{rs}_i) \\[2mm] \text{Mat}(\text{CTask}) = \prod_{i=1}^{m} \text{Mat}(\text{STask}_i) = \prod_{i=1}^{m} \text{Mat}(\text{rs}_i) \\[2mm] \text{Flex}(\text{CTask}) = \sum_{i=1}^{m} \text{Flex}(\text{STask}_i)/m = \sum_{i=1}^{m} \text{Flex}(\text{rs}_i)/m \\[2mm] \text{Colb}(\text{CTask}) = \prod_{i=1}^{m} \text{Colb}(\text{STask}_i) = \prod_{i=1}^{m} \text{Colb}(\text{rs}_i) \\[2mm] \text{Saf}(\text{CTask}) = \sum_{i=1}^{m} \text{Saf}(\text{STask}_i)/m = \sum_{i=1}^{m} \text{Saf}(\text{rs}_i)/m \end{cases}$$

通过以上 4 种基本的任务执行关系，可以获得制造子任务在执行中的评估性能，也就是通过对资源服务执行性能进行评估实现对制造子任务执行中的性能评估。在评估方法上，可以通过多属性的决策方法获得每个资源服务的性能，并进行排序，从而可以获得每个资源服务在任务执行过程中的优劣。另外，对于多次执行任务的资源服务，通过综合其在各任务执行中的优劣表现，可以客观、公平地实现资源服务的综合评估，这是资源服务匹配的重要依据。

通过以上的分析，云制造任务执行过程性能评估流程可以描述如下：

①获取制造任务执行过程中的性能数据，并进行直觉模糊化处理，对于主观性能指标，邀请性能评估决策者进行评估；

②应用多属性评价方法分别对任务在执行前和执行后的性能进行评估信息累积；

③对云制造任务执行过程中的各制造服务进行评估，分析各制造服务执行任务的优劣表现；

④按照云制造任务执行路径，将各制造服务的性能表现进行组合作为该制造任务在执行中的性能评估；

⑤将云制造任务在执行前、执行中和执行后三方面的性能进行累积，作为其最终的性能评估值。

7.3　基于模糊综合评价法的制造服务性能评估

模糊综合评价分析方法以模糊数学为理论基础，该方法就是把需要考察的模糊对象和反映模糊对象的那些模糊概念看作一个模糊集合，通过建立适当的模糊隶属函数，进行模糊集合论的相关运算与变换，实现对这个模糊对象进行定量分析。模糊综合评价分析方法设计 4 个步骤：①模糊综合评价指标的构建；②构建权重向量，通过专家经验法或者 AHP 法确定；③构建评价矩阵；④合成评价矩阵和权重向量，获得最终评价结果[9,10]。模糊综合评价法相比较其他几种方法，应用比较简单，因此在实践中应用比较广泛。下面介绍该方法在制造资源执行中性能评价的应用。

7.3.1 应用 AHP 法确定权重

AHP 法的基本原理就是把所要研究的复杂问题当成一个大系统，通过对系统里面的多个因素进行分析，梳理出系统内部各因素之间相互作用的有序层次。再邀请熟悉的专家对其中每一层次的各影响因素进行较为客观的判断，对应给出各因素相对重要性的定量表示。然后建立数学模型，逐个计算出每一层次所有因素的相对重要性权值，并给予排序。最后根据制造资源评价排序结果确定的权重进行规划决策。

将 AHP 法应用于制造资源执行过程性能评估中，用于确定评价指标的权重，其具体过程如下。

（1）建立递阶层次结构。

围绕制造资源执行过程评估模型，结合 AHP 法的特点，给出其递阶层次结构，见表 7-1。

表 7-1 递阶层次结构

目标层（制造资源性能评估）								
准则层	u_1（执行前）			u_2（执行中）			u_3（执行后）		
指标层	a_1	a_2	a_3	b_1	b_2	b_3	c_1	c_2	c_3

其中，a_1、a_2、a_3、b_1、b_2、b_3、c_1、c_2、c_3 分别指制造资源优选时间、资源优选成本、资源匹配度、任务完工成本、任务完工质量、执行过程柔性、资源释放时间、可靠性、安全性。

（2）构造判断矩阵。

判断矩阵是表示本指标层所有因素针对上一层某一个因素的相对重要性的比较。由专家利用1~9比例标度法，分别对每一层次的评价指标的相对重要性进行定性描述，并用准确的数字进行量化表示，数字的取值所代表意义见表7-2，由专家打分得到两两比较判断矩阵。

表7-2　判断矩阵比例标度以及含义

标度值 u_{ij}	含义
1	u_i 与 u_j 的影响相同
3	u_i 比 u_j 的影响稍微强
5	u_i 比 u_j 的影响强
7	u_i 比 u_j 的影响明显强
9	u_i 比 u_j 的影响绝对强
2，4，6，8	u_i 与 u_j 的影响之比在上述两个相邻等级之间，可取上述相邻判断的中间值

设填写后的判断矩阵为 $U = (u_{ij})_{n \times m}$，判断矩阵具有如下性质：

① $u_{ij} > 0$；

② $u_{ij} = 1/u_{ji}$；

③ $u_{ii} = 1$。

当上式对判断矩阵所有元素都成立时，称该判断矩阵为一致性矩阵。

判断矩阵可以表示为式（7-1）：

$$U = \begin{pmatrix} u_{11} & \cdots & u_{1n} \\ \vdots & \ddots & \vdots \\ u_{n1} & \cdots & u_{nn} \end{pmatrix} \qquad (7-1)$$

其中，u_{ij} 为 u_i 因素相对 u_j 重要程度的判断值。

针对制造资源执行性能评估指标体系的判断矩阵分别为式（7-2）、

式（7-3）。

准则层：

$$\boldsymbol{O} = \begin{pmatrix} o_{11} & o_{12} & o_{13} \\ o_{21} & o_{22} & o_{23} \\ o_{31} & o_{32} & o_{33} \end{pmatrix} \qquad (7-2)$$

指标层：

$$\boldsymbol{A} = \begin{pmatrix} a_{11} & a_{12} & a_{13} \\ a_{21} & a_{22} & a_{23} \\ a_{31} & a_{32} & a_{33} \end{pmatrix}, \boldsymbol{B} = \begin{pmatrix} b_{11} & b_{12} & b_{13} \\ b_{21} & b_{22} & b_{23} \\ b_{31} & b_{32} & b_{33} \end{pmatrix}, \boldsymbol{C} = \begin{pmatrix} c_{11} & c_{12} & c_{13} \\ c_{21} & c_{22} & c_{23} \\ c_{31} & c_{32} & c_{33} \end{pmatrix} (7-3)$$

（3）层次单排序以及一致性检验。

层次单排序在判断矩阵的基础上，把本层所有的各元素对上一层而言排出优劣顺序，基于特征向量法的排序原理为：判断矩阵 $\boldsymbol{U}$ 对应其最大特征值 $\lambda_{\max}$ 所得出特征向量 $\boldsymbol{k}$，经归一化后就可以得出同一层次相应的因素对于上一层次某个因素相对重要性的一个排序权值，具体计算步骤如下。

①计算出判断矩阵每一行元素的乘积，如式（7-4）所示：

$$M_i = \prod_{j=1}^{m} u_{ij}, \ i = 1, \ 2, \ \cdots, \ n \qquad (7-4)$$

②计算 M_i 的 n 次方根：

$$\overline{w_i} = \sqrt[n]{M_i}, \ i = 1, \ 2, \ \cdots, \ n$$

此时，可以获得式：$\tilde{W} = (\overline{w_1}, \ \overline{w_2}, \ \cdots, \ \overline{w_n})^T$。

③将 w_i 归一化，即利用式（7-5）进行计算：

$$w_i = \overline{w_i} \Big/ \sum_{j=i}^{n} \overline{w_j}, \ i = 1, \ 2, \ \cdots, \ n \qquad (7-5)$$

④得到权重向量：由此得到向量 $\boldsymbol{W} = (w_1, \ w_2, \ \cdots, \ w_n)^T$，此即为特征向量的近似值，也是各指标元素对应的权重值。

⑤计算矩阵的最大特征值 λ，如式（7-6）所示：

$$\lambda_{max} = \sum_{i=1}^{n} \frac{(AW)_i}{nw_i}, \quad i = 1, 2, \cdots, n \qquad (7-6)$$

⑥一致性检验：所谓的一致性指的是在判断制造资源评价指标重要性时，各判断之间协调一致，不致出现相互矛盾的结果。由于客观事物的复杂性和人们认识上的多样性，以及可能产生的片面性，要求每一个判断都具有一致性显然不太可能，特别是因素多、规模大的问题更是如此，但是要求判断具有大体一致性却是应该的，若出现甲比乙极端重要，乙比丙极端重要，丙又比甲极端重要的情况显然是违反常识的，因此，为了保证应用层次分析法得到合理的结论，还需要对构造的判断矩阵进行一致性检验。

对于矩阵的一致性检验的具体步骤如下。

①引入判断矩阵最大特征根以外的其余特征根的负平均值，作为度量判断矩阵偏离一致性的指标，即计算判断的一致性指标 C. I（consistent index），n 为判断矩阵的阶数，$n>1$ 即有式（7-7）。

$$C.I = \frac{\lambda_{max} - n}{n - 1} \qquad (7-7)$$

②衡量不同阶判断矩阵是否具有满意一致性，还需要引入判断矩阵的平均随机一致性指标 R. I 值，平均随机一致性指标是每次重复进行随机判断矩阵特征值计算后取算术平均值得到的，对于 1~9 阶判断矩阵，R. I（bandom index）在阶数不同的情况下对应的值分别列于表 7-3 中（其中 n 代表阶数）。

表 7-3 平均随机一致性检验指标

n	1	2	3	4	5	6	7	8	9
R. I	0.00	0.00	0.58	0.90	1.12	1.24	1.32	1.41	1.45

③计算随机一致性比率 C. R（consistency ratio）。判断矩阵的一致性指

标 C.I 与同阶平均随机一致性指标 R.I 之比称为随机一致性比率。若 C.R = C.I/R.I<0.1，我们称判断矩阵具有满意一致性指标，否则需要重新调整判断矩阵。其中 C.R 的值越小，说明矩阵偏离真实情况的值越小，越接近于真实情况，结果越可靠。

（4）层次总排序以及一致性检验。

现在假设第一层次 U 含有 n 个元素 u_1, u_2, $\cdots$, u_n，它们相对应的权重依次是 w_1, w_2, $\cdots$, w_n。而对于下一个层次的指标而言，假设它们关于 u_i 的权重是 b_{ij}，现在需要确定对于整个总目标层 U 的权重 b_i，那么具体的计算公式为式（7-8）。

$$b_i = \sum_{j=1}^{n} b_{ij}a_j, \ i = 1, \ 2, \ \cdots, \ n \qquad (7-8)$$

其中，当上下两层之间没有关系时，$b_{ij} = 0$。

对于层次总排序而言，仍然需要进行一致性检验，基于在层次单排序检验中已经完成检验，就会出现指标 a_j 对于 u_i 中的 C.I、R.I、C.R，那么子指标层的指标一致性检验的最终总排序随机一致性比率为

$$C.R = \frac{\sum_{i=1}^{n} C.I(i)w_i}{\sum_{i=1}^{n} R.I(i)w_i} \qquad (7-9)$$

这时，当满足 C.R<0.1 时，我们就认为总排序结果具有比较满意的一致性，结果合理，可以使用。

那么针对制造服务评估，对于选择的 9 个指标而言，目标层最终权重值为：

$$\Omega = (\omega_1, \ \omega_2, \ \omega_3, \ \omega_4, \ \omega_5, \ \omega_6, \ \omega_7, \ \omega_8, \ \omega_9)$$

其中：

$$\omega_s = w_1 \times w_{ai},\ i = 1,\ 2,\ 3,\ 4,\quad s = 1,\ 2,\ 3$$

$$\omega_s = w_2 \times w_{bj},\ j = 1,\ 2,\ 3,\ 4,\ 5,\quad s = 4,\ 5,\ 6$$

$$\omega_s = w_3 \times w_{cm},\ m = 1,\ 2,\ 3,\ 4,\quad s = 7,\ 8,\ 9$$

7.3.2　基于模糊综合评价法的制造服务性能评估

（1）指标集的建立。

指标选取要遵循全面性与概括性相结合的原则、系统性与层次性相结合的原则、科学性与可操作性相结合的原则、动态性与静态性相结合的原则、可比性与灵活性相结合的原则。针对制造资源评估问题，本书选取的指标与 7.3.1 小节保持一致。

（2）评价集的建立。

评价集 V 是评价等级的集合 $V = (v_1,\ v_2,\ \cdots,\ v_s)$，$s = 1,\ 2,\ 3,\ \cdots,\ h$。针对制造资源性能评估问题，本书建立的评价集如下：$V = (v_1,\ v_2,\ v_3,\ v_4,\ v_5)$，分别表示优秀、良好、合格、较差、差。

（3）建立模糊关系矩阵，即隶属度矩阵 S。

在建立起等级的模糊子集以后，需要对所评价的制造资源的每个因素进行逐步量化，也就是确定被评价对象的模糊子集的隶属矩阵，这样可以待评价制造资源的模糊关系矩阵。如式（7-10）所示为具体的矩阵表示形式。

$$\boldsymbol{R} = \begin{bmatrix} R & \backslash u_1 \\ R & \backslash u_2 \\ \vdots & \vdots \\ R & \backslash u_i \end{bmatrix} = \begin{bmatrix} r_{11} & r_{12} & \cdots & r_{1s} \\ r_{21} & r_{22} & \cdots & r_{2s} \\ \vdots & \vdots & & \vdots \\ r_{n1} & r_{n2} & \cdots & r_{ns} \end{bmatrix}_{ns} \tag{7-10}$$

其中，在上述矩阵中，r_{ij} 表示从因素 u_i 的角度 v_s 等级的模糊子集的隶属度，即通过模糊向量 $(R \setminus u_i) = (r_{i1}, r_{i2}, \cdots, r_{is})$ 来评价制造资源在 u_i 方面的表现情况。

（4）权重向量的确定。

在此使用 7.3.1 小节介绍的层次分析法来确定制造资源各评价指标的权重 $W = (w_1, w_2, \cdots, w_n)^T$，从而可得到期间的重要性次序，并依次得到权系数。

（5）合成模糊综合评价的评判最终结果向量。

从式（7-11）可以获得待评价的制造资源从整体上看对 v_s 层次等级的模糊子集隶属度情况。其最终评价的结果可以作为进一步制造资源性能改进的方向。

$$W \times R = (w_1, w_2, \cdots, w_n) \begin{bmatrix} r_{11} & r_{12} & \cdots & r_{1s} \\ r_{21} & r_{22} & \cdots & r_{2s} \\ \vdots & \vdots & \vdots & \vdots \\ r_{n1} & r_{n2} & \cdots & r_{ns} \end{bmatrix}_{ns} = (b_1, b_2, \cdots, b_s)$$

$$(7-11)$$

7.4 基于 DEA 的制造服务性能评估

7.4.1 DEA 概述

自从 Charness、CooPor 和 Rhodes 在 1978 年提出 DEA 方法后，该方法在企业和组织的管理绩效评价中得到了广泛的运用。DEA 方法是一种基于线性规划的多决策单元（decision making unit，DMU）相对有效性评价技术。

其基本思想是将每一个评价对象看作一个决策单元，首先在各 DMU 的输入和输出不变的情况下，构建一个有效前沿面，然后通过计算每个 DMU 在有效前沿面上的投影距离衡量其相对有效性[11]。

　　DEA 方法通过构建有效前沿面来评估决策单元的相对有效性，并据此将各 DMU 进行排序，确定有效的（即相对有效性高的）DMU，并指出 DMU 非有效的原因和程度。DEA 方法的评估步骤可以概括如下。

　　（1）根据对评价问题的分析，选择合适的 DMU。选择的对象应具有类型相同的目标、任务及外部环境等，并据此确定评价对象的输入输出指标。

　　（2）根据实际评价问题的背景和需求，选择合适的评价模型。

　　（3）计算各 DMU 的相对有效性及其在生产前沿面上的投影值。

　　（4）根据各 DMU 的相对效率进行排序，分析无效决策单元的原因。

　　在常见的评估方法中，AHP 法和 TOPSIS 法都需要邀请专家对权重进行打分，具有一定的主观性。对于具有多输入多产出特点的制造过程性能评估问题，DEA 方法具有以下几点优势。

　　（1）DEA 方法是一种非参数方法，无须事先确定评价单元多个输入输出指标之间的函数关系表达式，具有很强的客观性，很好地解决了复杂非线性关系建模这一难题，使得 DEA 方法非常适合对输入输出指标间关系未知或不确定的情况，如生产过程质量控制的评价。

　　（2）DEA 作为一种客观的多指标决策方法，它是以各决策单元 DMU 的输入输出权重为变量进行评价。通过实际数据的计算求得的最优权重，无须人为设定，减少了主观因素的影响。

　　（3）对云制造任务执行过程性能评价往往需要考虑多个方面影响因素指标，并且这些指标的量纲常常是不统一的，这也是传统评价方法的难点。DEA 方法对每个评价单元 DMU 的输入输出指标的量纲没有限制，既可以是实际参数指标（费用、产量等），也可以是抽象指标（类型、比率等），只要被评估的对象均使用相同的计量单元即可。因此，特别适合处理复杂系统的多投入-多输出评价问题。

（4）DEA 是以所有的参加评估的决策单元中的有效决策单元集作为改进方向的有效前沿面，是一种内在生成的参照，排除了由于统计误差等因素对有效前沿面的影响，使得改进方法变得更加可行和实际。

（5）DEA 方法不仅可以通过计算相对有效值来实现对每个决策单元的排序，还可以利用其在有效前沿面上投影距离的偏差诊断 DEA 无效的原因，并提供制造过程改进方向。

设有 n 个评价对象，每个评价对象称为一个决策单元 DMU_i，$i = 1$，2，$\cdots$，n，每个 DMU_i 的输入向量和输出向量分别表示为 $\boldsymbol{X}_i$ 和 $\boldsymbol{Y}_i$，其中第 i 个决策单元 DMU_i 的输入指标表示为 $x_i = (x_{1i}, x_{2i}, \cdots, x_{mi})^T$，输出指标表示为 $y_i = (y_{1i}, y_{2i}, \cdots, y_{si})^T$，其中 m 为输入指标数目，s 为输出指标数目。其生产可能集为式（7-12）。

$$T = \left\{ (x, y) \ \middle| \ \sum_{j=1}^{n} \mu_j x_j \leqslant x, \ \sum_{j=1}^{n} w_j y_j \geqslant y, \right.$$
$$\left. \mu_j \geqslant 0, \ w_j \geqslant 0, \ j = 1, 2, \cdots, n \right\} \tag{7-12}$$

则任一决策单元 DMU_i 的性能评价指数见式（7-13）。

$$E_k = \frac{\sum\limits_{i=1}^{s} w_i y_{ik}}{\sum\limits_{i=1}^{s} \mu_i x_{ik}} \tag{7-13}$$

其中，x_{ik}，y_{ik} 分别表示第 k 个 DMU 的第 i 个输入输出指标值，w_i 和 μ_i 是其权系数，E_k 为第 k 个 DMU 的相对效率性能指标值。对 DMU_k 的效率评价指数求极大值，可得线性优化模型，如式（7-14）所示。

$$\text{Max} \quad \boldsymbol{w}^T \boldsymbol{Y}_k$$

$$\text{s. t.} \begin{cases} \boldsymbol{\mu}^T \boldsymbol{X}_i - \boldsymbol{w}^T \boldsymbol{Y}_i \geqslant 0, \ i = 1, \ 2, \ \cdots, \ n \\ \boldsymbol{\mu}^T \boldsymbol{X}_k = 1 \\ \boldsymbol{\mu} \geqslant 0, \ w \geqslant 0 \end{cases} \tag{7-14}$$

其中，$\boldsymbol{\mu}$ 和 w 分别表示输入输出的权重向量。

经过线性对偶转换，带有非阿基米德无穷小量以及松弛变量 C^2R 的模型见式（7-15）。

$$\text{Min} \quad \theta - \varepsilon \Big(\sum_{i=1}^{m} s_i^- + \sum_{i=1}^{s} s_i^+ \Big)$$

$$\text{s. t.} \begin{cases} \sum_{i=1}^{n} \lambda_i X_i + S^- = \theta X_k \\ \sum_{i=1}^{n} \lambda_i Y_i - S^+ = Y_k \\ \lambda_i \geqslant 0, \quad i = 1, \ 2, \ \cdots, \ n \\ S^- \geqslant 0 \\ S^+ \geqslant 0 \end{cases} \tag{7-15}$$

其中，ε 为非阿基米德无穷小量，一般取 $\varepsilon = 10^{-6} \sim 10^{-3}$；$S^-$ 和 S^+ 是松弛因子，分别表示投入的超出量和产出的不足量，表示该决策单元的有效参照集[12]。

设其最优解为 θ_0，S_0^-，S_0^+，则有：

（1）若 $\theta_0 < 1$，则称决策单元为技术无效。其含义表示：即使对投入分量进行同比例减少，仍可以保持原有水平产出的不变。

（2）若 $\theta_0 = 1$ 且 $S_0^- = 0$，$S_0^+ = 0$，则称决策单元 DMU_{i0} 为 DEA 技术有效，其含义表示：在原投入 X_0 的基础上获得的产出 Y_0 已达到最优。

（3）若 $\theta_0 = 1$ 且 $S_0^- \neq 0$，$S_0^+ \neq 0$，则称决策单元 DMU_{i0} 为弱技术有效，

其含义表示：当投入指标 X_0 可以减少 S_0^- 时，原产出 Y_0 仍可保持不变；或在投入指标 X_0 保持不变的情况下，可将产出 Y_0 提高 S_0^+。

当在 C^2R 模型中加入约束条件 $\sum\limits_{i=1}^{n}\lambda_i = 1$ 时，C^2R 模型就变成了一个规模收益可变的 C^2RS^2 模型，如式（7-16）所示。

$$\text{Min} \quad \theta - \varepsilon\left(\sum_{i=1}^{m} s_i^- + \sum_{i=1}^{s} s_i^+\right)$$

$$\text{s. t.}\begin{cases} \sum\limits_{i=1}^{n}\lambda_i X_i + S^- = \theta X_0 \\[2mm] \sum\limits_{i=1}^{n}\lambda_i Y_i - S^+ = Y_0 \\[2mm] \sum\limits_{i=1}^{n}\lambda_i = 1, \quad i = 1, 2, \cdots, n \\[2mm] S^- \geqslant 0 \\[1mm] S^+ \geqslant 0 \\[1mm] \lambda_i \geqslant 0 \end{cases} \qquad (7\text{-}16)$$

C^2RS^2 模型主要用来评价技术的有效性。如果对某一决策单元进行评价时，C^2RS^2 评价有效而 C^2R 评价无效，则表明该单元是技术有效的，规模无效的。

7.4.2 基于 DEA 的制造服务性能评估模型

DEA 是一种基于对决策单元的相对效率进行评价而建立的分析方法。其特点是排除了主观性因素的影响，既不需要事先确定各输入输出指标之间的权重，也不需要确定其相互之间的函数表达式，而且作为一种非参数的统计分析方法，也无须统一量纲。鉴于此，可以将该方法应用于云制造模式下任务执行过程中制造资源服务的性能评估问题，不仅能够区分各个决策单元的相对有效性，还能指出无效单元改进的方向。

由于制造过程中制造资源服务性能评估的目的在于对同类型组织制造任务执行性能效率的比较，因此，在此选用 C^2R 模型进行求解。但是由于 C^2R 模型只能对 DMU 是否有效进行判断，当两个或多个 DMU 同时有效时，无法进行排序。为解决这个问题，本书采用 Andersen 等提出的 C^2R 修正模型对决策单元的综合有效性进行排序。其模型可表示为式（7-17）。

$$\text{Min}\quad \theta - \varepsilon\Big(\sum_{i=1}^{m} s_i^- + \sum_{i=1}^{s} s_i^+\Big)$$

$$\text{s. t.}\begin{cases} \sum_{i=1}^{n}\lambda_i X_i + S^- = \theta X_0 \\[2mm] \sum_{i=1}^{n}\lambda_i Y_i - S^+ = Y_0 \\[2mm] \lambda_i \geqslant 0, \quad i = 1,\ 2,\ \cdots,\ n \\[2mm] S^- \geqslant 0 \\[2mm] S^+ \geqslant 0 \end{cases} \quad (7\text{-}17)$$

它与式（7-15）的区别在于：当对 DMU_k 进行有效性评价时，将不考虑 DMU_k 作为参照集的成员，这样 θ 就度量了 DMU_k 到新生产的有效前沿面的距离，距离越远则 DMU_k 的相对有效性越好。令模型的最优解为 θ^*、λ_i^*、s_i^{-*}、s_i^{+*}，则可以进行如下调整。令 $x_0' = x_0 - S^{-*}$，$y_0' = y_0 - S^{+*}$，则 $(x_0',\ y_0')$ 为 $(x_0,\ y_0)$ 在有效前沿面上的投影，使得原来无效的 DMU 变得有效。这就是进行效率改进的理论基础。

7.4.3　基于 DEA 的制造服务性能评估步骤

在制造资源服务性能评估 DEA 分析模型的基础上，围绕云制造任务进行制造资源服务性能评估分析及其改进策略，步骤如下。

步骤1：确定评价模型输入输出指标。对于云制造任务执行过程制造资源服务的性能评估问题而言，可以将各类资源投入与各种收益的产出值作为输入输出指标。

步骤2：选择合适的评价单元。选择的对象应具有相同类型的目标、任务、外部环境等。在云制造任务执行过程中，不同的制造资源服务作为独立的运营单元有着不同的成本输入和收益输出，因此可以将各个制造资源服务看作评价模型中的 DMU。

步骤3：根据相关的统计数据结果，建立任务执行过程制造资源服务的性能评估输入向量集和收益输出向量集。

步骤4：选定评价模型。根据问题的背景和评价任务的需要，选择合适的 DEA 评价模型。

步骤5：根据选定的评价模型计算各个决策单元的相对效率值0，判断其是否有效。分析无效决策单元无效的原因，结合制造资源服务实际情况，提供改进方案。

7.5 基于直觉模糊 OWA-TOPSIS 的制造服务执行评估方法

为了展示 TOPSIS 在模糊环境下不同累积方法在评估各制造资源服务执行性能上的优劣性，本书将有序加权平均（order weighted average，OWA）算子与 TOPSIS 累积方法进行集成[13]，并通过变化 OWA 算子的参数值来观察其综合评估结果的敏感性。

7.5.1　IFOWA

有序加权平均 OWA 算子是美国学者 Yager 于 1988 年提出的[14]。这是一种对于一组数据按照大小排序进行加权方式的决策方法。近年来,对该方法的相关研究很多,很多不同的方法被提出,如直觉模糊有序加权平均(intuitionistic fuzzy ordered weighted averaging, IFOWA)算子[15]、诱导广义有序加权平均(induced generalized ordered weighted averaging, IGOWA)算子、诱导广义直觉模糊有序加权平均(induced generalized intuitionistic fuzzy ordered weighted averaging, IGIFOWA)[16]、准直觉模糊有序加权平均(quasi intuitionistic fuzzy ordered weighted averaging, QIFOWA)[17]等,其应用领域也比较广泛,如逻辑规划、医疗诊断、多属性决策、机器学习、模式识别、市场预测等。下面给出 OWA 在直觉模糊环境下的拓展。

定义 7.1　设 $\text{IFOWA}: R^n \to R$,如果

$$\text{IFOWA}_W(a_1, \cdots, a_n) = \text{IFOWA}_W((\mu_{a_1}, v_{a_1}), \cdots, (\mu_{a_n}, v_{a_n}))$$

$$= w_1 a_{\alpha(1)} \oplus w_2 a_{\alpha(2)} \oplus \cdots \oplus w_n a_{\alpha(n)}$$

$$= \left(1 - \prod_{i=1}^{n} (1 - \mu_{a_{\alpha(i)}}) w_i, \prod_{i=1}^{n} (v_{a_{\alpha(i)}}) w_i\right)$$

$$(7-18)$$

其中, a_1 , a_2 , $\cdots$, a_n 是直觉模糊数, $w = (w_1, w_2, \cdots, w_n)^T$ 是与 IFOWA 算子关联的权重向量, $w_j \in [0, 1]$, $\sum_{j=1}^{n} w_j = 1$,且 $a_{\alpha(i)}$ 是直觉模糊数组 $(a_1, a_2, \cdots, a_n)$ 中第 i 大的元素,IFOWA 算子对直觉模糊数累积的结果仍然为直觉模糊数。

IFOWA 算子的特点是:对直觉模糊数 a_1 , a_2 , $\cdots$, a_n 按从大到小的顺序重新进行排列后再加权集成,并且 w_i 与元素 a_i 没有任何关联,只与第 i 个位置有关。为了实现 IFOWA 算子的累积,下面给出直觉模糊数大小的比

较规则。

定义 7.2 设 $a = (\mu_a, v_a)$, $b = (\mu_b, v_b)$ 是两个直觉模糊数, $s(a) = \mu_a - v_a$ 和 $s(b) = \mu_b - v_b$ 分别是 a 和 b 的得分值, $h(a) = \mu_a + v_a$ 和 $h(b) = \mu_b + v_b$ 分别是 a 和 b 的精确度, 则

若 $s(a) < s(b)$, 则直觉模糊数 a 小于 b。

若 $s(a) = s(b)$, 则

(1) 若 $h(a) = h(b)$, 则直觉模糊数 a 等于 b;

(2) 若 $h(a) < h(b)$, 则直觉模糊数 a 小于 b;

(3) 若 $h(a) > h(b)$, 则直觉模糊数 a 大于 b。

在应用 IFOWA 算子进行累积操作的过程中, 确定 IFOWA 算子的权重是关键的步骤, 对于 n 个有序的直觉模糊数 a_1, a_2, $\cdots$, a_n, 则其第 i 个位置的权重值如式 (7-19) 所示。

$$w_i = \left(\frac{i}{n}\right)^\alpha - \left(\frac{i-1}{n}\right)^\alpha, \quad i = 1, \cdots, n \qquad (7-19)$$

其中, α 表达了对不同累积元素的包含度, 其取值范围从语言学术语的角度表示如表 7-4 所示。这样通过改变 α 的值可以观测累积结果的敏感性。

表 7-4　α 语言描述与数值对应表

语言描述	一个 One	少许 Few	一些 Some	一半 Half	许多 Many	大多数 Most	所有 All
α	0	0.1	0.5	1	2	10	1000

7.5.2　基于直觉模糊的评估标准模糊化

针对制造资源执行过程评估模型, 本书应用直觉模糊集 (intuitionistic fuzzy set, IFS) 的相关理论来处理性能指标的模糊性和不确定性[15,18]。直觉模糊集考虑了表示肯定的隶属度、否定的非隶属度和不确定的犹豫度 3 个

方面的信息，与传统的模糊集相比更能够描述用户对事物属性的模糊性和不确定性。下面对直觉模糊集进行简单论述。

定义 7.3　设论域 $X = \{x_1,\ x_2,\ \cdots,\ x_n\}$ 是一个非空集合，则称

$$A = \{(x,\ \mu_A(x),\ v_A(x)) \mid x \in X\} \qquad (7\text{-}20)$$

是直觉模糊集，其中 $\mu_A(x)$ 和 $v_A(x)$ 分别是 X 中元素 x 属于 A 的隶属度和非隶属度，有式（7-21）和式（7-22）：

$$\mu_A: X \to [0,\ 1], \qquad x \in X \to \mu_A(x) \in [0,\ 1] \qquad (7\text{-}21)$$

$$v_A: X \to [0,\ 1], \qquad x \in X \to v_A(x) \in [0,\ 1] \qquad (7\text{-}22)$$

且满足式（7-23）：

$$0 \leqslant \mu_A(x) + v_A(x) \leqslant 1, \quad x \in X \qquad (7\text{-}23)$$

此外，如式（7-24）所示，$\pi_A(x)$ 表示 X 中元素 x 属于 A 的不确定或犹豫度。

$$\pi_A(x) = 1 - \mu_A(x) - v_A(x), \quad x \in X \qquad (7\text{-}24)$$

为了直观地表示 $\mu_A(x)$，$v_A(x)$ 和 $\pi_A(x)$ 三者的关系，其几何表示如图 7-3 所示。

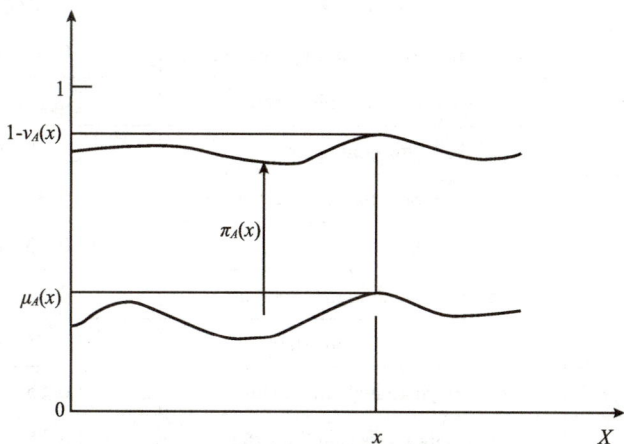

图 7-3　直觉模糊集的几何表示

设论域 $X = \{x_1, x_2, \cdots, x_n\}$ 是一个非空集合，$A = \{(x, \mu_A(x),$ $v_A(x)) \mid x \in X\}$ 和 $B = \{(x, \mu_B(x), v_B(x)) \mid x \in X\}$ 是两个直觉模糊集，则有以下运算规则：

(1) $A \cap B = \{(x, \min(\mu_A(x), \mu_B(x)), \max(v_A(x), v_B(x))) \mid x \in X\}$

(2) $A \cup B = \{(x, \max(\mu_A(x), \mu_B(x)), \min(v_A(x), v_B(x))) \mid x \in X\}$

(3) $A \oplus B = \{(x, \mu_A(x) + \mu_B(x) - \mu_A(x)\mu_B(x), v_A(x)v_B(x)) \mid x \in X\}$

(4) $A \otimes B = \{(x, \mu_A(x)\mu_B(x), v_A(x) + v_B(x) - v_A(x)v_B(x)) \mid x \in X\}$

(5) $\lambda A = \{(x, 1 - (1 - \mu_A(x))^\lambda, (v_A(x))^\lambda) \mid x \in X\}$

针对制造任务执行过程评估模型，本书选取 5 个客观评估类指标时间、成本、可靠性、匹配度、安全性对其进行模糊化处理，而对于这些指标的计算模型并不在此讨论，具体可参考文献 [19]。而其他的指标如任务完工质量、执行过程柔性、资源服务间的协同度由于其建模过程比较复杂，其不同的任务类型会有变化，在此其评估值由评估决策者来确定。为了模糊化各客观评估标准的性能值，一个 9 等级的语言学术语被应用，如表 7-5 所示。

表 7-5　9 级语言变量对应的直觉模糊值

模糊等级	语言变量	直觉模糊值
1	extremely bad /low/unimportant	[0.05, 0.95]
2	very bad /low/unimportant	[0.15, 0.80]
3	bad /low/unimportant	[0.25, 0.65]
4	medium bad/low/unimportant	[0.35, 0.55]
5	fair/medium	[0.50, 0.40]
6	medium good/high/important	[0.65, 0.25]
7	good/high/important	[0.75, 0.15]
8	very good/high/important	[0.85, 0.10]
9	extremely good/high/important	[0.95, 0.05]

时间、成本、可靠性、匹配度和安全性的模糊化处理方法如下。

（1）时间、成本模糊化。

设定在任务执行过程中的各阶段其时间范围是 $[T_{\min}, T_{\max}]$，其中 $T_{\min}$ 和 $T_{\max}$ 分别是所需时间的最小值和最大值。实际中任务执行时间在各阶段中是动态变化的，其模糊化后 $\tilde{T}$ 可以表示为式（7-25）：

$$\tilde{T} = \begin{cases} [0, 0] & T \leqslant T_{\min} \\ T_k & T_{\min} < T < T_{\max} \\ [1, 1] & T \geqslant T_{\max} \end{cases} \tag{7-25}$$

其中，k 表示为直觉模糊评估的等级，T_k 是 $(T - T_{\min})/(T_{\max} - T_{\min})$ 隶属度值所对应的直觉模糊值，如某子任务与资源服务匹配时可接受的时间范围 $[2, 10]$ 天，其完成时间大约是 5 天，则其值 $(5 - 2)/(10 - 2) = 0.375$ 在隶属度范围 $[0.25, 0.40]$ 内，对应的模糊值 T_k 为 $[0.25, 0.60]$。鉴于时间和成本同属于可加性评估指标，类似于时间的模糊化，成本的模糊化如式（7-26）所示。

$$\tilde{C} = \begin{cases} [0, 0] & C \leqslant C_{\min} \\ C_k & C_{\min} < C < C_{\max} \\ [1, 1] & C \geqslant C_{\max} \end{cases} \tag{7-26}$$

（2）匹配度、可靠性、安全性模糊化。

任务执行过程中涉及的匹配度，其范围是 $[0, 100\%]$，而具体的任务执行中会要求一个最低的百分数，低于这个值认为不满足任务要求，这样，其范围变为 $[M_{min}, 100\%]$，其模糊化后 $\widetilde{\text{Mat}}$ 可以表示为式（7-27）：

$$\widetilde{\text{Mat}} = \begin{cases} [0, 0] & \text{Mat} \leqslant \text{Mat}_{\min} \\ \text{Mat}_k & \text{Mat}_{\min} < \text{Mat} < 100\% \\ [1, 1] & \text{Mat} = 100\% \end{cases} \tag{7-27}$$

类似于匹配度的模糊化，可靠性、安全性的模糊化如式（7-28）和式（7-29）所示。

$$\widetilde{\text{Rel}} = \begin{cases} [0,\ 0] & \text{Rel} \leqslant \text{Rel}_{\min} \\ \text{Rel}_k & \text{Rel}_{\min} < \text{Rel} < 100\% \\ [1,\ 1] & \text{Rel} = 100\% \end{cases} \qquad (7-28)$$

$$\widetilde{\text{Saf}} = \begin{cases} [0,\ 0] & \text{Saf} \leqslant \text{Saf}_{\min} \\ \text{Saf}_k & \text{Saf}_{\min} < \text{Saf} < 100\% \\ [1,\ 1] & \text{Saf} = 100\% \end{cases} \qquad (7-29)$$

对于制造资源执行过程中的其他 3 个指标（完工质量、执行过程柔性、资源服务间的协同度）由评估决策者给出模糊评估值。

因此，对制造资源执行过程的性能评估，其核心在于评估制造任务在执行过程中与之对应的制造资源的执行情况，也就是执行每个子任务的制造资源的性能表现。下面应用 TOPSIS 多属性决策方法实现每个制造资源的性能评估。

7.5.3　直觉模糊 TOPSIS

TOPSIS 分析法是由 Hwang 和 Yoon 于 1981 年提出的[20,21]。虽然 TOPSIS 已被广泛地用来解决多属性决策问题，但在处理模糊性与不确定性问题上还存在一定的不足。对此，应用模糊数学来表达事物的模糊性是一个比较好的解决方法。这样，TOPSIS 方法被扩展到模糊环境中来解决方案排序与性能评估问题。本书以直觉模糊数为属性评估的描述方法，直觉模糊 TOPSIS 方法可以概括为如下步骤。

步骤 1：构建性能评估决策矩阵。

针对云制造任务执行过程评估模型，将其评估属性或标准泛化为含有 n 个元素的集合 $C = (c_1,\ c_2,\ \cdots,\ c_j,\ \cdots,\ c_n)$，待评估的制造任务执行过程

中的 m 个资源服务表示为 $RS = (rs_1, rs_2, \cdots, rs_i, \cdots, rs_m)$，那么其评估决策矩阵就是一个 m 行 n 列的矩阵结构，如表 7-6 所示。

表 7-6　资源服务执行性能评估矩阵

	标准 1	标准 2	$\cdots$	标准 j	$\cdots$	标准 n
资源服务 1	(μ_{11}, v_{11})	(μ_{12}, v_{12})	$\cdots$	(μ_{1j}, v_{1j})	$\cdots$	(μ_{1n}, v_{1n})
资源服务 2	(μ_{21}, v_{21})	(μ_{22}, v_{22})	$\cdots$	(μ_{2j}, v_{2j})	$\cdots$	(μ_{2n}, v_{2n})
$\cdots$	$\cdots$	$\cdots$	$\cdots$	$\cdots$	$\cdots$	$\cdots$
资源服务 i	(μ_{i1}, v_{i1})	(μ_{i2}, v_{i2})	$\cdots$	(μ_{ij}, v_{ij})	$\cdots$	(μ_{in}, v_{in})
$\cdots$	$\cdots$	$\cdots$	$\cdots$	$\cdots$	$\cdots$	$\cdots$
资源服务 m	(μ_{m1}, v_{m1})	(μ_{m2}, v_{m2})	$\cdots$	(μ_{mj}, v_{mj})	$\cdots$	(μ_{mn}, v_{mn})

其中，元素值为直觉模糊数 $a_{ij} = (\mu_{ij}, v_{ij})$，　$i = 1, 2, \cdots, m$；$j = 1, 2, \cdots, n$，用于表征第 i 个资源服务在对第 j 个评估标准的性能表现水平。

步骤 2：构造权重标准化矩阵。

对性能评估矩阵的属性或标准进行加权操作，设第 j 个属性或标准的权重值为 w_j，满足 $\sum_{j=1}^{n} w_j = 1$。获得带权重的评估矩阵，如式（7-30）所示。

$$f_{ij} = w_j a_{ij} = (1 - (1 - \mu_{ij})w_j, (v_{ij})w_j) \tag{7-30}$$

步骤 3：获得各标准的理想评估方案集合 F^+ 和最差评估方案集合 F^-。对于效益型标准 C_b 与成本型标准 C_c，其 F^+ 和 F^- 分别由式（7-31）和式（7-32）获得。

$$F^+ = \{f_1^+, f_2^+, \cdots, f_n^+\}$$
$$= \{(\max_{i=1}^{m} f_{ij} \mid j \in C_b), (\min_{i=1}^{m} f_{ij} \mid j \in C_c)\} \tag{7-31}$$

$$F^- = \{f_1^-, f_2^-, \cdots, f_n^-\}$$
$$= \{(\min_{i=1}^{m} f_{ij} \mid j \in C_b), (\max_{i=1}^{m} f_{ij} \mid j \in C_c)\} \tag{7-32}$$

步骤 4：获得各资源服务在不同标准下评估值与最佳评估方案、最差评估方案之间的距离。

各个评估值与最佳评估方案之间的距离 D_i^+ 表示为式（7-33）：

$$D_i^+ = d(f_{ij}, f_j^+)$$

$$= \sqrt{\frac{1}{n} \sum_{j=1}^{n} \{ (\mu_{f_{ij}} - \mu_{f_j^+})^2 + (v_{f_{ij}} - v_{f_j^+})^2 + (\pi_{f_{ij}} - \pi_{f_j^+})^2 \}}$$

$$(7-33)$$

类似，各个评估值与最差评估方案之间的距离 D_i^- 表示为式（7-34）：

$$D_i^- = d(f_{ij}, f_j^-)$$

$$= \sqrt{\frac{1}{n} \sum_{j=1}^{n} \{ (\mu_{f_{ij}} - \mu_{f_j^-})^2 + (v_{f_{ij}} - v_{f_j^-})^2 + (\pi_{f_{ij}} - \pi_{f_j^-})^2 \}}$$

$$(7-34)$$

步骤 5：计算 D_i^- 和 D_i^+ 的相对比 D_i^* 。

$$D_i^* = \frac{D_i^-}{D_i^- + D_i^+} \quad i = 1, 2, \cdots, m \qquad (7-35)$$

步骤 6：对各资源服务进行排序。

按照 D_i^* 的降序排列，可以获得各资源服务在任务执行过程中的性能优劣比较。

7.5.4　直觉模糊 OWA-TOPSIS

为了观察直觉模糊 TOPSIS 在累积过程的性能表现，本书将其与 IFOWA 算子进行集成。在直觉模糊 TOPSIS 中，不同的累积过程会产生不同的累积结果，而不同的累积过程中其理想评估方案与最差评估方案的确定是不同的。因此，在 IFOWA 与直觉模糊 TOPSIS 集成的过程中，重要的两个方面就是性能累积过程和确定理想方案与最差评估方案。为了描述的方便，引入以下变量表示。

（1）RS= $\{rs_i \mid i=1, \cdots, m; m \geqslant 1\}$ 表示与子任务执行相对应待评估的资源服务；

（2）$C = \{c_j \mid j=1, \cdots, n\} = C_b \cup C_c$ 表示子任务执行过程中资源服务性能的评估标准，包括效益型标准和成本型标准；

（3）DM= $\{DM_k \mid k=1, \cdots, l; l \geqslant 2\}$ 表示资源服务性能评估的决策者；

（4）f_{ij}^k 表示决策者 DM_k 对资源服务 rs_i 在性能评估标准 c_j 的模糊评估值，其中，f_j^{k+} 和 f_j^{k-} 是其对应的最佳评估方案和最差评估方案；

（5）f_{ij} 表示资源服务 rs_i 在性能评估标准 c_j 对所有决策的评估值的累积值，其中，f_j^+ 和 f_j^- 是其对应的最佳评估方案和最差评估方案；

（6）f_i^k 表示决策者 DM_k 对资源服务 rs_i 在所有性能评估标准上的模糊累积，其中，f^{k+} 和 f^{k-} 是其对应的最佳评估方案和最差评估方案；

（7）f_i 表示资源服务 rs_i 总的性能评估值，其中，f^+ 和 f^- 是其对应的最佳评估方案和最差评估方案；

（8）d_{ij}^{k+} 和 d_{ij}^{k-} 表示模糊评估值 f_{ij}^k 与最佳评估方案 f_j^{k+} 和最差评估方案 f_j^{k-} 的距离值；

（9）D_i^{k+} 和 D_i^{k-} 表示累积模糊值 f_i^k 与最佳评估方案 f^{k+} 和最差评估方案 f^{k-} 的距离值；

（10）D_{ij}^+ 和 D_{ij}^- 表示累积模糊值 f_{ij} 与最佳评估方案 f_j^+ 和最差评估方案 f_j^- 的距离值；

（11）D_i^+ 和 D_i^- 表示总的评估累积模糊值 f_i 与最佳评估方案 f^+ 和最差评估方案 f^- 的距离值。

为了获得最终子任务执行的性能优劣，结合 IFOWA 算子与评估标准加权累积操作，将 TOPSIS 方法拓展到 6 种不同的信息累积过程。同时为了表达方便，将 IFOWA 累积过程表示为 IFOWA$_W$，评估标准加权累积操作记为 MADM$_W$。在直觉模糊环境下，集成 IFOWA 操作到 TOPSIS 过程中的 6 类不同累积过程描述如下。

（1）s-p-d 型累积：

$$\{f_{ij}^{\ k}\} \xrightarrow{\text{IFOWA}_W} \{f_{ij}\} \xrightarrow{\text{MADM}_W} \{f_i\} \xrightarrow{\text{PNIP}} \left\{ \begin{array}{c} \{D_i^+\} \\ \{D_i^-\} \end{array} \right\} D_i$$

对于 s-p-d 型累积过程，首先通过 IFOWA$_W$ 操作算子将评估决策者的评估值进行累积，获得的累积模糊值 f_{ij} 通过属性或标准加权操作获得最终的子任务资源服务 rs$_i$ 的模糊评估值，接着获得最佳和最差评估方案，实现评估值的距离映射，从而实现待评估资源服务 rs$_i$ 的优劣排序。

（2）p-s-d 型累积：

$$\{f_{ij}^{\ k}\} \xrightarrow{\text{MADM}_W} \{f_i^{\ k}\} \xrightarrow{\text{IFOWA}_W} \{f_i\} \xrightarrow{\text{PNIP}} \left\{ \begin{array}{c} \{D_i^+\} \\ \{D_i^-\} \end{array} \right\} D_i$$

对于 p-s-d 型累积过程，首先通过 MADM$_W$ 标准加权操作获得对不同评估标准的累积，获得的累积模糊值 $f_i^{\ k}$ 通过 IFOWA$_W$ 操作算子将评估决策者的评估值进行累积，最终获得执行子任务资源服务 rs$_i$ 的模糊评估值 f_i，接着获得最佳和最差评估方案，实现评估值的距离映射，从而实现待评估资源服务 rs$_i$ 的优劣排序。

（3）s-d-p 型累积：

$$\{f_{ij}^{\ k}\} \xrightarrow{\text{IFOWA}_W} \{f_{ij}\} \xrightarrow{\text{PNIP}} \left\{ \begin{array}{c} \{D_{ij}^+\} \\ \{D_{ij}^-\} \end{array} \right\} \xrightarrow{\text{MADM}_W} \left\{ \begin{array}{c} \{D_i^+\} \\ \{D_i^-\} \end{array} \right\} D_i$$

对于 s-d-p 型累积过程，首先通过 IFOWA$_W$ 操作算子将评估决策者的评估值进行累积，对获得的累积模糊值 f_{ij} 寻求最佳评估方案 f_j^+ 和最差评估方案 f_j^-，并实现累积模糊值 f_{ij} 的距离映射，通过 MADM$_W$ 标准加权操作获得对不同评估标准的累积，最终获得执行子任务资源服务 rs$_i$ 综合排序。

（4）p-d-s 型累积：

$$\{f_{ij}^{\ k}\} \xrightarrow{\mathrm{MADM_W}} \{f_i^{\ k}\} \xrightarrow{\mathrm{PNIP}} \left\{ \begin{array}{l} \{D_i^{\ k+}\} \\ \{D_i^{\ k-}\} \end{array} \xrightarrow{\mathrm{IFOWA_W}} \left\{ \begin{array}{l} \{D_i^{\ +}\} \\ \{D_i^{\ -}\} \end{array} \right\} D_i \right.$$

对于 p-d-s 型累积过程，首先通过 MADM$_\mathrm{W}$ 标准加权操作获得对不同评估标准的累积，对获得的累积模糊值 $f_i^{\ k}$ 寻求最佳评估方案 f^{k+} 和最差评估方案 f^{k-}，并计算 $f_i^{\ k}$ 与二者间的距离，通过 IFOWA$_\mathrm{W}$ 操作算子将评估决策者的信息进行累积，最终获得待评估资源服务 rs_i 的优劣排序。

（5）d-s-p 型累积：

$$\{f_{ij}^{\ k}\} \xrightarrow{\mathrm{PNIP}} \left\{ \begin{array}{l} \{d_{ij}^{\ k+}\} \\ \{d_{ij}^{\ k-}\} \end{array} \xrightarrow{\mathrm{IFOWA_W}} \left\{ \begin{array}{l} \{D_{ij}^{\ +}\} \\ \{D_{ij}^{\ -}\} \end{array} \xrightarrow{\mathrm{MADM_W}} \left\{ \begin{array}{l} \{D_i^{\ +}\} \\ \{D_i^{\ -}\} \end{array} \right\} D_i \right. \right.$$

对于 d-s-p 型累积过程，首先对模糊评估值 $f_{ij}^{\ k}$ 寻求其对应的最佳评估方案 $f_j^{\ k+}$ 和最差评估方案 $f_j^{\ k-}$，并计算每一评估值与二者间的距离，接着对 $d_{ij}^{\ k+}$ 和 $d_{ij}^{\ k-}$ 通过 IFOWA$_\mathrm{W}$ 操作算子将评估决策者的信息进行累积，对获得的累积距离 $D_{ij}^{\ +}$ 和 $D_{ij}^{\ -}$ 进行属性或标准加权操作实现不同评估标准的累积，最终实现执行子任务资源服务 rs_i 的优劣排序信息。

（6）d-p-s 型累积：

$$\{f_{ij}^{\ k}\} \xrightarrow{\mathrm{PNIP}} \left\{ \begin{array}{l} \{d_{ij}^{\ k+}\} \\ \{d_{ij}^{\ k-}\} \end{array} \xrightarrow{\mathrm{MADM_W}} \left\{ \begin{array}{l} \{D_i^{\ k+}\} \\ \{D_i^{\ k-}\} \end{array} \xrightarrow{\mathrm{IFOWA_W}} \left\{ \begin{array}{l} \{D_i^{\ +}\} \\ \{D_i^{\ -}\} \end{array} \right\} D_i \right. \right.$$

对于 d-p-s 型累积过程，首先对模糊评估值 $f_{ij}^{\ k}$ 寻求其对应的最佳评估方案 $f_j^{\ k+}$ 和最差评估方案 $f_j^{\ k-}$，并计算每一评估值与二者间的距离，接着对 $d_{ij}^{\ k+}$ 和 $d_{ij}^{\ k-}$ 进行属性或标准加权操作获得对不同评估标准的累积，进而对获得的距离值通过 IFOWA$_\mathrm{W}$ 操作算子将评估决策者的信息进行累积，最终实现待评估资源服务 rs_i 的优劣排序。

在上述 6 类不同的累积操作中，关键的问题在于识别最佳评估方案和最差评估方案，同时上述 6 类不同的累积过程中共涉及 4 种不同的最佳、最差评估方案，每一种分述如下。

（1）对于 s-p-d 和 p-s-d 型累积过程，其模糊评估值需要转换为统一的效益型评估或成本型评估，其最佳、最差评估方案识别过程如下。

①对于效益型评估，其最佳、最差评估方案点分别是 $f^+ = (\max\mu_i, \min v_i)$，$f^- = (\min\mu_i, \max v_i)$，即在模糊评估值的隶属度和非隶属度寻求最大值和最小值。

②对于成本型评估，其最佳、最差评估方案点与效益型评估相反，分别是 $f^+ = (\min\mu_i, \max v_i)$，$f^- = (\max\mu_i, \min v_i)$。

可以看出 s-p-d 和 p-s-d 型累积过程其最佳、最差评估方案点只有一个。

（2）对于 s-d-p 型累积过程，针对每一评估标准存在一对最佳、最差评估方案点，其识别过程如下。

①对于效益型评估标准 $j \in C_b$，模糊累积值 $f_{ij_b} = (\mu_{ij_b}, v_{ij_b})$ 的最佳、最差评估方案点分别是 $f_{j_b}^+ = (\max\mu_{ij_b}, \min v_{ij_b})$ 和 $f_{j_b}^- = (\min\mu_{ij_b}, \max v_{ij_b})$。

②对于成本型评估标准 $j \in C_c$，其最佳、最差评估方案点与效益型评估相反，分别是 $f_{j_c}^+ = (\min\mu_{ij_c}, \max v_{ij_c})$ 和 $f_{j_c}^- = (\max\mu_{ij_c}, \min v_{ij_c})$。

（3）对于 p-d-s 型累积过程，针对每一评估决策者存在一对最佳、最差评估方案点，其识别过程如下。

①对于效益型评估，其最佳、最差评估方案点分别是 $f^{k+} = (\max\mu_i^k, \min v_i^k)$ 和 $f^{k-} = (\min\mu_i^k, \max v_i^k)$。

②对于成本型评估，其最佳、最差评估方案点与效益型评估相反，分别是 $f^{k+} = (\max\mu_i^k, \min v_i^k)$ 和 $f^{k-} = (\min\mu_i^k, \max v_i^k)$。

（4）对于 d-s-p 和 d-p-s 型累积过程，针对每一评估值存在 $n \times l$ 对最佳、最差评估方案点，其识别过程如下。

①对于效益型评估标准 $j \in C_b$，模糊评估值 $f_{ij_b}^k = (\mu_{ij_b}^k, v_{ij_b}^k)$ 的最佳、最差评估方案点分别是 $f_{j_b}^{k+} = (\max\mu_{ij_b}^k, \min v_{ij_b}^k)$ 和 $f_{j_b}^{k-} = (\min\mu_{ij_b}^k, \max v_{ij_b}^k)$。

②对于成本型评估标准 $j \in C_c$，其最佳、最差评估方案点与效益型评估相反，分别是 $f_{j_c}^{k+} = (\min\mu_{ij_c}^k,\ \max v_{ij_c}^k)$ 和 $f_{j_c}^{-} = (\max\mu_{ij_c},\ \min v_{ij_c})$。

这样，在不同的累积过程中，最佳、最差评估方案被拓展为一个点、一个向量和一个矩阵的表示形式。同时，通过 6 种不同的信息累积过程，可以观察各累积过程对最终执行子任务资源服务的综合排序的影响。

7.5.5 算例分析

为了比较 6 种不同的累积方法，本书选取某建材装备制造企业水泥磨进行任务执行过程的综合评价。按照水泥磨的 BOM 结构，可以分为进料装置、进料端滑履轴承、回转体、出料端滑履轴承、出料装置 5 个部件。现在每一个部件由一个资源服务进行完成，选取完工质量、制造过程柔性、协同度和异常预警能力 4 个指标进行评估，分别由 3 个不同的决策者进行评估。鉴于不同累积方法各自的特点，s-p-d 型、p-d-s 型和 p-s-d 型累积过程中的评估数据必须是统一的效益型或成本型评估值，因此在数据累积之前需要将成本的评估值转化，如对成本指标的评估认为其评估值为 high，那么从效益方面来说其评估值是 low，其对应的转化关系如表 7-9 所示。而 s-d-p 型、d-s-p 型、d-p-s 型可以同时对两种类型的评估值进行累积，为了比较方便，将评估数据进行统一转化，效益型与成本型评估数据的对应关系见表 7-7，最终的评估直觉模糊数据见表 7-8。

表 7-7 效益型与成本型评估数据的对应关系

效益型（成本型）	直觉模糊值	成本型（效益型）	直觉模糊值
extremely good/high/important	[0.95, 0.05]	extremely bad /low/unimportant	[0.05, 0.95]
very good/high/important	[0.85, 0.10]	very bad /low/unimportant	[0.15, 0.80]
good/high/important	[0.75, 0.15]	bad /low/unimportant	[0.25, 0.65]

续表

效益型（成本型）	直觉模糊值	成本型（效益型）	直觉模糊值
medium good/high/important	$[0.65, 0.25]$	medium bad/low/unimportant	$[0.35, 0.55]$
fair/medium	$[0.50, 0.40]$	fair/medium	$[0.50, 0.40]$

表 7-8　制造服务执行情况评估数据

DMs	标准	rs_1	rs_2	rs_3	rs_4	rs_5
DM_1	c_1	(0.75, 0.15)	(0.65, 0.25)	(0.75, 0.15)	(0.65, 0.25)	(0.50, 0.40)
	c_2	(0.65, 0.25)	(0.75, 0.15)	(0.65, 0.25)	(0.50, 0.40)	(0.35, 0.55)
	c_3	(0.85, 0.10)	(0.75, 0.15)	(0.85, 0.10)	(0.85, 0.10)	(0.75, 0.15)
	c_4	(0.35, 0.55)	(0.35, 0.55)	(0.25, 0.65)	(0.50, 0.40)	(0.65, 0.25)
DM_2	c_1	(0.85, 0.10)	(0.75, 0.15)	(0.85, 0.10)	(0.75, 0.15)	(0.65, 0.25)
	c_2	(0.75, 0.15)	(0.65, 0.25)	(0.50, 0.40)	(0.50, 0.40)	(0.75, 0.15)
	c_3	(0.75, 0.15)	(0.65, 0.25)	(0.85, 0.10)	(0.75, 0.15)	(0.75, 0.15)
	c_4	(0.25, 0.65)	(0.65, 0.25)	(0.35, 0.55)	(0.50, 0.40)	(0.25, 0.65)
DM_3	c_1	(0.75, 0.15)	(0.85, 0.10)	(0.65, 0.25)	(0.75, 0.15)	(0.65, 0.25)
	c_2	(0.65, 0.25)	(0.75, 0.15)	(0.95, 0.05)	(0.65, 0.25)	(0.50, 0.40)
	c_3	(0.85, 0.10)	(0.65, 0.25)	(0.75, 0.15)	(0.75, 0.15)	(0.95, 0.05)
	c_4	(0.65, 0.25)	(0.50, 0.40)	(0.35, 0.55)	(0.35, 0.55)	(0.50, 0.40)

对于不同评估标准的权重信息由评估专家给出，其评估值见表 7-9。

表 7-9　评估标准权重

标准权重	DM_1	DM_2	DM_3
c_1	(0.85, 0.10)	(0.95, 0.05)	(0.65, 0.25)
c_2	(0.75, 0.15)	(0.85, 0.10)	(0.65, 0.25)
c_3	(0.35, 0.55)	(0.65, 0.25)	(0.75, 0.15)
c_4	(0.35, 0.55)	(0.50, 0.40)	(0.65, 0.25)

对于专家的权重信息，由直觉模糊数进行表达，并应用式（7-36）计

算其具体的权重值[22]，见表 7-10。

$$\lambda_k = \frac{\mu_k + \pi_k(\mu_k/(\mu_k + v_k))}{\sum_{k=1}^{l}(\mu_k + \pi_k(\mu_k/(\mu_k + v_k)))} \qquad (7-36)$$

进而应用上述 6 种不同的信息累积方法，实现最终评估值的计算。在此，通过逐步改变 IFOWA 操作算子的 α 参数值，来观察各累积方法对参数敏感性。不同 α 对应的排序权重值如表 7-10 所示。

表 7-10　不同 α 对应的排序权重值

权重值	$\alpha = 0.1$	$\alpha = 0.5$	$\alpha = 1$	$\alpha = 2$	$\alpha = 10$
r_1	0.8960	0.5774	0.3333	0.1111	0.0000
r_2	0.0643	0.2391	0.3333	0.3333	0.0173
r_3	0.0397	0.1835	0.3333	0.5556	0.9827

在不同的 α 值下，其最终的排序结果见表 7-11。

表 7-11　6 种不同累积方法最终的排序结果

Types		$\alpha = 0.1$		$\alpha = 0.5$		$\alpha = 1$		$\alpha = 2$		$\alpha = 10$	
		D_i	R_1	D_i	R_2	D_i	R_3	D_i	R_4	D_i	R_5
s-p-d	rs_1	0.8967	1	0.9335	1	1.0000	1	1.0000	1	1.0000	1
	rs_2	0.3210	3	0.4580	3	0.6496	3	0.8384	2	0.9273	2
	rs_3	0.8320	2	0.8146	2	0.8103	2	0.7991	3	0.5713	3
	rs_4	0.0173	5	0.0875	4	0.2010	4	0.3543	4	0.3802	4
	rs_5	0.1230	4	0.0000	5	0.0000	5	0.0000	5	0.0000	5
p-s-d	rs_1	1.0000	1	1.0000	1	1.0000	1	1.0000	1	1.0000	1
	rs_2	0.3918	3	0.4483	3	0.5404	3	0.6523	3	0.6818	3
	rs_3	0.6214	2	0.6301	2	0.6666	2	0.7266	2	0.7195	2
	rs_4	0.0000	5	0.0277	4	0.1201	4	0.2629	4	0.4289	4
	rs_5	0.0428	4	0.0000	5	0.0000	5	0.0000	5	0.0000	5

续表

Types		$\alpha = 0.1$		$\alpha = 0.5$		$\alpha = 1$		$\alpha = 2$		$\alpha = 10$	
		D_i	R_1	D_i	R_2	D_i	R_3	D_i	R_4	D_i	R_5
s-d-p	rs_1	0.7612	1	0.8072	1	0.8433	1	0.7821	1	0.6945	1
	rs_2	0.5254	3	0.5999	3	0.6790	3	0.7095	2	0.6693	2
	rs_3	0.6819	2	0.7126	2	0.7567	2	0.6724	3	0.5518	3
	rs_4	0.3565	5	0.3962	4	0.4476	4	0.4743	4	0.4882	4
	rs_5	0.4163	4	0.3900	5	0.3650	5	0.3155	5	0.3659	5
p-d-s	rs_1	1.0000	1	1.0000	1	1.0000	1	1.0000	1	1.0000	1
	rs_2	0.7417	3	0.7078	3	0.6680	3	0.6139	3	0.6378	3
	rs_3	0.8154	2	0.7933	2	0.7712	2	0.7518	2	0.8304	2
	rs_4	0.1206	5	0.1138	5	0.1021	5	0.0688	5	0.0000	5
	rs_5	0.1781	4	0.1561	4	0.1274	4	0.0766	4	0.0018	4
d-s-p	rs_1	0.6463	1	0.6636	1	0.6863	1	0.7328	1	0.9731	1
	rs_2	0.5563	2	0.5565	2	0.5652	2	0.6059	2	0.8924	2
	rs_3	0.5138	3	0.5329	3	0.5497	3	0.5543	3	0.2147	4
	rs_4	0.4089	4	0.4017	4	0.3910	4	0.3665	4	0.2638	3
	rs_5	0.3928	5	0.3664	5	0.3324	5	0.2668	5	0.0267	5
d-p-s	rs_1	0.6959	1	0.6910	1	0.6863	1	0.6809	1	0.6780	1
	rs_2	0.5608	2	0.5634	2	0.5652	2	0.5658	3	0.5579	3
	rs_3	0.5160	3	0.5336	3	0.5497	3	0.5673	2	0.5741	2
	rs_4	0.3874	5	0.3905	4	0.3910	4	0.3850	4	0.3508	4
	rs_5	0.3936	4	0.3631	5	0.3324	5	0.2915	5	0.2354	5

从表 7-11 的 30 组不同的累积结果中可以看出排在第一位的是 rs_1，而其他的排序稍有不同。为了比较各累积方法整体排序的一致性，应用 Friedman 检验[23]进行分析。Friedman 检验是利用秩实现对多个总体分布是否存在显著差异的非参数检验方法。最终的检验结果见表 7-12。

表 7-12 Friedman 检验结果

Groups	Q_o (observed value)	Q_c (critical value)	Degrees of freedom	p-value	α
All	0.11	42.56	29	1.00	0.05

表 7-12 表明，在 α 取不同的值，采用不用的累积方法在置信度 95% 的情况下，最终的排序结果并没有显著差异。

然而，如忽略 α 值的影响，可以看出不同的累积方法也略有差异，这主要是由不同的累积方法在累积过程对评估信息的损失造成的，对于这 6 种不同累积方法的差异具体可参考文献 [24]，在此不再赘述。

7.6 本章小结

本章针对制造任务执行过程的性能评估问题，提出了制造任务执行过程评估指标体系和评估模型，分别应用模糊综合评价方法、DEA 方法及模糊 TOPSIS 方法对其进行分析，重点介绍了模糊 TOPSIS 方法，分析了各执行阶段的评估指标及其模糊化处理方法，进而应用直觉模糊集的方法来表达评估信息；基于此，提出 IFOWA-TOPSIS 评估方法，重点讨论了 6 种不同的信息累积方法，并将其应用于资源服务性能的评估问题上，并对其评估结果进行了分析。

参考文献

[1] YU X B,GUO S S,GUO J,et al. Rank B2C e-commerce websites in e-alliance based on AHP and fuzzy TOPSIS[J]. Expert systems with applications,2011,38(4):3550-3557.

[2] CHANG C W,WU C R,CHEN H C. Using expert technology to select unstable slicing machine to control wafer slicing quality via fuzzy AHP[J]. Expert systems with applications,

2008,34(3):2210-2220.

[3] 张晓慧,冯英浚. 一种非线性模糊综合评价模型[J]. 系统工程理论与实践,2005,10:54-59.

[4] 段礼祥,张来斌,钱永梅. AHP 模糊综合评价法在离心泵安全评价中的应用[J]. 中国安全生产科学技术,2011,2:127-131.

[5] YANG F,WU D,LIANG L,et al. Supply chain DEA:production possibility set and perform-ance evaluation model[J]. Annual operation research,2009,185(1):195-211.

[6] LIU S T. A fuzzy DEA/AR approach to the selection of flexible manufacturing systems[J]. Computers & industrial engineering,2008,54(1):66-76.

[7] BORAN F E,GENC S,KURT M,et al. A multi-criteria intuitionistic fuzzy group decision making for supplier selection with TOPSIS method[J]. Expert systems with applications, 2009,36(8):11363-11368.

[8] YUE Z. An extended TOPSIS for determining weights of decision makers with interval num-bers[J]. Knowledge-based systems,2011,24(1):146-153.

[9] 江高. 模糊层次综合评价法及其应用[D]. 天津:天津大学,2005.

[10] 吴丽萍. 模糊综合评价方法及其应用研究[D]. 太原:太原理工大学,2006.

[11] JOHN D L, TEE K H. Data envelopment analysis models of investment funds[J]. Europe-an journal of operational research,2012,216:687-696.

[12] 陈世宗,赖邦传,陈晓红. 基于 DEA 的企业绩效评价方法[J]. 系统工程,2005,23(6):99-104.

[13] CHEN Y,LI K W,LIU S. An OWA-TOPSIS method for multiple criteria decision analysis [J]. Expert systems with applications,2011,38(5):5205-5211.

[14] YAGER R R. On ordered weighted averaging aggregation operators in multicriteria decision making[J]. IEEE transactions on systems man and cybernetics,1988,18:183-190.

[15] XU Z. Intuitionistic fuzzy aggregation operators[J]. IEEE transactions on fuzzy systems, 2007,15(6):1179-87.

[16] SU Z,XIA G,CHEN M,et al. Induced generalized intuitionistic fuzzy OWA operator for

multi-attribute group decision making[J]. Expert systems with applications,2012,39(2): 1902-1910.

[17] YANG W, CHEN Z. The quasi-arithmetic intuitionistic fuzzy OWA operators [J]. Knowledge-based systems,2012,27:219-233.

[18] ATANASSOV K T. Intuitionistic fuzzy sets[J]. Fuzzy set and systems,1986,20:2087-2096.

[19] 陶飞. 制造网格资源服务优化配置理论与应用研究[D]. 武汉:武汉理工大学,2008.

[20] HWANG C L,YOON K. Multiple attribute decision making:methods and applications,a State of the art survey[M]. New York:Springer-Verlag,1981.

[21] 岳超源. 决策理论与方法[M]. 北京:科学出版社,2003.

[22] BORAN,F E,GENC S,KURT M,et al. A multi-criteria intuitionistic fuzzy group decision making for supplier selection with TOPSIS method[J]. Expert systems with applications, 2009,36(8):11363-11368.

[23] FRIEDMAN M. The use of ranks to avoid the assumption of normality implicit in the analysis of variance [J]. Journal of the American Statistical Association, 1937, 32 (200):675-701.

[24] WANG T R,LIU J,LI J Z,et al. An integrating OWA-TOPSIS framework in intuitionistic fuzzy settings for multiple attribute decision making[J]. Computers & industrial engineering,2016,98(8):185-194.

第8章　建材装备企业制造任务执行管理系统应用

在云制造任务优化执行相关理论研究的基础上，本章以建材装备制造行业为背景，结合云制造模式的特点以及案例建材装备制造集团企业的需求，为处于集团内部各企业在业务协作过程从任务执行的角度提供统一的管理和控制支撑，以快速适应市场的变化和用户的个性化需求。

8.1　应用背景

建材工业作为重要的材料工业，其产品包括建筑材料及制品、非金属矿及制品、无机非金属新材料三大门类。目前，中国已经是世界上最大的建材生产和消费国。然而，传统的建材工业，一直以来被称为耗能大户。在能源紧缺日益加剧的背景下，传统的建材工业必须改变发展方式，通过并购重组落后和困难企业，改进建材产品的工艺水平，降低单位产品能耗值以实现人与自然协调发展，同时应增强自主创新能力，提升附加值和国际品牌竞争力。

在建材工业快速发展的背后，我国建材装备制造水平也取得了巨大的进步，当前建材工业所处的环境对建材装备制造业提出了更高的要求。综合来看，建材装备制造业所面对的挑战可概括如下。

（1）在全球经济危机的背景下，全球装备制造业增速普遍放缓导致企业订单、生产效益水平与以往相比表现平平。中国装备制造业自 2011 年下半年开始步入"严冬"，如今仍在低谷徘徊。面对这样的形势，更加凸显了装备制造业所面临的结构性问题。

（2）传统的铸造、液气密等基础制造工艺能力落后，同时面临着技术创新能力不足的局面，过去引进的技术主要是停留在转化和制造的水平上，这严重妨碍了建材装备产品技术水平和质量的提升。

（3）我国建材装备制造业普遍面临生产管理水平落后、企业间协同能力差、制造能力不足的问题，同时各企业发展水平的不平衡造成了行业内不同程度的生产设备闲置和浪费。这也突出显示了建材装备制造行业各企业间的资源整合能力较差。

（4）鉴于建材装备产品的复杂化和激烈的市场环境，各企业往往专注于自身的核心制造能力，将多数部件或工件以外协的形式转包其他制造商，现有的协同过程以人工为主体，缺乏自动化和实时的协同控制平台，在某种程度上影响项目的进度和质量。

（5）在环境和能源的制约下，传统建材工业向着低碳、绿色的方向发展，这就对建材装备制造业提出了新的需求，因此建材装备制造企业必须改变企业运作模式，进行产品技术创新以提供环境友好型的建材装备产品，从而实现自身的转型和跨越式发展。

在全球一体化的市场竞争环境中，建材装备制造业必须强化自身的核心竞争力，向提升企业间协同能力、创新能力的方向发展。一方面需要不断提升内部信息化管理水平，另一方面还需要进一步利用信息化手段增强对外部社会化制造资源的整合和管理能力，从而实现外部资源与企业生产制造过程等核心业务的紧密协作。

8.2 系统实施过程

8.2.1 系统实现框架与功能

根据云制造模式下任务执行过程的特点和系统实施的需求，提出如图 8-1所示的云制造模式下任务执行系统实现框架。

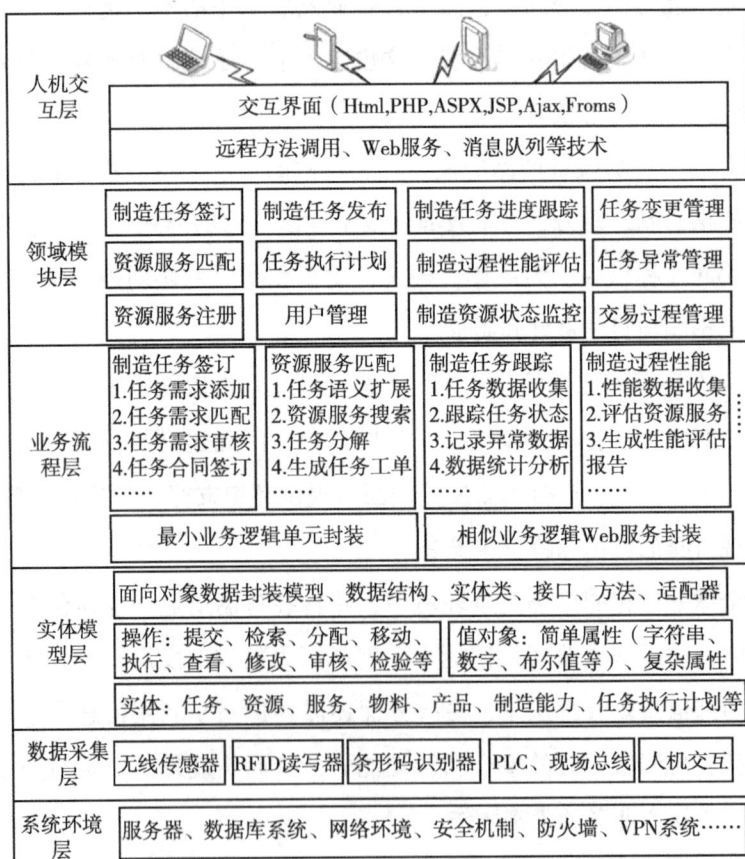

图 8-1 建材装备企业制造任务协同执行管理系统实现框架

该系统实现框架以制造任务协同执行过程为管理对象，强调系统可扩展性与柔性，共包括 6 个层次：人机交互层、领域模块层、业务流程层、实体模型层、数据采集层、系统环境层。

（1）人机交互层。

人机交互层是系统用户对系统操作方式的抽象，是用户参与系统任务执行业务流程的唯一手段。在云制造模式下，任务执行系统的操作者从资源服务需求的角度可以分为系统管理员、资源需求者和资源提供者，每种操作者在系统内协同交互地完成制造任务的执行。另外，系统中人机交互方式在任务执行过程中呈现不同，大部分采用 PC 键盘、鼠标的输入方式，对于生产车间内质量检测，一般采用 PDA 手持设备将质检信息输入系统，对于任务产品配送过程则一般用条形码或 RFID 等将物流信息自动扫描读入系统。鉴于不同的终端设备，输入输出方式采用的技术架构也不尽相同，分别为远程方法调用、Web 服务、消息队列等。

（2）领域模块层。

任务执行系统领域模块层定义了系统中最上层的业务主体框架，主要包括制造任务签订、制造任务发布、资源服务注册、资源服务匹配、任务执行计划、制造任务进度跟踪、制造资源状态监控、制造过程性能评估、任务变更管理、任务异常管理、交易过程管理等。各领域模块本质上是围绕任务执行的业务逻辑按照低耦合、高内聚的方式来划分系统功能区域和组织功能交互菜单，从而实现从领域模块层到实体模型层粒度逐渐细化的模块层级结构。在系统实现的第一阶段，主要围绕制造任务的优化执行来设计各模块，并结合系统的规划方案为下一阶段系统目标的实现预留了空间。

（3）业务流程层。

业务流程层是实现制造任务协同执行各模块功能的途径，它通过人机交互方式实现人员的参与，通过实体模型层实现数据流的整合。在云制造模式下，为了协同完成某一制造任务，在系统建模过程中更加注意业务流程的整合，并将业务流程解构为可组合和复用的最小业务逻辑操作或可调用的 Web 服务，这样一个上层业务流程单元可以分解为一系列有序连接的下层业务流程单元或业务执行逻辑。业务执行逻辑作为业务流程执行的最小单元，在面向对象的编程模式中通常被封装为实体的行为，以类和方法的表现形式出现，其通常包括的功能函数如图 8-2 所示。

```
namespace      项目名称  .业务名称    ％ 作为命名空间
{
   public class    业务操作类
   {
        public static SqlDataReader          业务增加函数      (参数  参数值 ){}
        public static SqlDataReader          业务修改函数      (参数  参数值 ){}
        public static SqlDataReader          业务删除函数      (参数  参数值 ){}
        public static SqlDataReader          业务提交函数      (参数  参数值 ){}
        public static SqlDataReader          业务审核函数      (参数  参数值 ){}
        ……
        public static DataTable       业务读取函数     (参数  参数值 ){}
   }
}
```

图 8-2　业务逻辑封装

本系统为制造任务合同签订等功能模块结合案例企业的业务需求设计了规范化的业务流程。以制造任务合同签订为例，其业务流程如图 8-3 所示，其实现过程包括多个业务执行逻辑，如任务需求添加、任务需求匹配、任务需求审核、任务合同签订等。

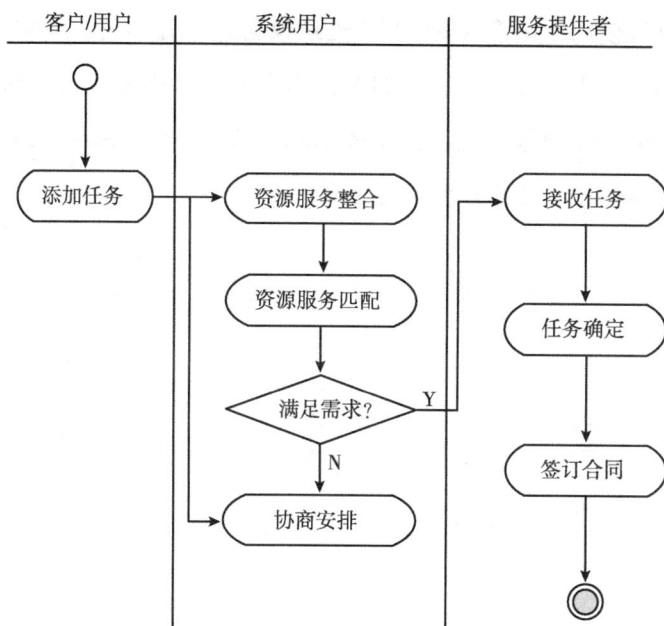

图 8-3　任务合同签订业务流程

　　该任务合同签订业务流程可以满足案例企业添加自己的任务需求，同时也可以满足与案例企业相互协作企业的任务需求的添加，通过整合协作企业间的制造服务资源来协同完成任务的执行。在任务需求获得资源服务匹配后，协作企业通过线下完成合同的签订。

　　（4）实体模型层。

　　数据实体模型层是对一类任务执行过程中数据实体（如人员、任务、资源、服务、物料、产品、制造能力、任务执行计划等）的抽象，各实体包含可以用字符串、数字、布尔值等表达的简单属性、用对象类等表示的复杂属性和一系列改变属性或状态的行为方法。按面向对象的设计思想，数据实体和复杂属性结构用类实现，类的实例对象代表相应的实体或属性值。数据模型的通用性往往意味着结构的不直观，无论是业务逻辑还是人机界面对数据模型尤其属性部分的查询或持久操作将较为烦琐，因此为了减少人机交互使用 SQL 和 ADO. NET 处理数据的时间，数据实体模型实现对表对象的封装，为上层业务流程的执行提供简单易用的接口，同时解耦各功能模块和数据库操作功能。图 8-4 所示为应用 NHibernate 工具实现数据实体模型与制造加工类任务表的映射关系。

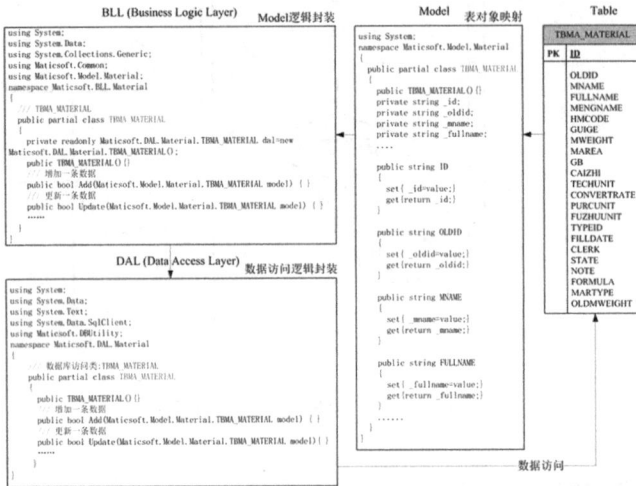

图 8-4　数据模型持久化映射实例

（5）数据采集层。

数据采集层是在云制造模式下制造任务协同执行过程实时状态监控与跟踪的基础。应用数据采集设备（无线传感器、RFID 读写器、条形码识别器等）对协作完成制造任务的资源服务进行动态监控，实现不同制造车间内任务和制造资源（机床、人员、物料、夹具、库存等）状态数据的自动采集，利用生产车间的分布式数据采集系统和电子看板，实现对车间在制生产工件的全程监控，获得工件在任意时刻的状态及位置，便于管理人员及时获得产品制造信息。同时，以人机交互的方式实现关键工序开完工情况、生产工时、产品质量等信息的实时采集与反馈，从而实现建材装备等复杂产品制造过程的可视化。

（6）系统环境层。

系统环境层是系统运行的基石，主要提供相关的系统运行软硬件系统、安全可靠的网络环境、多用户访问的系统安全机制等。

由于本书主要针对云制造任务优化执行方法进行了研究，因此此处主要针对制造任务发布、制造资源需求流转控制和制造任务优化执行进行描述。

8.2.2　制造任务发布

为了保证云制造模式下制造任务的语义一致，改善制造任务需求匹配性能并提高任务优化执行系统的可扩展性，本书按照制造任务的属性和资源需求特性，将其分为 9 大类进行语义建模与数据模型映射。将制造任务按照任务需求、执行过程状态以及执行后的交付 3 个阶段来表达上层抽象语义模型，其本体语义模型构建应用 Protégé3.4.8 工具与 Graphviz2.24 可视化插件，其可视化模型如图 8-5 所示。

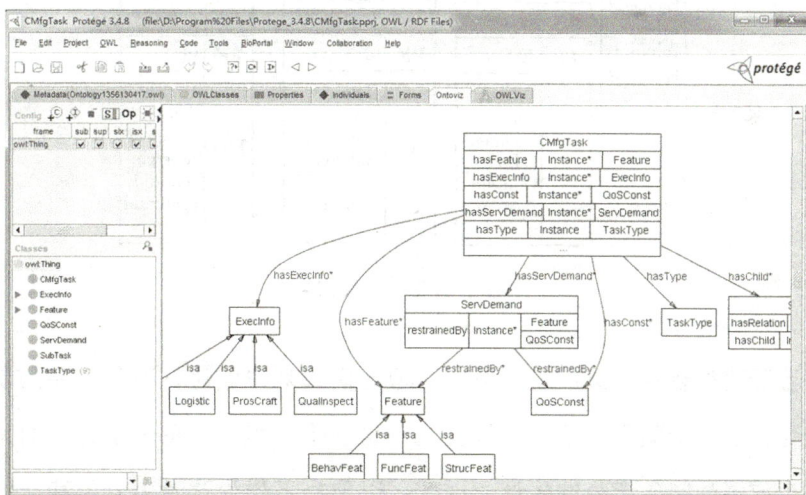

图 8-5　制造任务本体建模过程

在制造任务语义模型的基础上，将任务需求相关语义信息映射为系统中的任务需求数据模型，并实现一定的扩展以保证数据信息的完整性。为了减少数据冗余，制造任务上层数据关系如图8-6所示。

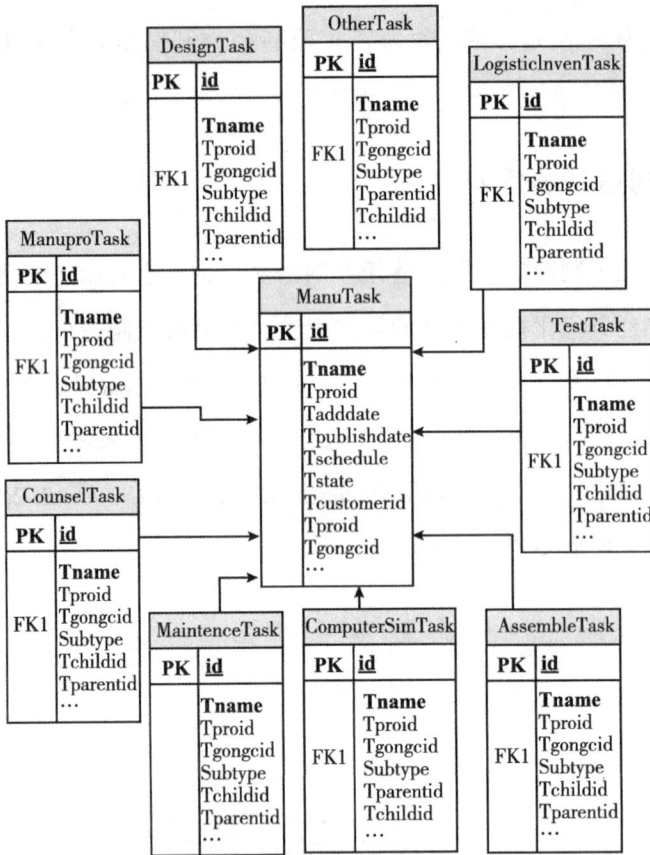

图8-6 制造任务数据关系

鉴于建材装备集团企业以项目管理的模式来完成建材装备产品的制造与交付，通常情况下，每个项目往往包含多个工程，而每个工程下面又包含多个或多种装备产品的生产。因此，以项目工程为背景来分类和分解制造任务，并抽象其数据模型。为了方便制造任务执行过程的跟踪，数据模型的设计围绕任务需求的发布、任务的执行和任务交付 3 个业务过程阶段。以制造加工类任务为例，任务需求语义信息映射后的数据如图 8-7 所示。

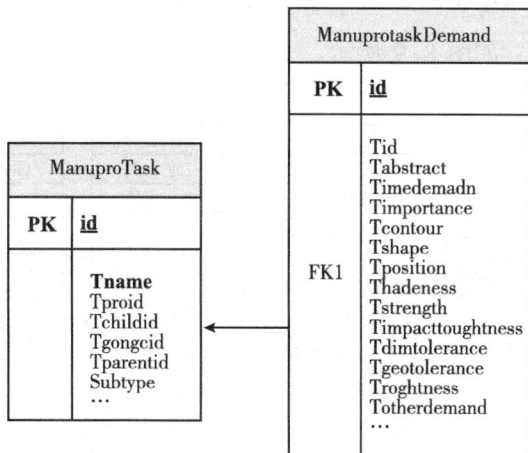

ManuprotaskDemand	
PK	**id**
FK1	Tid Tabstract Timedemadn Timportance Tcontour Tshape Tposition Thadeness Tstrength Timpacttoughtness Tdimtolerance Tgeotolerance Troghtness Totherdemand …

ManuproTask	
PK	**id**
	Tname Tproid Tchildid Tgongcid Tparentid Subtype …

图 8-7　制造加工类任务需求数据

根据制造任务需求的数据模型，设计相应的接口界面，为制造任务需求的高效匹配提供方便，图 8-8 所示为机械加工类任务的添加界面设计。

任务名称				
任务描述				
时间要求		重要等级		
类型	MPT	子类型	机械加工	
几何特征	外形尺寸		形状	
	位置关系		…	
材料特征	强度		硬度	
	韧度		…	
技术特征	尺寸公差		形位公差	
	粗糙度		…	
其他需求				

图 8-8　机械加工类任务需求接口界面设计

当系统中注册的资源服务可以满足添加的任务需求时，按照资源服务交易业务流程实现任务需求的发布。为了实现制造任务的发布，按照系统实现框架实体模型层中对象类与数据模型的映射方法将数据模型封装为对应的实体类模型，如图 8-9 所示。

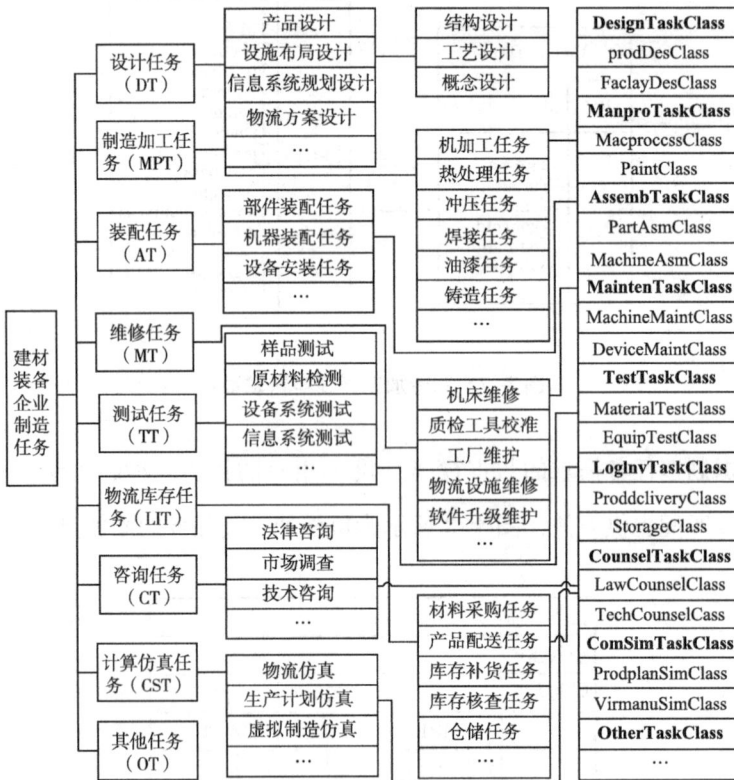

图 8-9　制造任务发布抽象类模型

8.2.3　制造资源需求流转控制

制造企业进行制造活动的基础是制造资源，而制造企业的制造资源需求又来源于企业各部门对制造资源需求的汇总，特别是产品 BOM 信息的汇总。在建材装备制造企业中，装箱单是指导生产的重要依据，在装箱单的指导下，生产及储运等部门进行物料的领取、制作以及产品的发运，整个物料资源的流动由计划跟踪号（产品物料资源需求的唯一标示）进行跟踪和监控，图 8-10 为物料资源的整个流动过程。

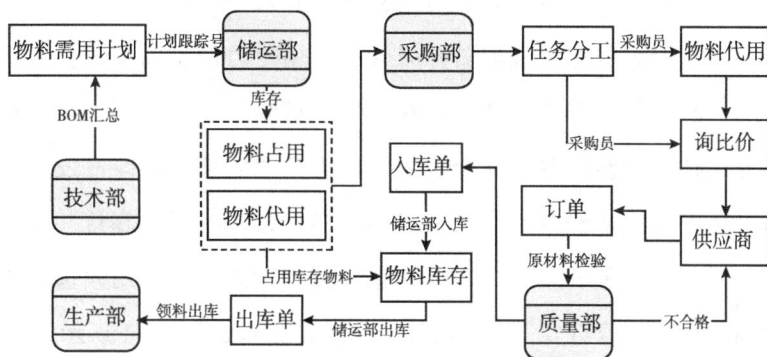

图 8-10　项目物料资源控制流程

根据计划跟踪号对物料进行控制，其控制过程具有以下特点：①以项目产品需求源头，计划跟踪号实现对资源需求计划的追溯从计划制订到库存占用、物料代用、询比价、订单签订、质检、入库、出库等一系列流动过程；②从项目的角度对物料制造资源的需求、订购、入库、出库、退库等数量进行统计；③项目物料资源通过计划跟踪号进行标识，减少缺料、超领、错领等情况的发生。以上特点为建材装备制造集团企业物料制造资源控制的透明性和准确性提供了保证。

8.2.4　制造任务优化执行

在云制造模式下，建材装备集团企业为了实现工程任务的协同制造，在任务执行系统的构建过程中要将协作企业间的制造资源以服务封装的形式进行添加和注册，从而方便制造任务需求的满足。通过对案例企业进行需求调研，其任务执行的业务过程主要包括制造任务执行计划和制造任务执行跟踪。

制造任务优化执行计划部分主要包括4种角色：①技术管理员负责发布制造任务、产品BOM维护、生成制作明细、物料需求计划和外协计划单；②产能管理员负责协作企业间资源服务的维护，根据任务的制作明细预测人员、物料、设备等制造资源的可能需求，并根据来自任务执行过程中反馈的信息更新资源状态，管理资源服务的可用能力信息以辅助任务执行计划的制订，根据物料需求计划和库存信息制订物料采购计划；③生产调度员负责根据任务的制作明细和资源服务能力信息制订、修改并发布详细的生产计划，安排生产班组与生产设备的任务计划，生成、修订并发布车间任务单；④外协管理员主要负责外协任务计划的制订，可用候选资源的询比、比价，生成、修订并发布外协任务单。其流程如图8-11所示。

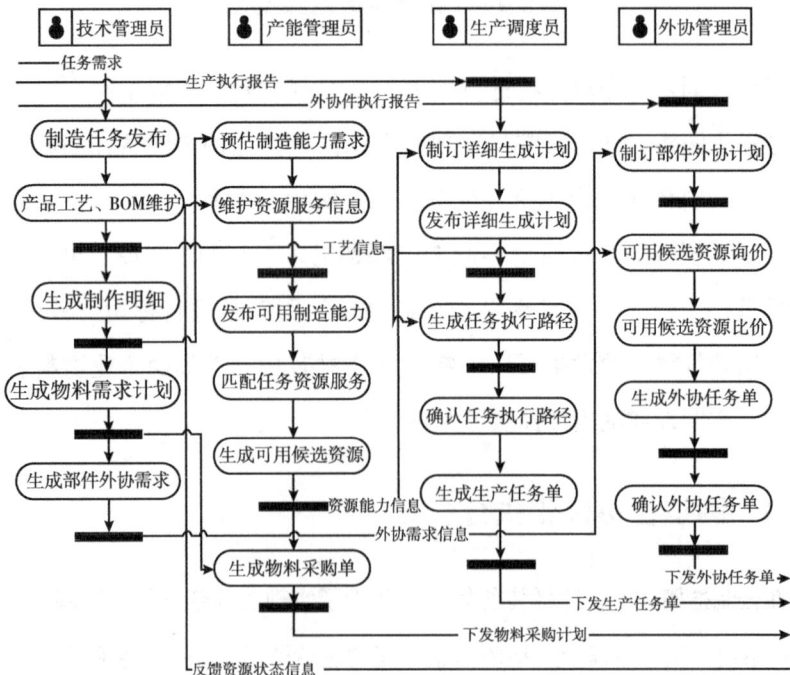

图8-11 制造任务优化执行计划业务流程

　　制造任务执行跟踪部分主要包括5种角色：①车间主管负责根据任务单进行生产准备，协助生产调度员输入必要的生产数据，监控任务执行过程中的异常事件并妥善处理，分析各班组制作进度，生成任务执行报告；②物料管理员负责在生产准备阶段按物料需用计划领取物料并运送到车间内指定位置，车间内在制品物料的管理与运送，并在工件完工后执行入库操作；③车间班组负责执行生产，采集必要的生产数据，跟踪工件进度与状态，监控设备资源状态，并对不合格品进行返工；④质检员负责工件质量的检测、记录产品质量数据、分析不合格品的产生原因、判断不合格品及是否返工；⑤外协管理员负责外协部件的生产执行，跟踪任务执行过程状态，并联系质检员对外协产品进行质检，反馈外协加工过程中异常事件并协调处理。其流程如图8-12所示。

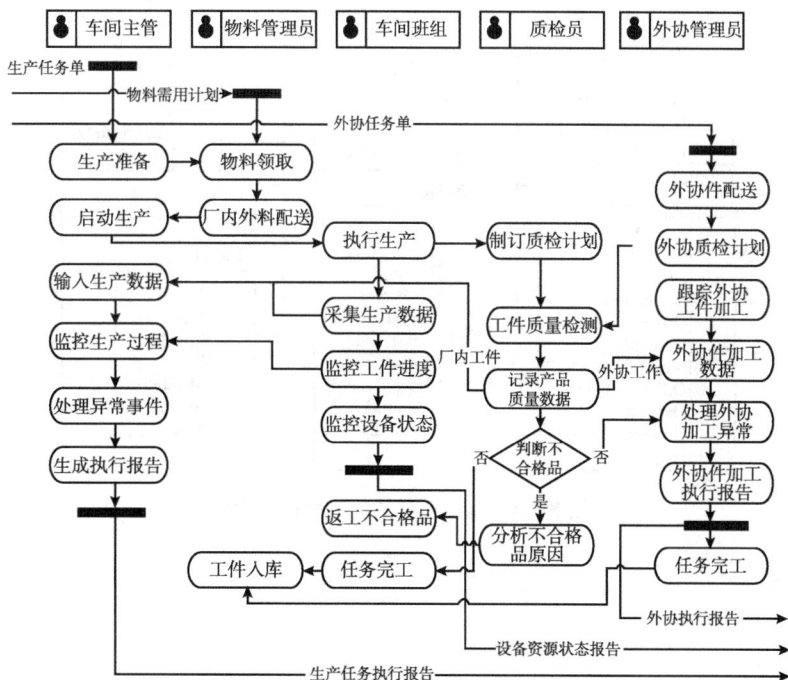

图8-12　任务执行过程监控与跟踪业务流程

根据制造任务执行计划和执行过程监控与跟踪的业务流程，其核心的数据流是从制造任务分配到工艺和 BOM 维护、物料计划、制造明细、外协计划的制订和执行跟踪，为此设计其核心的数据模型，如图 8-13 所示，主要的数据表包括制造任务数据表（manupro task）、技术任务列表（tech task list）、制造明细列表（manufacture list）、部件外协列表（part outsource）、材料计划表（material plan）、制造过程跟踪表（manu process track），它们之间由制造任务 id 作为相互关联的外键。在此基础上设计其他外围的数据模型。

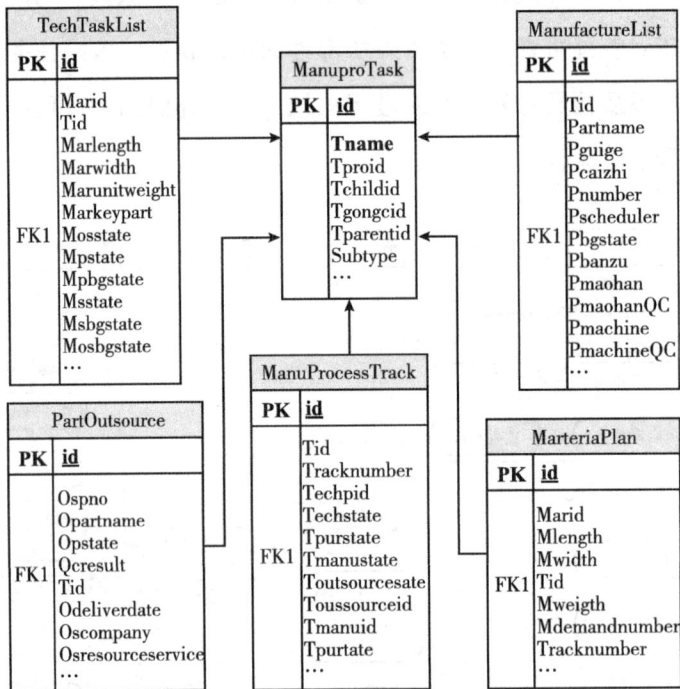

图 8-13 制造任务执行过程数据模型

8.3　系统应用实例

8.3.1　制造任务执行计划

按照制造任务执行计划的业务流程，在制订任务执行计划前要完成产品 BOM 的输入，并以此为基础生成物料需求计划、生产制作明细。接着按照任务 BOM 列表来分配制造资源，通过查询可用制造资源来初步确定厂内任务需求和外协任务需求。在物联感知和可视化设备以及人机交互接口的支持下可以实时获得不同资源的忙闲、运行、故障等状态，从而可以了解某时间段内可用的制造资源服务。

对于确定的厂内制造任务，按照其需求进一步实现任务物料需求计划与任务生产计划，在产品任务 BOM 的基础上制作制造明细清单，并与可用制造资源服务进行匹配。对于确定的厂外外协制造任务，按照其业务流程在系统中添加外协任务需求，并实现任务与资源的相互匹配。在此基础之上，实现各子任务与资源服务的绑定，而对于多用户竞争的资源服务，通过博弈的方法确定不同用户有效的资源服务使用时间阶段，在此基础上构建可执行的资源服务链。

8.3.2　制造资源配置

根据案例建材装备集团企业项目工程任务执行的业务流程，技术员会对制造任务进行需用制造资源计划的汇总和加工工艺路径的编制等技术准备工作，对于需用的制造资源，车间管理员会结合企业自身的制造资源状况，确定需要外协加工的制造工序或制造资源需求，并统一发布到集团制造资源需求库中，其中发布的制造资源信息包括资源的使用数量、交付期限、最大成本以及质量要求等。同时对于闲置和富余的集团制造资源，集团各制造主体也会将资源发布到集团制造资源库中。

通过对建材装备集团制造资源库中制造资源的检索，会形成制造资源的初步匹配信息，对于初选合格的制造资源，系统将向制造资源拥有主体发布询价等信息，制造资源拥有主体将信息反馈完毕后，车间管理员将结合制造资源需求对建材装备集团制造资源进行优选。

8.3.3　任务执行过程跟踪

在任务执行过程中，为了有效管理和控制任务的进度，需要实时监控和反馈任务执行过程中各子任务的执行进度。

任务执行进度跟踪对任务执行计划与变更计划的执行实时反馈与任务进度相关的物流配送、生产进度、生产成本、过程质量等数据。在实时数据采集设备和数据处理技术的支持下实现任务进度的跟踪，当出现任务执行进度延期时系统发出预警信息。

8.3.4　制造执行过程评估

在制造任务执行完工后，通过收集执行过程中相关评估指标数据，并实现模糊化处理后，应用 IFOWA-TOPSIS 方法实现制造资源执行过程中各性能指标的评估和累积，并完成制造过程的综合评估。

8.4　本章小结

本章以建材装备制造企业为案例背景，讨论了制造任务优化执行系统的设计目标。对系统实现的框架和功能进行详细分析，结合案例企业的业务流程说明了制造任务发布和制造任务优化执行功能模块的实现过程。并对系统各主要模块（制造任务执行计划、制造资源配置、制造任务执行过程跟踪和制造执行过程评估等）进行实例说明。

第9章　结论与研究展望

9.1　结论

本书在对先进制造模式的演变和制造企业所面临的挑战研究分析的基础上，提出云制造任务优化执行框架，并对运作模型、系统实现结构、关键技术等诸多相关问题进行了详细的讨论。本书主要研究工作和成果如下：

（1）系统全面地讨论了云制造的内涵和特征，提出云制造任务的相关概念和分类，并分析了制造企业在云制造模式下的运作模型和任务优化执行管理系统的框架结构。

（2）分析了基于本体建模的3种方法——手工、半自动和全自动方法的优缺点。在研究云制造任务信息模型的基础上，提出了基于本体自学习模型的半自动化的云制造任务通用本体（GCMT_Ontology）构建方法。应用文本预处理技术和 SVD 特征降阶获取本体学习的语义特征空间，通过概念间的相似性和语义特征添加算法完善 GCMT_Ontology。在此基础上，根据任务执行前提交的任务文档通过与 GCMT_Ontology 本体匹配来获得与每一任务相对应的云制造任务子本体（CMTS_Ontology），并应用 OWL 语言进行描述。

（3）构建了制造服务双向匹配模型。针对制造服务匹配准确性不高等问题，提出制造服务双向匹配模型，并研究了正向匹配和反向匹配方法，为制造任务资源服务链的构建奠定基础。

（4）提出云制造任务优化执行资源服务链构建框架。针对云制造模式的开放性和多用户特征，提出多用户任务资源服务优选模型以解决其多用户对同一资源服务的竞争，为此提出应用演化博弈论的方法来构建资源服务博弈竞争模型，按照任务先后执行是否延期，从4种情境来分析博弈模型的演化稳定策略，并给出演化稳定策略存在的条件和动态演化复制方程相位图。进而，分析制造子任务间的时序逻辑关系，给出执行资源服务链的构建方法。

（5）讨论了云制造模式下任务执行过程状态监控。针对云制造模式下不同用户对多样信息的实时需求，提出了任务执行过程状态监控模型，进而分析了实时状态监控的实现框架。以此，提出基于制造任务子本体的多源数据一致性映射方法，以方便不同业务需求信息的实时处理，进而提出基于数据融合树的任务执行进度信息跟踪方法和基于隐马尔可夫模型的资源服务状态实时监控方法。

（6）分析了云制造任务执行过程性能评估模型，并讨论了任务执行过程中不同阶段的性能评估指标及其模糊化处理方法。在此基础之上，提出直觉模糊 OWA-TOPSIS 方法对任务执行过程进行综合评价，并提出6种不同的信息累积方法和与之对应的极值点识别方法，结合案例分析讨论了不同累积方法的优缺点和实用情况。

（7）制造任务优化执行系统开发与应用。在理论研究的基础上，讨论了任务优化执行管理系统的设计目标，建立了系统的实现框架，结合建材装备制造企业的产品特点和业务流程重点讨论了制造任务发布和优化执行的开发过程。应用 .NET 开发工具，设计并开发了任务执行管理系统，并展示相关的应用实例，对建材装备企业的实际应用取得了良好的效果。

本书的创新性工作如下：

（1）针对云制造任务语义建模，提出云制造任务子本体（CMTS_Ontology）与云制造任务通用本体（GCMT_Ontology）匹配的结构以适应不同制造任务的语义描述。为了构建云制造任务通用本体，提出以云制造任务初始本体（OCMT_Ontology）为种子本体，以本体自学习算法为核心的语义特征添加模型以完善 GCMT_Ontology。

（2）针对云制造资源服务的独占性，提出云制造模式下多用户任务资源服务竞争优选模型，在给出约束规则（出价高者优先获得资源服务使用，当出价相同时，优先提交的任务优先获得资源服务）后，首次应用演化博弈论的方法来建立两用户资源服务博弈模型，并分析其演化稳定策略。

（3）针对制造任务执行过程进度跟踪，提出基于数据融合树的任务进行信息融合的方法，并针对建材装备制造企业，给出任务进度预警方法。

（4）针对制造任务执行过程综合评估问题，提出直觉模糊 OWA -TOPSIS 的评价方法，重点提出了 6 种不同的信息累积方法和与之对应的极值点识别方法。

9.2　研究展望

云制造模式是一种面向服务于知识的先进制造模式，涉及众多理论学科和关键技术，如物联网、云计算、大数据技术、知识挖掘和人工智能等，它是一项众多学科和技术交叉的不断发展与深化的前沿课题。因此，本书工作的广度和深度尚有待进一步完善。

（1）云制造任务通用本体的构建和实现。本书针对云制造任务的构建模型和方法进行探讨，然而本体建模是一个复杂的系统工程，对于建材装备制造企业云制造任务通用本体的构建规范、标准及实现仍需要进一步研究和完善。

（2）多用户任务资源服务优选。本书对该问题以两用户资源服务竞争为例分析了两种不同出价策略下在其不同情境下的演化稳定策略，在后续的研究中该模型可以进一步扩展以适用于更多用户更多出价策略下的博弈竞争情况。

（3）本书以建材装备制造企业为应用对象，开发了云制造模式下制造任务优化执行管理系统，虽然该系统对企业的任务管理发挥较大的作用，但仍需要进一步扩展，如实现更多更广的制造资源的实时感知和现场监控以提高任务管理的实时性。